1		
2	3	4

图1　"纪念中非合作论坛成立10周年学术研讨会（南非比勒陀利亚，2010年）

图2　中非智库论坛第一届会议（中国杭州、金华，2011年）

图3　中非智库论坛第二届会议（埃塞俄比亚亚的斯亚贝巴，2012年）

图4　中非智库论坛第三届会议（中国北京，2013年）

图 5　中非智库论坛第四届会议（南非比勒陀利亚，2015 年）

图 6　中非媒体智库研讨会（肯尼亚蒙巴萨，2016 年）

图 7　中非智库论坛第五届会议（中国义乌，2016 年）

5	6
7	8

图 8　中非智库论坛第五届会议学生志愿者团队（中国义乌，2016 年）

图 9　时任外交部部长助理陈晓东（左三）出席中非智库论坛第八届会议期间，参观浙师大非洲研究成果展，浙江师范大学党委书记蒋国俊（左一）、非洲研究院院长刘鸿武（左四）陪同（中国北京，2019 年）

图 10　浙江师范大学校长校长郑孟状出席中非减贫发展高端对话会暨中非智库论坛第六届会议（埃塞俄比亚亚的斯亚贝巴，2017 年）

图 11　浙江师范大学非洲研究院院长刘鸿武出席中非智库论坛第七届会议（中国北京，2018 年）

图 12　中非智库论坛第八届会议（中国北京，2019 年）

图 13　中非智库论坛工作团队（中国北京，2019 年）

9 | 11
10 | 12
| 13

向中非合作论坛20周年献礼

中宣部宣传思想文化青年英才自主选题
"中国对非话语理论与实践研究"成果

教育部国别与区域研究2020年度规划课题
"非洲智库发展研究"成果

浙江师范大学非洲研究文库·非洲智库与思想研究系列

总主编 刘鸿武

中非之"智"助力
中非之"治"

中非智库论坛十年发展报告

王　珩　等著

ZHEJIANG UNIVERSITY PRESS
浙江大学出版社

用心创办、办好国际化的中非智库论坛

刘鸿武

2007 年 9 月,浙江师范大学非洲研究院创立。建院伊始,我提出建院宗旨与工作目标,有这样的表述:"以勤奋严谨的不懈努力,通过建构学术理念、创设学术流派、追求学术个性、打造学术品牌、培养学术队伍,建成一个集学术研究、人才培养、国际交流、政策咨询为一体的研究机构,以学术服务于国家和社会,为 21 世纪中非关系的全面发展、为中国非洲学国际地位与影响力之提升做出贡献。"这其中,"建构学术理念、创设学术流派"是最具基础性的工作,也是大学学术研究机构的立身根本。

那么,如何来建构自己的学术理念?如何创设自己的学术流派呢?在我看来,这必须是一个虚与实结合、理念与行动并重的过程,而且要做的工作很多,得扎扎实实一步一步向前推进。"学术理念"与"学术流派"的建设,有个基本特点,就是它看似很虚,实则很实。说它虚,是因为它本身是一种思想性的追求,重在深思熟虑的精神探索,当有长期的研究积累与精神思考,可谓是"形上之学";说它实,是因为它又必须通过具体的实际工作来体现,在行动中体现思想追求与精神创造,可谓是"形下之用"。

这些实际的工作和行动包括:一是要提出自己的研究主题与议题;二是要形成自己的学术概念与语言工具;三是要建构起实体性学术组织与机构;四是要能在国际上开展持续的交往与合作;五是要有好的实体平台与工作团队;六是要把这些虚实结合的工作统筹起来,逐一地、综合地向前推进。

古人讲,"纸上得来终觉浅,绝知此事要躬行",天下之事,说起来容易的,做起来并做好则难。这方面,我们创办的中非智库论坛就是一个实践方面的努力。

一、为什么要创办国际化的"中非智库论坛"

建院后第三年,2010 年 10 月,我带领浙江师范大学非洲研究院学术团队,组织中国学者前往南非,在中国驻南非大使馆的支持下,与南非国际问题研究所合作,在南非首都约翰内斯堡主办"中非合作论坛成立十周年研讨会",这是我们首次在非洲大陆主办大型国际学术会议。2011 年,我们正式创办了中非智库论坛,并在杭州召开了中非智库论坛第一届会议。① 会议结束后,我们将本届会议论文成果做了整理,形成专题文章刊发于《非洲研究》2011 年第 1 卷上。其中,我将在论坛上的演讲与会议总结发言,整合成一篇名为《中非智库合作的战略意义、路径选择与机制建设》的文章,初步论述了建立中非智库论坛的宗旨,推进中非思想对话与学术交流的特殊意义,以及在此背景下建设中国的非洲学与非洲的中国学的一些初步想法。②

从那时起,我们与非洲各国的智库合作,在中国和非洲轮流共举办了八次中非智库论坛会议,这期间,还于 2016 年 8 月在肯尼亚蒙巴萨举办了"中非媒体智库研讨会"等。这样,从 2010 年到 2019 年的十年间,我们连续在中国和非洲举办了十次大型的中非智库国际会议。这十次大型国际会议,每次会议所设置的议题、使用的概念、讨论的重点,都是由来自中非双方的学术机构通过协商而定,并围绕着中非双方关心的核心问题而展开,可谓积少成多,拾级而上,终于将中非智库论坛打造成一个在中国和非洲大陆甚至在西方国家也有广泛影响力的学术平台,中国非洲研究的学术理念、学术流派、概念、话语、知识也在其中逐渐形成并得到传播。

那么,我们为什么要花大力气来创办中非智库论坛? 它与我们建设非洲研究学科、开展非洲学的基础理论研究工作有什么关联吗?

是不是可以这样说,既汲取消化了西方现代思想的合理内核,同时又跨越了西方阻遏发展中国家复兴崛起所设置的思想高墙,从而在立根于自己传统文化与现代复兴进程实践的基础上,创造面向新时代的发展中国家的思想与文化,是当今中非双方在思想领域必须同时完成的双重历史任务。就此而言,中非智库间的交流与合作,不仅意义重大,前景广阔,也任重道远。

从时代变革的角度上看,经过了百年之久的曲折探索之后,进入 21 世纪,

---

① 浙江师范大学. 中非智库论坛第一届会议在杭隆重开幕. (2011-11-04). http://www.fmprc.gov.cn/zflt/chn/xsjl/zflhyjjljh/t873978.htm.

② 刘鸿武. 中非智库合作的战略意义、路径选择与机制建设. 非洲研究, 2011(1): 5.

整个发展中世界的众多国家的现代复兴发展事业已经有了重大进展,人类与全球的现代化发展也走到了一个新的十字路口上。在此阶段上,发展中国家的思想自立与知识创新显得尤为重要。而中国和平发展战略能否顺利推进,也将在越来越大的程度上取决于中国在思想创新方面的实力与影响力。在这样一个变革的时代,在南南合作领域,中国不仅需要重视和维护发展中国家的"经济发展权",也需要重视和维护发展中国家的"思想发展权"和"话语发展权"。尤其是随着中非发展合作日益深入,非洲国家的主权安全、政治稳定和经济发展状态,与中国国家利益之间的关联日益紧密。为此,中国需要在相互尊重的前提下,在把握中非双方共同利益的基础上,更多地关注非洲内部事务的发展及中非关系的一些重大理论与现实问题。要做到这一点,必须通过中非之间的广泛的思想对话与交流,用中非双方自己的经历及所累积的经验教训,来对比关照中非双方的发展现实,中国思想界需要与非洲思想界开展更广泛的治国理政经验的交流,共同探究中非解决各自其发展难题所需要的思想智慧与政策方案,探讨中非不同国家如何获得经济发展,推进改革开放,保持国家稳定,增强能力建设,共同努力以提供维护发展中国家权益的思想智慧与知识产品。而推进这些重大的时代任务,必须要有坚实有力的实体平台、工作机制、对话园地,创立机制化的中非智库论坛,就是这方面的一种探索与努力。

二、如何办好国际化的中非智库论坛

中非智库论坛第一届会议是 2011 年 10 月 27 日至 28 日在中国江南历史文化名城杭州和金华举行的,开幕式在杭州,闭幕式在金华。这是新世纪第二个十年开始之际中非双方学术思想界的一次盛会。近三百位来自非洲各国、中国及部分其他国家的著名智库、大学、政府部门与企业的专家、学者、官员、企业家与媒体人出席了本届会议。同时,这届论坛有一个突出特点,就是在外交部支持下,正在杭州出席第八届中非合作论坛高官会的一百多位来自非洲各国和中国政府的高官,出席了本次论坛的开幕式。[①]

在创办中非智库论坛时,我们提出了"民间为主、政府参与、坦诚对话、凝聚共识"的论坛建设宗旨,希望通过中非智库论坛建设,来搭建一个开放、平等、共享的中非思想对话平台,就非洲发展问题、中非关系及相关领域的话题进行坦诚对话、思想交流与政策研究,以增进中非了解,扩大中非共识,更好地发挥中

---

① 中非智库论坛第一次会议 10 月 27 日在浙江杭州举行. (2011-10-27). http://www.gov.cn/jrzg/2011-10/27/content_1979953.htm.

非双方智库在推进中非友好合作关系中的作用。

进入 21 世纪以来，随着中非合作论坛的建立，中非全方位的合作关系获得了快速而全面的发展。作为世界上发展潜力最大的国家和大陆，从 2000 年开始，以中非合作论坛为核心引擎和推进机制的中非全方位合作关系，已经成为全球国际关系中最引人关注的领域之一。从长远的角度看，中非合作关系还将持续提升，前景更为广阔，同时也会面临越来越复杂的新挑战新难题，迫切需要中非双方启动思想智慧，探寻未来方向。

建构当代中国的国际关系理论、国际政治理论、国际交往理论，应该根植于当代中国的对外关系实践。中国古人治学求知，重在事理结合，以事说理，理由事出。以这样的思想维度来看，过去的中非合作关系已经积累了丰富的经验事实，其间包含着可供学术界思想界进行理论推演、概念提炼和知识总结的广阔空间。为此，中非双方的学术思想界应该立足自身发展与合作的实践，总结历史，提炼思想，开展面对面的深入对话与交流，从战略高度上来共同建构基于发展中国家共同历史与现实经验的、呈现亚非民族思想智慧特征的思想平台与话语形态。

过去许多年，在那些西方主办或主导的国际学术场合，每当讨论到非洲和中国、涉及中非关系时，人们经常使用的概念与话语，都总是诸如"集权政治""新威权主义""新庇护主义""转型国家""选举政治""干涉原则""人权""民主""自由""保护责任""选举""新殖民主义""资源掠夺""援助""捐赠者""依附""战乱""动荡""贫穷"，等等。而在这些包含着突出价值评判倾向和西式意识形态色彩的话语、概念、议题下，非洲、中国、中非关系都往往是作为批判对象、负面形象出现的。

不幸的是，过去相当长的时期，包括中国和非洲在内的许多发展中国家的学者，在中国和非洲出版的许多报刊、著作，也往往跟随在西方的后面，借用上述西方的话语，用人家的概念，来言说自己的事情，用人家的标准、别人的尺子，来衡量自己的实践。于是，当西方的理论与我们的现实不相符合时，我们总是自然地觉得一定是我们的现实错了，而不是西方的理论有问题。于是，否定自己，"削足适履"，去转型接轨。今天，我们要完全改变这种话语与思想领域的被动状态，中国和非洲国家都还需要付出巨大的努力，其中很大一个方面就是中非双方和整个发展中国家的学术界、思想界、智库界，要有主动设置议题、创设概念、贡献知识、提供思想的意识与能力。

我们创办中非智库论坛，正是这方面的一种特殊的努力，并且逐渐取得了成效。

　　近十年来，我们通过对中国自己的发展、对中非全方位合作发展的直接观察与深入研究，以及对构成这种发展的基础与背景的世界史、现代性和全球化现象的重新思考，日益有了自己的问题意识与自主意识，并逐渐地开始"生成"自己独立的话语形态与理论面相，逐渐有了自己的基础、特色乃至话语概念。比如，今天我们已经可以列举出中国和非洲的学术界、思想界、智库界经常使用的一连串具有知识原创性的思想命题或核心概念，诸如"改革""开放""治国""理政""发展""稳定""民生""复兴""安居乐业""百年进程""千年目标""国泰民安""发展规划""援助有效性""国家能力建设""互利共赢""平等相等""义利兼顾""产能合作""不干涉主权原则""和谐世界""和谐""共享"，等等。而这些重要的议题、话语、概念，这些年来也逐渐在国际学术机构的各类会议上，在诸如中非智库论坛这样的学术场合，被来自非洲的学术精英、智库代表和政府官员所采用。① 从中可以看出，中非学术发展的自主性、主动性、创新性，都在明显提升与增强，在此过程中，中非双方也在逐渐形成新的共同话语形态与知识体系，这些都是中非智库论坛开创的新方向与新路径，值得今后继续推进和进一步提升。

---

　　① 关于中非智库论坛历届会议主题、议题与概念的演进变化，参见中非合作论坛网相关报道：http://www.focac.org/chn/zxxx/t1067832.htm.（2016-08-20）及刘鸿武. 非洲学发凡——实践与思考六十问. 北京：人民出版社，2019：134.

目　录

总　报　告

中非之"智"助力中非之"治"

分　报　告

附　录

绪 论

智库,又称思想库、智囊团,是国家软实力的重要组成部分,加强对智库的研究和建设对于提升国家的综合国力具有重要意义。中非关系源远流长。随着中非合作的不断深入、"一带一路"建设的不断推进,中非智库之间的合作与交流在不断加强。研究中国与非洲智库交流合作的历史与现状,分析特点与趋势,探索和创新中非智库合作与交流的内涵、方法与形式、载体,发挥非洲与中国智库对中非关系的智力驱动作用,顺应全球智库发展的时代潮流,符合服务中非合作的战略需要,也是创新智库发展理论与实践的客观要求,具有重要的战略意义、理论和实践价值。新时代中非全面战略合作伙伴关系和构建更加紧密的中非命运共同体背景下,中非双方智库应增进互相了解,深化合作内容,完善合作机制,扩大合作领域,为中非关系可持续发展提供有力支撑。

一、研究背景及意义

智库建设水平与其所处社会的历史与现实发展水平以及该国家该地区的政治、经济、思想与文化发展状况关联密切。对中非智库交流合作的考察必须基于对中非关系、全球智库的历史脉络、现状特点及未来趋势的把握。

中非智库合作是中非合作的重要组成部分。中非关系为中非智库的合作交流提供了牢固的基础,"一带一路"倡议为其赋能提速,中非智库论坛以及各部委举办的非洲智库援外研修班等为其提供了优质的平台,中非智库自发的合作与交流活动开展日益频繁。

(一)中非关系为智库合作奠定基础

中非悠久的合作历史为中非智库的建立,以及与其他领域的合作交流打下了牢固的基础。

中国与非洲,相隔万里而命运相连,中非友谊与合作源远流长。有学者将张骞通西域至今 2000 余年的中非交往历史分为三个时期：一是从公元前 2 世纪至 16 世纪初，即西汉至明初；二是从 16 世纪到 1949 年中华人民共和国成立前；三是从 1949 年中华人民共和国成立至今，这是中非友好关系全面发展的时期。[①] 刘鸿武把新中国成立之后的中非交往细分为三个阶段：一是从 1956 年到 1976 年，主要是为政治服务；二是从 1976 年到 2000 年，开始由政治领域向经济领域转移；三是从 2000 年开始中非之间形成了全方位、宽领域、多层次的交往关系。[②] 历史积累深厚的中非关系为智库之间的合作与交流奠定了良好的基础。

20 世纪 50 年代到 70 年代，广大非洲国家相继独立。1956 年 5 月，中国与埃及建交，标志着中非关系进入新的发展阶段。此后，相继获得独立的非洲国家陆续与中国建交。半个多世纪以来，中非友好合作关系经受了岁月的考验，得到不断巩固和发展。1963 年底至 1964 年初，周恩来总理对非洲 10 国的访问堪称新中国外交史上建立中非新型关系的"开山之旅"。在这次访问中，周恩来提出了中国同非洲国家发展关系的五项原则和中国对外经济技术援助的八项原则，为中非长期友好合作奠定了坚实的基础。

20 世纪 70 年代，毛泽东主席多次对来访的非洲国家领导人说，中国和非洲同属第三世界，中国永远反对霸权主义。在国际舞台上，中国和非洲始终相互同情，相互支持。中国支持非洲民族独立与解放运动，支持其发展民族经济，非洲国家支持中国重返联合国。中国对新独立的非洲国家总是率先承认，并及时给予道义和物质上的支持。自 20 世纪 80 年代以来，中非关系经受住了国际风云突变的考验，继续保持强大的生命力。

进入 21 世纪，提升中非合作成为双方共识。2000 年中非合作论坛成立后，双方形成了全方位、宽领域、多层次的交往关系，掀开了中非友好新篇章。在当年 10 月于北京举行的中非合作论坛首届部长级会议上，中非宣布建立"长期稳定、平等互利的新型伙伴关系"。

为推动中非关系再上新台阶，2006 年 1 月 12 日，中国政府发表了《中国对非洲政策文件》，倡导建立和发展政治上平等互信、经济上合作共赢、文化上交流互鉴的中非新型战略伙伴关系，首次明确提出"全方位"合作概念，得到了非洲国家的积极响应。在同年 11 月举行的中非合作论坛北京峰会上，中非领导人一致同意并确立了中非新型战略伙伴关系。宣布了中国加强对非务实合作、

---

① 艾周昌，沐涛. 中非关系史. 上海：华东师范大学出版社，1996：前言 2-5.
② 刘鸿武. 新时期中非合作关系研究. 北京：经济科学出版社，2015：161-166.

支持非洲国家发展的八项举措。2012 年 7 月，为进一步深化中非新型战略伙伴关系，中非合作论坛第五届部长级会议在北京成功举行。在会议开幕式上，中国政府宣布了支持非洲和平与发展、推进中非新型战略伙伴关系的新举措，为中非关系更好更快发展注入新的强劲动力。

2013 年 3 月，习近平主席在首次非洲出访中提出中非"命运共同体"概念，为中非关系的发展指明了方向。2015 年 12 月 4 日，中非合作论坛约翰内斯堡峰会将中非新型战略伙伴关系提升为"全面战略合作伙伴关系"，随后发布了第二份《中国对非政策文件》。2017 年 4 月 24 日，中国—南非高级别人文交流机制首次会议在比勒陀利亚召开，此次会议标志着中非人文交流进入了机制化层面，具有重要的里程碑意义。

（二）全球智库发展与中非智库合作

20 世纪 70 年代至今，智库在全球范围内的发展可以用"一日千里""日新月异"来形容。当前，作为国家软实力的重要组成部分，无论是在影响政府决策与公共舆论方面，还是在推动社会发展方面，智库都已然是一股不可忽视的重要力量。

全球智库的发展大致经历了四个阶段，分别是 18 世纪上半叶至 20 世纪 40 年代的早期发展阶段，20 世纪 50—60 年代的转型发展阶段，20 世纪 70—80 年代的提升发展阶段和 20 世纪 90 年代至今的深度发展阶段。进入 21 世纪，全球智库数量急剧增长，智库影响力提升迅速。新兴国家、金砖国家、"一带一路"国家智库发展势头迅猛。相关研究成果呈井喷态势。各个国家与地区纷纷举行智库峰会，智库建设理论与实践进展空前。各国智库也更加注重国内外的交流与合作，智库之间、智库与政府之间、智库与大学之间也经常举办研讨会、派遣访问学者，积极探索成立联合研究会、智库合作发展基金等，促进了智库共同体的进步和发展。应该说目前是全球智库发展的"黄金机遇期"。

由美国宾夕法尼亚大学"智库研究项目"（TTCSP）研究编写的《全球智库报告 2019》显示，全球智库数量整体增长，共收录 8248 家，欧洲和北美为全球智库最多聚集地。

（三）共建"一带一路"为中非智库赋能

截至 2018 年 9 月，中国已与非洲 37 国以及非洲联盟成功签署共建"一带一路"政府间谅解备忘录。① 非洲是我国"一带一路"合作倡议的重要参与地区，而智库在"一带一路"的建设过程当中，也起着先行和推动作用。

2018 年，中非合作论坛北京峰会达成一系列具有深远意义和重要影响的成果，其中最主要的就是中非双方一致同意携手打造"责任共担""合作共赢""幸福共享""文化共兴""安全共筑""和谐共生"的命运共同体，为未来中非合作关系提供了根本遵循；非洲国家积极支持并踊跃参与共建"一带一路"；中国在推进中非"十大合作计划"基础上，愿意同非洲国家密切配合，在未来三年和今后一段时间重点实施包括人文交流行动在内的"八大行动"。北京峰会擘画了新时代中非合作的美好愿景。

随着中国对外开放进程的发展，中国智库的国际合作与交流不断深化。2009 年启动中非联合研究交流计划，2011 年中国外交部指导创立了"中非智库论坛"。2013 年"中非智库 10＋10 合作伙伴计划"启动。同时 2013 年也被称为中国智库"元年"，中国特色新型智库建设正式启动。2015 年，中共中央对外联络部(简称"中联部")联合国务院发展研究中心、中国社会科学院、复旦大学成立了"一带一路"智库合作联盟。2016 年，国家主席习近平出席丝路国际论坛开幕式，强调"智力先行，强化智库的支撑引领作用"。2017 年，国家主席习近平在"一带一路"国际合作高峰论坛发表讲话，将非洲定位为"一带一路"建设的重点地区，同时强调"发挥智库作用，建设好智库联盟和合作网络"。2017 年，中联部牵头成立金砖国家智库联盟。在"一带一路"沿线国家智库间的交流和合作不断增多的背景下，非洲智库也在"一带一路"倡议的平台下发挥更多作用。2018 年，浙江省"讲好浙江故事　助力'一带一路'"智库论坛召开。2019 年，以"一带一路"为研究主题的中国智库已超过 300 家，出版"一带一路"研究图书 400 余种。② 此外，"一带一路百人论"也已举办四届年会，成效显著。

2018 年，中非合作论坛北京峰会通过的《中非合作论坛——北京行动计划(2019—2021 年)》提出，中非双方应成立专门机构支持中非学术界建立长期稳定的合作，鼓励论坛和相关机构开展联合研究，在中非智库论坛框架下建立中非智库合作网络，为中非合作发展提供智力支持。③ 中非智库要在已有扎实的

---

① 邱海峰. 中国与非洲 37 国以及非洲联盟成功签署共建"一带一路"政府间谅解备忘录. 人民日报海外版,2018-09-08.

② 赵磊,等. 智库助力"一带一路"建设五年回眸. 光明日报,2019-02-18.

③ 中非合作论坛. 中非合作论坛——北京行动计划(2019—2021 年). (2018-09-05). https://www.focac.org/chn/zywx/zywj/t1592247.htm.

历史基础上,紧抓第三次智库发展高潮①,实现不断发展。时任外交部部长助理陈晓东强调,中非智库要与时俱进,结合国际和地区形势演变;聚焦合作,紧扣中非关系与合作发展重点;积极发声,打造行之有效的中非话语体系。②

(四)研究中非智库交流合作正逢其时

政治、经济、文化是支撑当今中非合作关系的三大支柱,这三者之间必须形成鼎立之势,相互支撑,中非合作关系才会有牢固的基础,才可能获得可持续发展。③ 在当前背景下,南方国家之间的思想合作与知识交流有特殊的意义,发展中国家的思想自立与知识创新显得尤为重要。当前,探索建设中非智库合作的机制化平台工作已有成效,但总体而言还有较大提升空间,表现为交流程度不够深入、合作形式不够多元、合作成效不够明显等问题与不足,与中非关系的快速发展还不相适应。2018年中非合作论坛北京峰会为中非智库交流与合作提供了新遵循,新时代中非双方的思想界和学术界应该共同努力,推进人类不同文明的对话,增进南南共识、南北共识、东西共识,使我们共同生活的世界更加和谐、和平、安全。④ 为促进中非智库协同创新,推进智库建设,提升软实力,双方应加强理论创新,明晰智库定位;促进内容创新,丰富协同领域;开展形式创新,拓展协同平台;实现制度创新,提供中非智库协同创新的有力支撑。⑤

从理论上说,构建中非"知识共享和思想交流的人文伙伴关系",是一种长远的、隐性的、战略的长线投资,可以为中非双方在政治、经济、安全、外交的多领域可持续合作提供宽广坚实的精神支撑平台。当前已有研究更多关注欧美发达国家智库,对中非智库合作的理论和实证研究较少。对此进行理论研究,具有一定的创新性,符合中非构筑命运共同体的现实需求;有助于探索发展中国家智库建设的理论与实践,发展和完善智库理论,提升中非文化软实力和国际话语权。

从应用价值看,非洲是"一带一路"倡议、中国"走出去"战略的重要支点,中非合作进入"升级版"。当前正值中非合作论坛二十年、中非联合研究交流计划

---

①　王珩,王丽君,刘鸿武.构建中非命运共同体话语体系——中非智库论坛第八届会议综述.图书馆论坛,2020(1):107.

②　王欲然.外交部部长助理陈晓东出席中非智库论坛第七届会议.(2018-07-05).http://world.people.com.cn/n1/2018/0705/c1002-30129354.html.

③　刘鸿武.人文交流与知识共享将为中非合作保驾护航//中国—南非人文交流发展报告(2016—2017).杭州:浙江人民出版社,2018:1-11.

④　刘鸿武.从战略高度推进中非智库合作建设.非洲研究,2012(1):1-6,11-30.

⑤　王珩,王学军.中非智库协同创新机制探索.非洲研究,2015(1):255-266,289-290.

实施十周年,中非智库论坛已成功举办十届会议(包括中非合作论坛成立十周年学术研讨会和中非媒体智库研讨会)。在此背景下研究中非智库合作,着重以中非智库论坛为案例加强对中非智库合作的实践研究,有助于促进实践创新,提升影响力,为中非关系转型升级提供更有力的思想和智慧支持,推动中非关系可持续发展。

二、相关研究综述

20世纪70年代,西方学界开始研究智库,经过数十年,初步形成了西方国家的智库理论体系。中国学界的智库研究起点要晚十年左右,起步于20世纪80年代,主要内容是翻译、介绍西方智库。从研究国别看,大多数专著和论文是对美国、德国、英国、日本、澳大利亚等发达国家的智库进行研究,关于发展中国家特别是非洲国家的智库研究所占比重极小。从研究对象看,对官方智库、民间智库的研究较多,对高校智库的研究较少。从研究视角看,一般从政治学、公共政策、国际关系的角度对智库开展研究。近年来,随着全球智库受到持续关注,研究成果开始有所增多。但目前还没有关于非洲智库研究的专著,关于非洲思想的兴起和非洲智库发展的研究散见于研究世界知名智库、海外智库的专著中,多为说明性或介绍性文字,有的则是列出智库简明信息,有极少量期刊论文涉及非洲智库。不仅如此,涉及发展中国家智库、中非思想交流和合作的研究十分缺乏,有待深入系统研究。

(一)发达国家智库研究成果丰富

随着全球智库的迅猛发展,智库研究成为政治学、公共管理学的新研究热点。智库研究的学者大部分集中在美国。全球第一本智库研究著作,非美国政治家保罗·迪克森(Paul Dickson)撰写的《思想库》(*Think Tanks*)莫属,该书1971年出版,介绍了美国智库的形成与发展。20世纪90年代,英国和美国学者从不同侧面研究了智库兴起的过程。研究内容偏重公共政策、国际关系等领域,如安德鲁·里奇(Andrew Rich)的《智库、公共政策和专家治策的政治学》(*Think Tanks, Public Policy, and the Politics of Expertise*)。1991年,美国学者詹姆斯·艾伦·史密斯(James Allen Smith)提出了"思想掮客"概念。1993年,著名智库布鲁金斯学会研究员大卫·鲁奇(David Rucci)出版了《美国政治变革:新华盛顿和思想库的兴起》(*The Transformation of American Politics: The New Washington and the Rise of Think Tanks*)。雷蒙德·J.斯特鲁伊克(Raymond J. Struyk)出版了两部与智库经管与管理相关的专著。一是《经营智库：成熟组织的实务指南》(*Manage Think Tanks：Practical Guidance for Maturing Organizations*)；二是《完善智库管理：智库、"研究与倡导型"非政府组织及其资助者的实践指南》(*Improving Think Tank Management：Practical Guidance for Think Tanks，Research Advocacy NGOs，and Their Funders*)。他在著作中强调了智库管理和经营的重要意义。加拿大智库研究专家唐纳德·E.阿贝尔森(Donald E. Abelson)1996 年和2002 年分别出版《国会的理念：美国智库及其在美国外交政策中的作用》(*A Capitol Idea：Think Tanks and US Foreign Policy*)、《智库重要吗？评估公共政策研究机构的影响力》(*Do Think Tanks Matter？Assessing the Impact of Public Policy Institues*)等书，还出版了《北部之光：加拿大智库概览》(*Northern Lights：Exploring Canada's Think Tank Landscape*)。

(二)中非关系研究不断深入

美国学者黛博拉·布罗蒂加姆(Deborah Brautigam)主要研究中非关系、对外援助以及非洲发展问题。她在《龙的礼物：中国在非洲的真实故事》(*The Dragon's Gift：The Real Story of China in Africa*)、《中国援助与非洲发展：输出绿色革命》(*Chinese Aid and African Development：Exporting Green Revolution*)等书中，客观介绍了中非合作发展历程。2017 年，已担任约翰·霍普金斯大学高级国际问题研究学院国际发展项目主任的黛博拉出版了《非洲将养活中国吗？》(*Will Africa Feed China？*)[①]，引起国际国内非洲研究学界的诸多关注。南非马篷古布韦战略反思研究所 2015 年出版了海丝特·杜普莱西斯(Hester Du Plessis)等人的著作《中国的兴衰与崛起———一种组织哲学的研究》(*The Rise and Decline and Rise of China：Searching for an Organising Philosophy*)，其主线是中非关系。作者试图回答这样一些问题：非洲尤其是南部非洲什么时候能再次崛起？非洲大陆是否能汲取中国的发展经验和教训？中国目前的社会、经济和政治关系体系是从何而来的，对于非洲发展有多大的适应性，是否可持续？等等。[②] 此外，参加历届中非智库论坛的外方智库学者，

[①]　Deborah Brautigam. *Will Africa Feed China？*. Oxford：Oxford University Press，2015.

[②]　Hester Du Plessis，Thaddeus Metz，Gauhar Raza. *The Rise and Decline and Rise of China：Searching for an Organising Philosophy*. Mapungubwe：Institute for Strategic Reflection，2015：6-7.

以论文、发言的形式阐述了对智库、非洲发展、中非关系的认知与思考。①

刘鸿武的《新时期中非合作关系研究》一书系统全面地介绍了中非合作，内容包括新时期中非合作关系的历史背景梳理、宏观战略探究、内外环境评估、政策取向辨析、重点问题调研、对策措施建议等层面，其中"中非人文合作的战略与政策"部分从人文合作层面对中非关系进行专题性与个案性研究，探讨中非双方如何开展广泛的文明对话，如何在治国理政、国家能力建设、实现民族团结等方面交流互鉴。② 张忠祥的《中非合作论坛研究》一书充分肯定中非合作论坛取得的巨大成就的同时，系统分析了论坛所面临的机遇和挑战，以学者的视野提出促进论坛可持续发展的若干思考。③

（三）非洲智库研究刚刚起步

詹姆斯·麦甘（James McGann）是最早将研究涉及发展中国家智库和非洲智库的美国学者。他对非洲智库的研究主要通过两条路径：一是对非洲智库案例进行研究；二是对包括非洲智库在内的全球智库进行排名。麦甘主持的"智库与市民社会研究项目"（TTCSP），自 2006 年开始每年进行"全球智库索引"（Golobal Go To Thank Tank Index），对包括非洲智库在内的全球著名智库进行排序。2020 年 1 月发布的《全球智库报告 2019》④显示，截至 2019 年 12 月，全球各地智库总数为 8248 家，非洲智库总数为 699 家，其中撒哈拉以南非洲智库总数为 612 家，占全球智库总数的 7.42%，整体保持稳定。在《全球智库报告 2017》中，他依据对非洲智库的研究和评估，提出"至少 25% 的非洲智库面临严重危机"⑤。

2011 年，布鲁金斯学会学者姆旺吉·金恩亿（Mwangi S. Kimenyi）和阿霍伊·达塔（Ajoy Datta）撰写了一份题为《撒哈拉以南非洲智库：政治形势如何影响其起源》（"Think Tanks in Sub-Saharan Africa：How the Political Landscape Has Influenced Their Onigins"）的报告，从权力集中和外部影响两个政治维度来研究非洲智库的产生、发展和衰落。

---

① 参见中非智库论坛专题网页：http://ias.zjnu.cn/zfzklt/list.htm.

② 刘鸿武. 新时期中非合作研究. 北京：经济科学出版社，2016.

③ 张忠祥. 中非合作论坛研究. 北京：世界知识出版社，2012.

④ 2019 Global Go To Think Tank Index Report，University of Pennsylvania，Philadelphia，2020：40.

⑤ 参见全球智库报告 2017（英文版）https://max.book118.com/html/2018/0302/155503413.shtm.

非洲本土学者对智库的研究较少。2013 年，中非智库论坛第三届会议上，巴黎政治学院国际问题研究中心玛蒂娜·巴桑（Martina Bassan）提交了论文《中国的非洲智库和非洲研究：日益增长的影响力、机遇及发展前景》（"Chinese Think Tanks and Research on Africa：Growing Influence，Opportunities，and Perspectives of Developments"）。

国内尚无系统研究非洲智库的专著，有部分专著如《非洲智库方兴未艾》简要介绍非洲智库发展历史和主要特点；《全球智库指南》分篇章对美洲、欧洲、亚洲、大洋洲、非洲及中东的智库做了介绍，称非洲与中东智库"异军突起，潜力巨大"。① 《国际著名智库研究》（褚鸣，2012）、《海外智库：世界主要国家智库考察报告》（王佩亨等，2014）、《世界各国智库研究》（李建军、崔树义主编，2010）等分别有少量章节介绍非洲智库，特别是南非的知名智库机构。教育部区域与国别研究培育基地浙江师范大学非洲研究院编写的《非洲地区发展报告》在 2014—2018 年连续五年发布《非洲智库发展报告》。《非洲智库发展报告》主要基于麦甘博士的全球智库报告对非洲智库发展的现状、特点和趋势做了分析。② 《中国—南非人文交流发展报告（2016—2017）》中，《南非的国际问题研究智库及中南智库合作》《南非智库发展现状及其面临的问题》等文章介绍了南非智库发展状况，分析了中国与南非智库合作交流现状并提出建议。

还有部分专著涉及对非洲思想的研究。如《近代非洲思想经纬：18、19 世纪非洲知识分子思想研究》一书对 18、19 世纪非洲知识分子的思想做了分析。③ 刘鸿武等的《基于本土知识的非洲发展战略选择——非洲本土知识研究论纲》阐述了对本土知识的价值重估反映出人类在 21 世纪的一种更为智慧、也更为平等的发展观念。就非洲大陆而言，本土知识在环境、生态、资源、人文发展等领域都有可深度发掘的功能与特殊的现代意义，需要重新加以认识和倡导。张永宏研究了非洲的本土知识保护与利用战略。④ 张秉民等介绍了近代埃及著名学者之一塔赫塔维——他是埃及最早系统介绍西方民主主义思想的著名思想家和教育家。⑤

---

① 杜骏飞. 全球智库指南. 南京：江苏人民出版社，2017.
② 刘鸿武. 非洲地区发展报告. 北京：中国社会科学出版社，2014—2018.
③ 张宏明. 近代非洲思想经纬：18、19 世纪非洲知识分子思想研究. 北京：社会科学文献出版社，2008.
④ 张永宏. 非洲的本土知识保护与利用战略. 国际政治研究，2010(3)：151-167.
⑤ 张秉民，陈晓虎. 近代埃及学者塔赫塔维思想初探. 西亚非洲，1997(2)：64-67.

（四）中非智库合作研究方兴未艾

2019 年，刘鸿武的著作《非洲学发凡——实践与思考六十问》第三篇"智库思维——非洲研究与中非关系实践"，专门介绍了如何设置历届"中非智库论坛"议题、如何做好智库咨询等内容。[①]

相关研究论文数量近年有所增长，但其中关于中非智库合作的研究仍然较少。张宏明、贺文萍主编的《非洲发展报告 No. 17(2014—2015)》[②]，以"中国在非洲的软实力建设：成效、问题与出路"为专题，由 1 篇主报告和 6 篇分报告构成。6 篇分报告分别从智库、教育、医疗卫生、媒体、文化等不同领域以及中外专家学者不同的视角阐发了中国在非洲软实力建设的成效、困难、问题及其解决思路、办法、方式和途径。在《中非关系中的智库软实力建设：作用、问题与出路》一文中，张宏明认为，当今之国际竞争，不仅是硬实力的竞争和较量，同时也是软实力的博弈与比拼。构成国家软实力的要素虽然众多，但其内核是价值观和思想，而作为"思想企业"的智库正是这一"思想产品"的重要塑造者。唯其如是，中国决策层将"中国特色智库建设"提升到国家战略的高度并将之视为国家软实力的重要组成部分。近年来，中国非洲问题"智库研究"迎来了难得的发展机遇，也取得了一定的成效；不过毋庸讳言，目前国内非洲问题"智库研究"远远滞后于快速发展的中非关系的实践，更难以满足各方的实际需求。究其原因，既有体制机制等"大环境"方面的原因，也有研究机构的科研组织形态的滞后及学者认识上的偏差或能力上的不足等原因。因此国内非洲学界的智库建设和"智库研究"的现实境况和发展前景并不乐观，甚至还面临着诸多科研机构自身在短期内难以解决的问题或困难；即便是那些研究机构自身的问题，由于"积重难返"，真正解决亦非易事。展望中国非洲问题"智库研究"的前景，理想的状态是：此类智库真正担负起中国"走进非洲"及在非洲活动内外环境变化的"瞭望者"，中国在非洲存在及利益维护的"建言者"，中国对非洲战略与策略、中国对非洲关系国际战略与策略的"谋划者"，以及中非合作关系健康、稳定、可持续发展的"监督者"等多重角色。此外，张宏明论文《中国非洲问题的"智库研究"：历程、成效和问题》对中国非洲问题研究智库 60 年的行进轨迹做了梳理，对现状

---

① 刘鸿武. 非洲学发凡——实践与思考六十问. 北京：人民出版社，2019.

② 张宏明，贺文萍. 非洲发展报告 No.17(2014—2015). 北京：社会科学文献出版社，2015.

及存在问题做了剖析。①《非洲智库影响力提升》则对非洲智库发展现状做了盘点。②

　　"智库是一个国家软实力的核心组成部分，也是发展硬实力作用的智力支撑。"③贺文萍提出要"推倒高墙，加强中非关系中的软实力建设"。基于近年中非关系中软实力（文化和价值观的吸引力）未能跟上硬实力（经济和贸易关系）发展的现实，以及西方舆论对中非关系的负面报道和指责凸显出中非关系中的话语权和软实力建设的必要性和紧迫性，她建议在战略层面确立对非洲外交目标，帮助非洲实现减贫发展和"联合国千年发展目标"，共享全球化成果；在战术层面加强中非在国际事务中的议程设置能力，重视对智库和市民社会的培育，积极开展对外舆论引导工作，加强与非洲的发展经验交流，以及多渠道开展对话。④

　　从笔者掌握的资料看，对中非智库合作的理论和实践的探索始于浙江师范大学非洲研究院。该智库于 2011 年创立了中非智库论坛，在中国与非洲已连续举办八届智库会议，是中非联合研究交流计划成员指导单位、中非智库 10＋10 合作伙伴计划成员单位，与尼日利亚国际问题研究所（NIIA）进行战略合作。该智库学者撰写的《推进中非智库战略合作》⑤、《从战略高度推进中非智库合作建设》⑥、《中非智库协同创新机制探索》⑦等文阐述了对中非智库合作的战略意义及路径的思考。《非洲智库发展与中非智库合作》介绍了中非双方通过中非智库依托平台开展合作的成效，并提出合作建议。⑧《非洲智库发展与新时代中非智库合作》⑨、《谱写中非智库合作新篇章》⑩、《构建全方位、立体化的中非智库合作网络》⑪对 2018 年中非合作论坛北京峰会后的中非智库合作做出了思考与建议。

　　此外，还有部分学者从不同视角对中非智库发展做了研究。

---

① 张宏明. 中国非洲问题的"智库研究"：历程、成效和问题. 西亚非洲，2015(3)：119-160.
② 王珩. 非洲智库影响力提升——非洲智库发展现状介绍. 中国社会科学报，2015-02-11(B03).
③ 徐方清. 詹姆斯·麦甘：如何成为顶级智库. 中国新闻周刊，2014(30)：54.
④ 贺文萍. 推倒高墙：论中非关系中的软实力建设. 西亚非洲，2009(7)：5-12.
⑤ 刘鸿武. 推进中非智库战略合作. 中国社会科学报，2012-03-05(A07).
⑥ 刘鸿武. 从战略高度推进中非智库合作建设. 非洲研究，2012(1)：1-6，11-30.
⑦ 王珩，王学军. 中非智库协同创新机制探索. 非洲研究，2015(1)：255-266，289-290.
⑧ 王珩. 非洲智库发展与中非智库合作. 光明日报，2016-08-24(16).
⑨ 王珩，于桂章. 非洲智库发展与新时代中非智库合作. 浙江师范大学学报(社会科学版)，2019，44(3)：62-68.
⑩ 王珩，于桂章. 谱写中非智库合作新篇章. 中国社会科学报，2018-09-13.
⑪ 王珩. 构建全方位、立体化的中非智库合作网络. 光明日报，2019-07-22(16).

一是外交视角。李华《世界新公共外交模式与趋势》[①]引述赵可金《中外智库外交的五维比较》中的观点认为，从国际政治的现实来看，智库是一个相当重要的外交舞台。智库外交大致分为知识外交、二轨外交和公民外交三种形式。[②]

二是比较视角。曹升生基于对美国战略与国际问题研究中心、对外关系委员会、威尔逊中心和大西洋理事会等四家设立了非洲研究项目的智库的分析，得到启示：中国智库要拓宽研究议题，深入非洲实地调研，加速国际化。

三是学科视角。刘鸿武的多篇文章均论述了高校智库应当上升到国家文化发展的战略高度来理解与把握中非智库发展，21世纪的中国需要在更广泛的人类知识、思想、学术与观念领域做出自己的原创性贡献。因此要建构"非洲情怀、中国特色、全球视野"三个层面有机结合，"承续中国学术传统、借鉴国外研究成果、总结中非合作实践"三个维度融会贯通的"中国非洲学"。[③]

综上所述，已有研究对非洲智库的特点、发展趋势及中非智库合作的理论与实践有所涉及，但远未达到像对欧美等发达国家的智库研究水平，对于中非智库合作对中非关系的影响之讨论非常不够。相关成果数量较少，缺乏案例和实证研究。对中非智库之间的合作，缺少必要的认识和了解，智库合作的实践探索也还停留在较为初始的层面。针对此，本书基于中非智库论坛的十年实践考察中非智库之间交流与合作的理论与实践，探索提高中非智库合作水平、拓展合作路径、丰富合作平台、完善合作机制的有效途径，为非洲治理、中非关系可持续发展提供有力的知识策略与智慧支持。

三、研究框架

（一）研究思路

本书将立足于新的时代背景，考察调研以中非智库论坛为主的中非智库合作机制，梳理中非智库合作论坛的历史，分析中非思想与智库交流的现状，总结提炼中非智库论坛的特点与成效、问题与不足，剖析中非人文交流大背景下智库合作与交流面临的新问题和挑战，借鉴全球智库合作先进经验，结合中非智库实际，提出对策与建议，探索中非智库合作交流路径，建立中非智库合作网

---

① 李华. 世界新公共外交模式与趋势. 北京：时事出版社，2016.

② 赵可金. 中外智库外交的五维比较. 公共外交季刊，2014（1）：56-62.

③ 刘鸿武. 在学术平台与思想高地上建构国家话语权——再论建构有特色之"中国非洲学"的特殊时代意义. 西亚非洲，2010（5）：17-23.

络,构建中非学术共同体,助力中非关系可持续发展。

(二)研究内容

一是梳理中非智库论坛的历史。基于中非合作70年历程,着重分析中非建立智库论坛并开始交流的全球时代背景、发展历史,提出几个发展阶段、标志性事件及每个阶段的特点。

二是分析中非思想与智库交流的现状。考察中非智库交流合作近十年的发展现状,重点考察中非联合研究交流计划项目、中非合作论坛框架下的中非智库论坛,以及外交部中非智库10＋10合作伙伴计划和商务部援外项目——非洲智库研修班等案例,概括总结中非智库合作与交流的平台与机制、特点与成效、经验与启示、问题与不足。

三是把握中非智库合作与交流的新机遇。分析存在问题、面临机遇,剖析原因,寻找对策。提出中非智库合作的对策与建议。把握未来趋势,进一步对非洲智库及学者对中国及中非关系的认知作深入思考与剖析。结合中非构建更加紧密的命运共同体重大契机,提出加强中非、中外智库交流与合作,构建新时代中非智库合作网络等对策建议,进一步促进中非人文交流。

(三)研究方法

本书综合运用文献、数据的研读与调查、研讨等方法,充分吸收学术界和政府与主管部门的成果与意见;将理论分析、个案研究、实地访谈、田野调查等方法结合在一起,通过运用翔实的案例和数据,对书中提出的理论观点进行有力的佐证。

主要采用的具体研究方法包括:

1.文献法

基于相关书籍、中非联合研究交流计划特色数据库、中外文期刊网等传统媒介和新媒体,全面掌握、深入研读相关理论著作和中外文期刊、研究成果、报告、政策文本等文献。

2.数据分析法

分析2007—2019年全球智库发展报告基础数据,中非联合研究交流计划近年相关成果和报告,研究并分析非洲研究特色数据库近年数据,深入分析并掌握中国与非洲智库合作发展轨迹。

3.比较分析法

从国际比较的视野考察智库国际合作的路径与机制,为中非智库合作提供启示，同时分析中非智库合作的特殊性，创新合作机制。

4.调研法

选取非洲具有代表性的智库，进行实地考察、田野调查和跟踪调研。依托商务部、教育部智库培训基地，通过发放问卷、进行访谈等方法收集相关数据，了解探索中非智库合作路径，收集改进意见、建议等。

5.案例分析法

以中非智库论坛为主要案例，同时收集"中非智库合作 10＋10 合作伙伴计划"成员智库成长案例，系统梳理、深入剖析案例经验，客观评价其成绩与不足，提供相应借鉴与启迪。

(四)本书框架

本书由绪论、中非智库论坛十年发展总报告、10 个分报告及结语、附录、名家点赞等部分组成。

绪论阐明研究背景意义，对目前国内外对智库、非洲智库、中非关系、中非智库合作等内容的研究成果做了梳理与述评，介绍了研究思路、研究内容、研究框架。

中非智库论坛十年发展总报告对论坛的前世今生做了回顾，对 2010 年以来论坛举办的十届重要会议进行了纵向与横向分析：纵向上，对中非智库论坛的缘起、筹备、创建、发展、成效等做了回顾，总结了经验启示并展望未来发展愿景；横向上剖析了主题及议程设置、内容、形式、特点、会务、宣传等方面。通过调研访谈对论坛十年发展的成效进行了评估，在此基础上总结提炼发展经验，形成"以智助治"的思考启示，为进一步促进中非智库论坛第二个十年的内涵式、高质量发展，提升国际影响力奠定基础。

10 个分报告分别为中非智库论坛八届会议及纪念中非合作论坛成立十周年学术研讨会(2010，南非)、首届中非媒体智库研讨会(2016，肯尼亚)共 10 个国际研讨会的会议综述。为提升报告质量，本书作者在原会议综述基础上有所增删、调整。

结语部分对中非智库论坛及中非智库合作的未来进行展望，提出构建全方位、立体化的中非智库合作网络，打造中非联合研究交流计划增强版，推进中非思想与智库交流合作不断走向深入，促进中非人文交流，为中非关系健康可持续发展提供源源不断的智力支持。

附录收集了习近平在纪念中非合作论坛成立十周年研讨会上的讲话，杨洁篪、王毅在中非智库论坛开幕式上的讲话、《中非智库论坛第一届会议宣言》等重要资料。同时,中非智库论坛也得到非盟主席法基、加纳前总统罗林斯、多位非洲驻华大使、中非知名智库负责人、地方政府官员等的积极评价。这些内容收录于本书"名家点赞"部分,以飨读者。

十年十论坛,中非智库论坛十年成长之路,有风雨,有坎坷,更有收获和成长。支持论坛举办的学术团队、管理团队及本书编撰团队大多是非洲研究院的中青年学者,由于水平与精力有限,错误纰漏在所难免,恳请各位前辈、同仁批评指正。

总报告:中非之"智"助力中非之"治"

——中非智库论坛十年回顾与前瞻

中非智库论坛是经外交部、商务部批准设立的中非学术交流高端平台,正式创立于 2011 年,每年分别在中国和非洲举办。论坛以"民间为主、政府参与、坦诚对话、凝聚共识"为宗旨,旨在促进对非研究,增进中非了解,扩大双方共识,为中非关系发展建言献策。中非智库论坛创立以来,针对当前中非关系发展的新形势与新挑战设定议题,已成功举办八届会议,形成了一系列重要成果,在国际上产生了广泛影响,被外交部纳入中非合作论坛框架,成为中非外交界、学术界、智库界、企业界、媒体界等对话交流的机制化平台。中非智库论坛由浙江师范大学创办,指导单位是中非合作论坛中方后续行动委员会。论坛秘书处设于浙江师范大学非洲研究院。

一、缘起:为了习主席的嘱托

"我们的非洲问题研究急需培养后备人才。今天来参加研讨会的专家学者,你们对中非关系的发展做出了贡献,你们的研究成果是可以运用到我们国家的战略、外交大局中的。希望你们的研究进一步向前推进,是系统的而不是零碎的,是深入的而不是表面的。我们国家应该加强在这方面的支持。"[①]这是时任中华人民共和国国家副主席习近平 2010 年 11 月 18 日出席浙江师范大学非洲研究院与中国驻南非大使馆、南非智库等联合主办的"纪念中非合作论坛成立十周年学术研讨会"时对非洲研究学者的殷殷嘱托。

为纪念中非合作论坛成立十周年,由浙江师范大学非洲研究院、中国驻南非大使馆、南非国际问题研究所联合主办,中国(南非)有限公司协办的"纪念中非合作论坛成立十周年学术研讨会"在南非行政首都比勒陀利亚隆重举行。习

---

① 非洲研究院在南非主办研讨会 国家副主席习近平出席开幕式并发表演讲.(2010-10-30)www.cuepa.cn/cate_131detail_26485.html.

近平出席研讨会开幕式并发表了题为"共创中非新型战略伙伴关系的美好未来"的演讲。①（演讲全文见附录一）南非总统府部长柯林斯·沙巴纳（Colius Sabana）和南非副外长易卜拉欣（Ebrahim）以及来自中南双方政府、学界、企业界人士、部分驻南使节等近 300 人出席了研讨会。

习近平在这次研讨会上的讲话深刻分析了中非合作论坛十年发展成就、面临的机遇挑战，对新十年发展做出前瞻性的部署，指出在 21 世纪第二个十年，中非合作论坛已站在新的历史起点上。②中国驻南非大使钟建华主持开幕式全体会议。中国国家开发银行董事长陈元、浙江师范大学校长吴锋民先后致辞。11 月 18 日晚，习近平副主席在中国驻南非大使馆亲切会见了参加本次学术研讨会的全体代表并发表了重要讲话，还与大家合影留念。习近平对主办这次中非合作论坛十周年的专家学者表示感谢，对非洲学术研究的重要意义给予了高度评价和期待，对如何做好中非学术交流做出明确指示，让浙江师范大学师生和非洲研究学者备受鼓舞。

翌日，80 多位专家学者围绕着世界体系转型背景下的中非合作，当代国际舞台上的中非关系，中非双边关系中的经济与发展、能源、农业与科技合作，中非政治安全事务，拓展中非在治国理政、公民社会交流及多边领域合作，南非与中国的伙伴关系评估等议题，展开了深入的研讨与对话。

"这次重要会议，对于推进中非知识界学术界关注中非合作，推进中非知识思想交流起到十分重大的作用，随后不久，中国相关机构开始设置中非智库联合研究交流计划项目，中非智库合作伙伴计划也开始实施。"③基于习近平审时度势的分析和对智库学者助力新时期中非合作的期待，浙江师范大学非洲研究院开始在国家部委、地方政府、学校等各方支持下筹备中非智库论坛。

二、筹备：开启中非合作论坛第二个十年

进入 21 世纪以来，以中非合作论坛为抓手的中非机制性合作经历了从无到有、逐步发展的十年高速发展时期，并取得了显著的阶段性成功。在 21 世纪第二个十年的开局之年，经济全球化、政治多极化和信息社会化正在成为当代国际关系的主要特征，环顾全球，和平、发展、合作的时代潮流没有变，但世界和

---

① 浙江师范大学非洲研究院网站，http://ias. zjnu. cn/show. php？ id＝1303.

② 习近平在中非合作论坛成立 10 周年研讨会上的演讲.（2010-11-19）. http://www. gov. cn/ldhd/2010-11/19/content_1748530. htm.

③ 【聚焦智库论坛】我们如何设置历届"中非智库论坛"的主题和议题，http://ias. zjnu. cn/2019/0807/c6141a296475/page. htm.

平与发展面临诸多挑战。作为中非合作新增长点的智库合作负有特殊的历史使命，需要在战略思维、政策规划、理论创新和机制建设等方面做出具有时代特点的贡献，以此提升中非合作的自觉性、科学性和有效性。因此，创办中非智库论坛是因时而兴，符合加强新时期中非智库交流的现实需求；是因势而为，有利于推进中非合作；也是因地制宜，创办单位浙江师范大学也已基本具备与相关部委联合主办中非智库论坛的扎实基础。

（一）新机遇

进入新世纪、新千年，中非关系获得了快速而全面的发展。以中非合作论坛为核心引擎和推进机制的中非全方位合作关系，已经成为全球国际关系中最引人关注的领域之一。中非关系驶入快车道。作为世界上发展潜力最大的国家和大陆，中国和非洲国家的合作，规模之大、领域之宽、程度之深、影响之广，前所未有。未来的十年，中非合作关系还将持续提升，前景更为广阔。①

1. 中非之间经济、政治、人文日益增加的互动，为双方的合作提供了更大的空间

21 世纪第一个十年是中非高层交往和人员往来最活跃的十年。中非合作论坛历届部长级会议成为中非领导人集体对话的重要平台、共商中非关系发展大计的有效机制。十年来，中国向非洲提供的无偿援助、无息贷款和优惠贷款大幅度增加，合作成果惠及中非双方。双方贸易额由 2000 年的 106 亿美元增长至 2008 年的 1068 亿美元，年增长率保持在 30% 以上。2009 年中国对非直接投资 14.4 亿美元，比 2000 年增长近 6 倍。截至 2009 年年底，中国免除了 35 个非洲重债国和最不发达国家无息贷款债务 300 多笔。双方还在基础设施建设、能源、农业、金融、医疗卫生等领域开展了务实高效合作。十年来，中非教育、科技、文化以及人员交流、人力资源开发等领域合作成果丰硕。中非青年联欢节、中非科技伙伴计划、中非法律论坛、中非联合研究交流计划等合作项目，有力地增进了中非人民的相互了解和友谊。21 世纪第一个十年的成功为中非第二个十年经济合作更趋全面、政治合作更趋成熟、文化合作更趋多样奠定了坚实的基础。

2. 地区合作重要性的提升为中非合作提供了重要的地区合作平台

当前，地区性组织已经成为重要的非国家行为体，各种形式的地区合作机

---

① 杨洁勉. 新十年中非合作和智库的历史使命. 非洲研究，2011(1)：1-9.

制不断完善。而且，非洲大陆的地区和次地区合作组织已经日趋成熟。非洲大陆建立了非洲联盟、各次地区建立了中部非洲国家经济共同体、西非国家经济共同体、南部非洲发展共同体、东非共同体、东部和南部非洲共同市场等。中非具有双边、次地区和跨地区等多层次合作性质，不仅成为南南合作的重要组成部分，也是当前世界跨地区合作的重要组成部分，正在日益显示其强盛的生命力。

3. 全球范围内国际力量分布的相对均衡化和国际体系的重组提升了中非合作的全球性意义

当前国际力量的分布正逐步朝着相对均衡的方向发展，多极化进程不仅是指新兴发展中大国的快速发展，而且也包括广大发展中国家地区性力量的不断增强。这既发生在亚洲，也出现于非洲和拉丁美洲等地区。它们与发达国家及发达国家集团一样，已是国际舞台上不可忽视的力量。相比较而言，欧洲和美国经济复苏乏力，主权债务和财政赤字严重，在世界舞台上的号召力和实际能力都处于下降的进程，它们在北非西亚的动荡中也表现得力不从心。作为最具潜力的大国和大洲，中国和非洲的影响力正在逐步上升，中国和南非等发展中国家建立了"金砖国家"机制，中国和非洲联盟（简称"非盟"）的战略合作伙伴关系不断充实，中非正在共同努力推动国际体系民主化进程，促进国际秩序朝着更加公正合理的方向前进。

从智库层面看，随着中非关系的深入发展，中非智库合作越来越得到中非双方的重视：2009 年中国政府"对非务实合作八项举措"出台，促进双方智库学者间的交流与合作是其中之一。启动于 2010 年的"中非联合研究交流计划"，旨在通过加强中非学者和智库的交流与合作，共享研究成果，促进中非人民的相互了解和认知。计划主要依托中非学术机构实施，重点围绕中非事务、涉非问题和中非关系等开展学术研究和交流，下设课题研究、学术交流、研讨会和著作出版共四大类项目。[①] 自 2010 年正式启动至今，该计划已支持中非 40 余家学术机构开展项目数百个，推动中非学术交流数千人次。[②]

（二）新挑战

与此同时，由于中非关系中大国因素增加，西方在意识形态领域多年对非渗透成效积显，出现了许多新情况和新问题，中非关系面临越来越复杂的新挑

---

① 王珩. 非洲智库发展与中非智库合作. 光明日报，2016-08-24(16).
② 参见中非联合研究交流计划信息网：http://pdas.zjnu.edu.cn/.

战、新难题。①

1. 双边合作需要持续的新增长点

就经济合作而言，中国和非洲国家的大幅度增长初始阶段已经基本结束。今后，双方在市场、能源、投资等领域的合作规模有望继续扩大，但在增加科技含量、促进经济转型、实现低碳发展和提升管理层次等方面的难度将更大。而且，非洲国家仅仅单纯是中国出口制成品的市场和能源资源产品出口地的负面影响也在增加，成为中非经济合作的不利因素。在政治和外交方面，中国和非洲国家维持着传统友谊，但随着非洲国家领导人的世代更替以及西方思潮的影响，中国和非洲国家在政治和外交合作中的复杂因素正在增多。一些非洲国家的多党制及其动荡增加了双边关系的不可预测性。还有部分非洲国家在舆论上受西方影响而对中国有不友好的表现。

2. 跨地区合作平台需要提升统筹和协调能力

非盟的对外合作有四个方面：一是洲际合作；二是非洲国家内部的合作；三是对传统合作的当代化；四是非洲和国际组织的合作。但非盟尚不是超国家的主权实体，目前尚不完全具备跨地区合作需要的全面规划、各方平衡和统筹协调等权力和能力。中非在国际体系建设（如 20 国集团和联合国安理会改革）、基础设施网络规划、文化教育布局等方面，需要同整个非洲、次地区和国家等进行多重协调，其难度显而易见。

3. 多边国际合作需要增加标志性成果

中非多边合作既包括中国和非洲的多层次合作，也包括中国、非洲和其他有关各方的合作。到 2010 年为止，中非和其他方面合作的进展不大，且涉及许多敏感和复杂的历史和现实问题。而且，中非多边合作往往需要全球性国际体系的支持与支撑，但中非只能在承认现有体系和秩序的前提下进行渐进式的改革，一时难以取得长足的进步。因而，中非都必须做到战略性忍耐，确立长远和阶段性目标，分解难题和逐步进展。

4. 中非合作需要理论更新

中非合作是以和平、发展、合作为潮流的时代的组成部分，需要在务实合作基础上加强理论更新。中国在同非洲的长期合作中，确立了许多经久不衰的原则，如真诚友好，平等相待；互利互惠，共同繁荣；相互支持，密切配合；相互学习，共谋发展。但是，以往的中非合作主要以双边为主，站在中非合作论坛十周

---

① 杨洁勉. 新十年中非合作和智库的历史使命. 非洲研究，2011(1)：1-9.

年新起点上,需要在全球的框架内重新审视中非合作的理论和原则,如中非在国际体系改革中的相互关系和作用、中非各自的地区主义和当代其他地区主义的互动关系、中非在全球范围内的共同利益和共同发展问题等。

此外,过去数十年的中非合作已经积累了丰富的经验,其间包含着可供学术界、思想界进行理论推演、概念提炼和知识总结的广阔空间。为此,中非双方的学术界、思想界应该依托这样的平台开展更有效的面对面的深入对话与交流,并在此战略高度上共同来建构具有中非智慧特征和发展中国家共同经验和情感的思想平台与话语形态。①

(三)新方案

面对挑战,迫切需要增进中非人民和各阶层的相互了解,尤其是通过双方启动思想智慧间的交流,加强智库之间的互动,影响和引导非洲和世界舆论,强化我国在非洲的软实力建设。我国在中非智库交流方面,还没有有影响力的机制性论坛平台。为此,浙江师范大学提出建议,拟以2011年10月于杭州召开的第八届中非合作论坛高官会为契机,在会后或期间举办中非智库浙江论坛(以下简称论坛)首届会议,主要与会对象为中国、非洲和部分西方国家学者以及投资非洲的著名企业家等。论坛以"民间为主、政府参与、坦诚对话、凝聚共识"为宗旨,为中非智库之间交流和对话搭建平台,充分发挥双方社会精英作用,服务地方发展和国家对非政策。

1. 中非智库浙江论坛的基本架构

第一,论坛纳入中非合作论坛框架,作为中非民间对话的长效机制,同时固定在浙江举办,以便更好地整合多方资源,彰显地方特色。

第二,以国家开发银行为支持单位,由浙江师范大学主办,浙江师范大学非洲研究院和中非商学院联合承办,并在浙江师范大学设立论坛秘书处;约请若干家智库和知名企业协办;邀请国内主要涉非非政府机构、涉非学术单位、高校、企业等参会,其中部分可作为协办单位;同时争取非洲适当组织和机构成为固定合作伙伴。

第三,每年在浙江省举办一次,必要时可举行小规模的分会或专题子论坛,地点可选省内不同城市。每年的议题可根据非洲形势发展和中非关系的需要拟定。

---

① 刘鸿武. 从战略高度推进中非智库合作建设. 非洲研究,2012(1):1-6,11-30.

第四,办会经费由国家开发银行、中非联合研究交流计划、企业捐助以及学校自筹解决。

2. 中非智库浙江论坛实施计划

第一,争取用三至五年的时间,将论坛打造成中非智库之间交流的国家级平台,形成品牌效应,促进对非研究,增进中非了解,扩大双方共识,服务中国企业走向非洲和非洲企业进入中国,并对新形势下发展中非关系建言献策。

第二,以2011年10月于杭州召开的第八届中非合作论坛高官会为契机,在会后或期间举办"论坛"首届会议。

(1)论坛拟以新时期中非关系作为主题,下设三个分议题:中非和平与安全领域合作,民营企业与中非经贸合作,中非智库交流与合作。

(2)与会主要对象为中国、非洲和部分西方国家学者以及投资非洲的著名企业家,与会人员80人左右。

(3)开幕式和主要会议在杭州举行,闭幕式在浙江师范大学举行。

第三,2011年第二季度成立论坛筹备小组,由浙江师范大学中非商学院院长刘贵今(中国政府非洲事务特别代表)担任组长,负责全面筹划论坛的相关准备工作。

(1)制订论坛详细筹备工作方案。

(2)争取中非合作论坛在确定高官会具体日期时将论坛列入安排。

(3)争取在第八届中非合作论坛高官会期间邀请部分非洲国家媒体访华,报道中非高官会和论坛首届会议。

(4)争取借助中非合作论坛和非洲使节的对话平台,加强对论坛在国内外的宣介,逐步扩大其影响。同时也将访问非洲相关国家,并争取非盟支持。

3. 筹备基础

当时的浙江师范大学开展对非工作已近十五年,在外交部的关心支持下,主动服务国家对非外交,取得了一系列重要成果,形成了非洲学术研究、人才培养、汉语推广、项目培训四方面良性互动的工作格局。一是成为非洲人才培训重要基地。1996年,浙江师范大学开始承建喀麦隆汉语培训中心,并在此基础上建立喀麦隆孔子学院;作为教育部首批4个教育援外基地之一,在中非合作论坛的框架下,学校积极承担对非人力资源开发项目23期;2010年,浙江师范大学又成立了中非商学院,将努力在重点培养中非经贸人才方面做出新的贡献。二是成为非洲研究重点基地。2007年浙江师范大学成立国内首个实体性科研机构——非洲研究院,引进著名非洲研究学者刘鸿武担任院长。研究院以

"全球视野、非洲情怀、中国特色"为建院理念,聚焦非洲发展与中非关系两个重点方向,成立了非洲政治、经济、教育、历史四个研究所,开展科学研究、文化交流和社会服务。2010 年建成了非洲博物馆。研究院成立三年多就承担了教育部哲学社会科学研究重大课题攻关项目及大量部委委托课题、项目,多次受外交部委托赴非调研,出版专著 29 部、发表论文 150 余篇。编撰的八大系列 120卷本"非洲研究文库"丛书被列为外交部、国家新闻出版总署"十一五"重点支持项目,至 2011 年已出版 23 卷,多数具有填补国内学术空白意义。三是产生广泛社会影响。浙江师范大学得到了外交部、教育部、商务部、中联部、中国社科院等的大力支持和充分肯定。2010 年 3 月,全国政协主席贾庆林视察喀麦隆孔子学院,对其办学成绩给予了充分肯定。非盟副主席、安哥拉前总理等一大批非洲高官及我国驻非大使率团来校考察访问,给予了一致好评。四是具有举办涉非国际会议丰富经验。2010 年 11 月,受外交部委托,由浙江师范大学非洲研究院与中国驻南非大使馆、南非国际问题研究所在南非联合主办"纪念中非合作论坛成立十周年学术研讨会",国家副主席习近平出席开幕式并发表重要讲话。此外,浙江师范大学还先后主办或与中联部、中国民间组织国际交流促进会(简称中促会)、中非合作论坛中方后续行动委员会秘书处、中外友好协会等联合主办了高规格国际学术研讨会 10 余次,可谓条件成熟、基础扎实。

三、创建：中非智库论坛举行首届会议

2011 年 10 月,经过各方努力,在外交部、商务部支持指导下,由浙江师范大学非洲研究院主办,中国社科院西亚非洲研究所、中国国际问题研究院、中国现代国际关系研究院、上海国际问题研究院协办的中非智库论坛正式创立。这是经中国外交部、商务部批准设立的中非学术交流的高端平台,以"民间为主、政府参与、坦诚对话、凝聚共识"为宗旨,每届论坛邀请国内政府部门、主要涉非非政府机构、学术单位、高校、企业和非洲国家相关组织、机构等参会,以此促进中非学者交流对话和对非研究、增进中非人民相互了解、扩大中非思想界的共识,服务中国企业走向非洲和非洲企业走进中国,同时为新形势下发展中非关系建言献策。

(一)基本框架

中非合作论坛中方后续行动委员会秘书处是中非智库论坛的指导单位,国家开发银行、中国人民外交学会和浙江省政府是支持单位。论坛秘书处常设于

浙江师范大学非洲研究院。每届论坛邀请国内主要涉非非政府机构、学术单位、高校、企业代表等参会，同时选择合适的非洲相关组织和机构成为协同合作伙伴。在论坛筹备期间，主办单位与协同单位就论坛的议题策划、代表邀请、会务工作、经费预算等方面密切协同、通力合作；在会议召开时，各协同单位选派负责人率领相关专家学者与会，为各议题的研讨提供智慧与见解，为论坛学术成果的形成贡献了力量。

经外交部批准，中非智库论坛第一届会议成为在杭州举行的第八届中非合作论坛高官会配套活动。指导单位为中非合作论坛中方后续行动委员会，支持单位为国家开发银行、中国人民外交学会、浙江省政府，协办单位为中国国际问题研究所、中国社科院西亚非洲研究所、上海国际问题研究院、中国现代国际关系研究院。

（二）会议概况

2011 年 10 月 27 日至 28 日，由浙江师范大学主办的中非智库论坛第一届会议在杭州、金华隆重举行。来自中国、非洲多个国家、非盟等非洲地区组织及部分其他国家、地区著名智库的 300 多名知名学者、政府高官、企业家、媒体人济济一堂，出席这一中非思想界与学术界的盛会，就 21 世纪第二个十年的中非关系进行了深入研讨。这是 21 世纪第二个十年开始之际中非双方学术思想界的一次盛会。在外交部支持下，出席第八届中非合作论坛高官会的 100 多位来自非洲各国和中国政府的高官也出席了本次论坛。

外交部副部长翟隽，加纳前总统罗林斯（Jerry John Rawlings），国家开发银行副行长李吉平，浙江省人民政府副省长龚正，南非政府前总统府部长帕哈德（Essop Goolam Pahad），非洲驻华使团团长、多哥驻华大使塔·阿马（Nolana Ta Ama）出席 10 月 27 日在杭州举行的开幕式并讲话。浙江师范大学校长吴锋民在开幕式上致欢迎词。中国政府非洲事务特别代表、浙江师范大学中非商学院院长刘贵今主持开幕式。

开幕式后，浙江师范大学党委宣传部、新闻办联合举行简短的新闻发布会。外交部非洲司副司长王克、浙江师范大学校长吴锋民、国家开发银行国际合作业务局副局长刘浩、浙江师范大学中非商学院院长刘贵今就相关问题回答了新华社、《人民日报》等媒体记者的提问。出席开幕式的嘉宾还有埃及外交部部长助理穆娜（Mona Omar Attia），莱索托外交部常务秘书梅辛（Tebello Metsing），赤道几内亚外交部秘书长奥约诺（Simon Oyono Esono），多哥外交与合作部秘书长帕约多（Kpayedo Kokou），乌干达前驻华大使伊德罗（Philip Idro），坦桑尼亚前驻华大使桑佳（Charles Asilia Sanga），加纳驻华使馆公使阿吉亚赫（Akwasi A. Agyare），驻卢旺达大使舒展，驻吉布提大使张国庆，外交部西亚北非司副司长常华，商务部援外司副司长余应福，中国人民银行国际司副司长冯勇，国务院新闻办二局副局长丁小鸣，国家开发银行规划局副局长张世诚，国家开发银行研究院副院长黄剑辉，文化部外联局局长助理赵海生，浙江省委教育工委副书记、省教育厅副厅长蒋胜祥，浙江省社科联党组书记、副主席陈荣，浙江省外事办副主任顾建新，浙江工业大学党委书记梅新林，国家开发银行浙江省分行副行长范显伟、王辉。

外交部非洲司司长卢沙野、大湖地区国际会议执行秘书穆拉穆拉（Liberata Mulamula）、国家开发银行国际合作业务局副局长刘浩、上海国际问题研究院院长杨洁勉、毛里求斯工商会秘书长谢鲁、中国国际问题研究所副所长刘友法、南非斯坦陵布什大学中国研究中心主任格文（Sven Grimm）、银赛控股集团董事长李建华等与会专家、企业家代表围绕会议主题"新世纪第二个十年的中非关系"，在论坛全体大会上先后作主旨发言。非洲研究院院长刘鸿武主持论坛全体大会。

10月28日，与会学者围绕"非洲安全形势与中非在和平安全领域的合作""非洲金融投资环境与中非在金融投资领域的合作""中非人文交流与智库的作用"三个分议题，分三个分论坛进行了深入的研讨。

论坛还通过了《中非智库论坛第一届会议宣言》。非洲翻译馆揭牌成立。帕哈德、金华市市长徐加爱、浙江师范大学校长吴锋民、埃塞俄比亚国际和平与发展研究所所长奈迦（Sebhat Nega）、浙江师范大学中非商学院院长刘贵今、义乌市副市长王奎明出席闭幕式。浙江师范大学副校长王辉主持闭幕式。帕哈德、吴锋民共同为非洲翻译馆揭牌。徐加爱、奈迦先后发表讲话。刘贵今作会议总结。

会议结束后，主办方对会议论文成果加以整理，形成专题文章刊发于《非洲研究》2011年第1卷。刘鸿武院长的大会演讲与会议总结发言，以"中非智库合作的战略意义、路径选择与机制建设"为题刊发，专门论述了建立中非智库论坛的宗旨，推进中非思想对话与学术交流的特殊意义，及在此背景下建设中国的非洲学与非洲的中国学的一些初步想法。①

---

① 刘鸿武. 非洲研究的中国学派：学科内涵与精神气度. 非洲研究，2011：3-25.

(三)学术研讨

在本届会议上，以"新世纪第二个十年的中非关系"为主题，回顾了过去十年中非关系的成就，分析了当前中非关系面临的问题和挑战，并展望了未来十年中非关系的发展前景与开拓创新空间。会议还就三个分议题进行了深入讨论，即非洲安全形势与中非在和平安全领域的合作，非洲金融和投资环境与中非在金融、投资领域的合作，中非人文交流与智库的作用。会议强调，实现和平、安全和稳定，是非洲发展的必要前提。进入新世纪以来，非洲和平、安全局势有了明显改善，但局部地区和国家也出现恶化趋势，面临着新问题和新挑战。在此领域，中非双方应该加强合作，中国应该在非洲和平与安全建设中发挥更积极和主动的作用。会议指出，非洲近年来经济和社会发展取得明显成就，潜力巨大，国际对非金融、投资合作日益增多，但非洲的金融投资环境仍需进一步改善。双方金融机构应该努力扶持中非中小企业的发展，增加非洲就业机会，促进非洲对华出口，让中非合作更好地实现互利双赢和惠及更多非洲民众。

与会者对新世纪头十年中非关系的快速发展给予高度评价，认为第二个十年中非关系发展潜力巨大，但也面临严峻挑战。

1.非洲政治与安全方面

大多数与会学者认为，2010年年底以来的北非中东地区变局对整个非洲政治与安全形势产生了重大影响，非洲政治生态发生了巨大变化。大多数非洲国家现政权对西方国家在北非变局中的黩武干涉与介入表示担忧与反对，认为非洲国家的主权与政权安全正面临着威胁。非洲国家对中国支持维护非洲国家主权与独立表现出很高的期待。多位学者提出，希望中国在政治与安全方面给予非洲国家更多和更有力的支持和积极介入，维护非洲国家的政权安全和主权独立，同时也维护中国在非洲日益增长的利益。中国应扩大参与非洲维和的范围。会议普遍认为，中国要帮助非洲，不能仅仅停留在经济发展方面。

2.经济与贸易方面

与会学者认为，日益蔓延的世界经济危机促进了国际经济结构的转型，亚非经济力量的上升正在打破西方主导的世界经济体系。应该加强中国与非洲国家以及发展中国家的经济合作，进一步抗衡和消解西方在世界经济体系中的主导作用。中非合作论坛应出台一些大的战略性的经济合作举措，加大对非洲的投资，尤其是加大对非洲国家基础设施、农业与信息产业、资源开发和广义安全领域的援助投入，这对非洲发展和中非合作具有长远的战略意义。

中国与非洲国家贸易不均衡问题引起了与会学者的广泛关注，认为贸易不均衡会对中非长期经贸关系与经济合作关系产生不利影响，应采取措施改变贸易结构，给予除重债穷国和最不发达国家以外的更多非洲国家的多数产品进入中国市场的免税优惠。中国在非洲的经贸区建设过程中应加大对非技术转让和注重对非洲国家自身经济能力的建设，经贸合作区应多吸收一些本土资金与企业入驻。

关于中非农业合作，有的学者认为与非洲国家的农业合作应以中小企业为主，大型国有农场不宜介入非洲农业。农业合作方面可以尝试中非欧三方合作。

学者们认为，在金融危机面前，非洲国家中小企业和中国在非中小企业存在巨大的融资困难，中国金融机构应加大对双方中小企业的支持力度。他们对国家开发银行的"中小企业发展基金"表示很感兴趣和期待。也有中国学者认为，中资企业在非洲投资的政治风险有所增加。

3. 人文交流与智库合作方面

大多数与会学者认为，中非之间缺乏了解，加强人文合作与人员交流对中非关系的发展具有重要意义。近年来中非人文交流与合作有所增加，但要进一步加大力度。中国在非洲援建了许多医院与学校，但这些医院中的医生是西方人，学校中的教师是西方志愿者，这实际上不利于中国在非洲的软实力建设，不利于中国文化在非洲的传播。

非洲学者认为对中非关系的负面评价大多来自西方，或来自受西方强大媒体影响的一部分非洲非政府组织和知识分子。会上个别非洲学者对中非关系提出批评时，大多数非洲学者认为其观点不具有代表性，只是一种个人观点。另外，非洲学者提出，中国在非企业与非洲当地劳工的矛盾往往是双方文化差异所致，中国企业应加强对非洲文化的了解，在非中国人应加强与本地人的交流。

4. 政策建议

中非双方学者认为，中非智库论坛是落实"中非联合研究交流计划"的一项创造性举措，首届会议办得十分及时、必要和成功，应该成为一种定期机制。

第一，鉴于非洲形势的变化和我国在非洲利益的扩大，有必要加大对非洲和平与安全建设方面的关注和介入。现在应该是认真研究适时派出成建制作战部队参与联合国非洲维和行动的时候了。

第二，中非战略合作伙伴关系的三要素政治、经济、文化中，文化交流互鉴少了，近年虽做了不少工作，但仍须进一步加强人文交流与人员交往，出台更多的人文交流措施，加大实质性投入举措，逐步使政治、经济、人文合作举措在中非合作论坛框架下真正形成三足鼎立局面。

第三，鉴于非洲地区合作在非洲经济与社会发展方面的重要性，而中国对非洲跨区域合作项目参与甚少，应更加重视研究和参与非洲区域组织的合作。

第四，中国企业和公民走进非洲仍有盲目和无序现象，并挤压了非洲小商贩的生存空间。政府部门应加强协调与统筹，认真研究和应对这一现象，并出台相关政策举措。

第五，为回应西方责难和更好地转让实用技术，中国应在非洲国家建立更多职业技术学校，设置适合非洲国家需要的专业，培训非洲技工，提高其职业技能，促进非洲青年就业。

第六，中非智库论坛的创办受到与会学者的欢迎。为应对西方对中非关系的丑化和干扰，贯彻党的十六届七中全会关于加强我国软实力建设的精神，中非智库论坛应该作为中非合作论坛框架下的机制性平台之一，每年召开一次并视情在中国或非洲举行。

(四)会议宣言

10 月 28 日晚，中非智库论坛首届会议在金华闭幕。与会代表一致通过了《中非智库论坛第一届会议宣言》(全文见附录二)。

中非智库论坛第一届会议的召开引起多方重视，人民网、中国广播网、凤凰网、光明日报、文汇报等媒体纷纷转载报道，新华网并就此次会议打造了多个专题。在中非关系发展的这个关键时期，中非智库论坛的创建具有特殊的意义，其使命也十分重大。创建中非智库论坛是中非双方加强学术交往与合作，扩大人文交流的重要举措之一。

四、发展：中非智库论坛十年砥砺前行

中非关系在中国对外关系中具有重要的战略意义和外交价值。中非智库论坛也是中国特色大国外交的有力体现、中非人文交流的生动案例、中非智库合作交流的有效途径。论坛伴随着中国非洲研究的起步和浙江师范大学非洲研究院的发展，不断完善，不断向着更高的目标前进，成为中非思想交流的高端平台。2010—2020 年，我们每年都在中国和非洲举办中非智库论坛，主动设置和讨论不同的主题与议题。建设和举办中非智库论坛，也因此成为这些年浙江师范大学非洲研究院最重要的一项工作，也是建构有特色的中国非洲学的一个重要实践领域。[①]

配合国家对非重大战略，近年分别在非洲和中国举办了八届中非智库论坛会议，加上 2010 年"纪念中非合作论坛成立十周年学术研讨会"和 2016 年"首届中非媒体智库研讨会"，十年举办了 10 个国际论坛，成为汇聚中非智库力量，集合外交界、学术界、智库界、企业界、媒体界等高端人才的峰会（见表 1）。中国国务委员兼外长王毅，非盟主席法基（Moussa Faki Mahamat），非洲多国现政要、前政要，外交部副部长翟隽、张明、陈晓东等，李肇星，前中国对非事务特别代表刘贵今大使，历任非洲驻华使节等中非政要，卢沙野、林松添、戴兵等历任非洲司司长，林毅夫等著名学者曾出席会议并发表重要演讲，浙江省副省长郑继伟、龚正、孙黎明等多位省部级嘉宾莅临会议，浙江省社联党组书记、教育厅领导等多次指导。论坛还吸引了中非大量主流媒体的关注与报道，使政界、学术界、媒体界、企业界的思想意见得到有效沟通，在扩大中非国际话语权、提升文化软实力方面发挥了积极的促进作用。

表 1　中非智库论坛历届会议情况一览

时间	会议名称	地点	主题	分议题
2011 年 10 月	中非智库论坛第一届会议	中国杭州	新世纪第二个十年的中非关系	非洲安全形势与中非在和平安全领域的合作、非洲金融投资环境与中非在金融投资领域的合作、中非人文交流与智库的作用
2012 年 10 月	中非智库论坛第二届会议	埃塞俄比亚亚的斯亚贝巴	新形势下中非如何维护与拓展共同利益	新形势下的中非合作：机遇与挑战、新形势下的中非共同利益：共识与差异、中国企业在非洲：互利与惠民、中非绿色经济及低碳发展：企业的优势与机会、浙江与非洲经贸合作：产业转型与政策扶持
2013 年 10 月	中非智库论坛第三届会议暨中非智库 10＋10 合作伙伴计划启动	中国北京	中非关系的提升与中非软实力建设	中非关系的提升：动力、方向与举措、为了发展的软实力：中非自主价值观构建、中国的非洲研究与非洲的中国研究：合作与创新

① 刘鸿武.非洲学发凡——实践与思考六十问.北京：人民出版社,2019.

续表

时间	会议名称	地点	主题	分议题
2015 年 9 月	中非智库论坛第四届会议	南非比勒陀利亚	非洲"2063年愿景"下的发展新趋势	2015 年后非洲发展新趋势及非洲与外部世界关系的变化、非洲"2063 年愿景规划"及其关键举措、中非产能对接合作与非洲"三网一化"建设、中非人文交流互鉴与"乌邦图—儒家思想"对话
2016 年 4 月	中非智库论坛第五届会议	中国义乌	中非产能合作与非洲工业化	中非产业对接和产能合作、加快非洲工业化的机遇、挑战和对策建议；如何有序推进中非产业对接和产能合作、加快非洲工业化进程，包括在合作过程中如何防止企业间恶意竞争，顾及非洲国家利益及环境保护问题；如何既推动中非产能合作、加快工业化进程，又解决好融资问题，不给非洲国家增加债务负担
2016 年 8 月	中非媒体智库研讨会	肯尼亚蒙巴萨	合作共赢，共同发展	如何有序、有效推动落实中非合作论坛约翰内斯堡峰会成果；如何安全、有序、有效推进中非产能合作，加快非洲工业化和农业现代化；如何看待中非互利合作与其他国际伙伴对非合作的差异；如何加强中非智库、媒体合作，并在促进中非合作发展进程中发挥积极作用
2017 年 6 月	中非减贫发展高端对话会暨中非智库论坛第六届会议	埃塞俄比亚亚的斯亚贝巴	摆脱贫困，共同发展	交流习近平《摆脱贫困》一书中阐述的思想理念、实践和中国减贫发展经验为切入点，就中国与非洲的减贫发展政策和实践经验，对接中非合作计划，加快非洲工业化和农业现代化进程展开讨论
2018 年 7 月	中非智库论坛第七届会议	中国北京	改革开放与中非关系	中国改革开放 40 周年与中非关系发展；中非自主探索发展道路的经验与启示；中非智库媒体合作：以增强传播力和话语权为目标
2019 年 8 月	中非智库论坛第八届会议	中国北京	全面落实中非合作论坛北京峰会成果	携手构建更加紧密的中非命运共同体；共建一带一路与非洲"2063 年愿景"紧密对接；中非智库媒体交流合作与中非话语权建设

资料来源：作者根据中非智库论坛网页（http://ias.zjnu.cn/zfzklt/list.htm）内容整理。

（一）中非智库论坛的发展历程

2010 年 11 月 18 日，为纪念中非合作论坛成立十周年，由浙江师范大学非洲研究院、中国驻南非大使馆、南非国际问题研究所联合主办，中国（南非）有限公司协办的"纪念中非合作论坛成立十周年学术研讨会"在南非行政首都比勒陀利亚隆重举行。时任中华人民共和国国家副主席习近平出席研讨会开幕式并发表了题为"共创中非新型战略伙伴关系的美好未来"的演讲。习近平向所有为推动中南关系和中非关系发展做出贡献的朋友表示诚挚问候和衷心感谢，并指出中非关系经受住国际风云变幻的考验，目前已进入全面发展新阶段。十年前双方创立的中非合作论坛，全方位、实质性推进了中非新型战略伙伴关系发展，不仅为推动非洲一体化进程做出重要贡献，而且促进了一些国家的对非合作，有力提升了非洲的国际地位。这次会议拉开了创立、筹办中非智库论坛的帷幕。之后，中非智库论坛每年在中国或非洲举办，走过了十年砥砺之路。

1. 中非智库论坛第一届会议

2011 年 10 月 27 日至 28 日，中非智库论坛第一届会议在浙江杭州和金华举行。会议由浙江师范大学主办，中国国际问题研究所、上海国际问题研究院、中国社科院西亚非洲研究所、中国现代国际关系研究院协办，会议得到国家开发银行及中非联合研究交流计划的赞助和外交部、商务部、教育部、浙江省人民政府和中国人民外交学会的指导和大力支持。来自中国、非洲多个国家、非盟等地区组织及部分其他国家智库学者、企业家代表和参加第八届中非合作论坛高官会的高官、非洲国家驻华使节等 300 余人出席会议开幕式和研讨活动。与会学者围绕"非洲安全形势与中非在和平安全领域的合作""非洲金融投资环境与中非在金融投资领域的合作""中非人文交流与智库的作用"三个议题，进行了深入研讨。论坛期间，还通过了《中非智库论坛第一届会议宣言》。论坛以新时期中非关系为主题，围绕安全问题、经贸往来、智库交流等话题展开研讨，成为联结中非知识精英的思想桥梁，有国际影响力的高端学术平台，其创立具有重大的现实意义和深远的历史意义。

时任外交部副部长翟隽指出："时代为中非学术交流赋予了新的使命，也提出了更高要求。中非学术交流与合作如何更好地为中非关系提供智力支持、为双方人文交流增添活力，是中非学术界共同面对的重要课题。"中非智库论坛是中非学术界开展互动交流的新模式。翟隽认为，随着智库论坛的机制化和国际化，将为中非关系发展提供更好的智力支持，同时也能为中非关系发展奠定良好的民意和社会基础。①

时任外交部非洲司副司长王克在接受浙江在线记者采访时，娓娓道出了论坛的历史，认为中非合作论坛为中非智库研究"打开了一扇门"。她指出，中非合作论坛成立于 2000 年，它是中非合作对话的平台，成立十一年来一直引领中非关系又好又快地向前发展。2006 年召开了中非合作论坛北京峰会，40 多位非洲领导人齐聚北京，将中非关系推向高潮。在会上，首次提出"三位一体"的中非新型战略伙伴关系，即政治上平等互信，经济上互利共赢，文化上交流互鉴。2009 年，温家宝总理宣布了中国政府对非合作新八项举措，中非联合研究交流计划是其中之一，目的是由中国政府支持中非研究机构开展研究和交流活动，促进中非文化的交流互鉴。所以，可以说是中非合作论坛为中非智库和学术研究"打开了一扇门"，凸显了研究的重要性。②

浙江师范大学校长吴锋民对学校能主办中非智库论坛感到非常高兴与自豪，"因为这对非洲研究和中非文化交流都有重要意义"。他在会上表示，将通过努力把中非智库论坛建设成为一个联结中非知识精英的思想桥梁，一个国际上有影响力的高端学术平台。浙江师范大学也将以中非智库论坛的创设为契机，进一步拓展涉非工作领域，进一步做强非洲研究品牌，以更加丰硕的成果和更加优异的成绩，不断提高教育对非工作水平，为推动中非关系健康稳定发展做出积极贡献。③

2. 中非智库论坛第二届会议

2012 年，中非智库论坛在外交部支持下纳入中非合作论坛框架，并作为中非合作论坛高官会的配套活动，写进《中非合作论坛第五届部长级会议——北京行动计划（2013—2015 年）》，成为中非交流的机制化平台。

2012 年 10 月 12 日，中非智库论坛第二届会议在非盟总部所在地——埃塞俄比亚首都亚的斯亚贝巴开幕，这是该论坛首次走进非洲大陆。埃塞俄比亚副总理兼教育部长德梅克·梅孔嫩（Demake Mekonne）、浙江省副省长郑继伟出席会议并致辞。联合国非洲经济委员会办公厅主任阿德耶米·迪沛鲁（Adeyemi Diperu）、中国外交部非洲司司长卢沙野、中国驻埃塞俄比亚大使解

① 中非智库论坛首届会议召开架起中非思想界桥梁，http://edu. zjol. com. cn/05edu/system/2011/10/27/017949320. shtml.

② 王克：外交部支持中非智库论坛越办越好，外交部网站 https://www. fmprc. gov. cn/zflt/chn/xsjl/zflhyjjljh/t883658. htm.

③ 中非智库论坛首届会议召开架起中非思想界桥梁，http://edu. zjol. com. cn/05edu/system/2011/10/27/017949320. shtml.

晓岩,亚的斯亚贝巴大学校长阿德玛苏·赛加耶(Admasn Tsegaye),浙江师范大学党委书记陈德喜出席开幕式并讲话。浙江师范大学非洲研究院院长刘鸿武教授主持开幕式。这是中非智库论坛第一次在非洲举办。本次会议由浙江师范大学非洲研究院和埃塞俄比亚亚的斯亚贝巴大学和平与安全研究所联合主办。

会议主题是"新形势下中非如何维护与拓展共同利益",来自中国、非洲大陆 15 个国家、非洲联盟、联合国非洲经济委员会及部分其他国家和地区的 100 多名智库领袖、知名学者、政府高官、企业家、媒体人出席这一中非学术思想界的盛会,就新形势下中非面临的机遇与挑战、共识与差异、互利与惠民等展开研讨。德梅克副总理在开幕式上说,中国与非洲国家之间有着传统的友好关系,埃塞俄比亚人民欢迎并感谢中国的援助与合作;此次会议关注非洲和平与安全,非洲大陆国家意识到和平与安全的重要性,意识到这是实现非洲发展的基本条件。他表示希望借中非智库论坛进一步增进互相理解,巩固彼此友谊,加深合作关系。郑继伟副省长表示,浙江作为中国经济比较发达的沿海省份,历来高度重视对非友好交往。近些年,浙江依托"走出去"战略和活跃的民间力量,与非洲的交流日益频繁,对非贸易实现较快增长,文化交流日益深化。会议受到国内外媒体的广泛关注。中央电视台综合频道(CCTV-1)和新闻频道(CCTV-13)在 10 月 13 日黄金时段播出的《朝闻天下》节目,详细报道了会议的主办方、主题、时间、地点等内容。外交部非洲司司长卢沙野在接受记者采访时专门谈到本次会议在推动中非人文交流合作方面的意义。《浙江日报》《北京周报》《环球时报》、人民网、新华网、新浪网、搜狐网等国内重要的报纸和网站都对会议进行了专门报道。埃塞俄比亚外交部网站、泛非新闻网等国外媒体也对此次会议进行了报道。

3.中非智库论坛第三届会议

2013 年 10 月 21 日至 22 日,由中非合作论坛中方后续行动委员会指导、浙江师范大学主办的"中非智库论坛第三届会议及'中非智库 10+10 合作伙伴计划'启动仪式"在中国北京举行。国务委员杨洁篪出席开幕式并发表讲话。杨洁篪指出,中非智库论坛为中非智库学者间交流搭建了机制化平台,"中非智库 10+10 合作伙伴计划"的启动将进一步提升双方智库交流与合作水平,他对中非智库寄予厚望(讲话稿全文见附录三)。外交部副部长翟隽,非方智库代表、南非国际问题研究所所长斯迪诺珀洛斯(Elizabeth Sidiropoulos),中方智库代表、中国社科院副院长李扬,非洲驻华使团长、多哥驻华大使塔·阿马,国家开发银行副行长袁力、中非智库论坛主办方代表、浙江师范大学校长吴锋民等先后在开幕式上致辞。开幕式由中非合作论坛中方后续行动委员会秘书长、外交部非洲司司长卢沙野主持。浙江师范大学非洲研究院院长刘鸿武主持论坛第一次全体大会。来自外交部、商务部、中联部、教育部等中非合作论坛中方后续行动委员会成员单位代表、国家开发银行的相关领导、非洲国家驻华使节、中国和30多个非洲国家及国际组织的200多位智库领袖、著名学者、媒体代表等出席会议。

会议以"中非关系的提升与中非软实力建设"为主题,下设"中非关系的提升:动力、方向与举措""为了发展的软实力:中非自主价值观构建""中国的非洲研究与非洲的中国研究:合作与创新"三个分论坛。会议总结了过去十余年中非合作的成就,分析当前中非关系面临的问题和挑战,展望未来十年中非关系的发展前景与创新空间。中非智库代表表示,将利用好中非智库论坛及"中非智库10+10合作伙伴计划"等平台,进一步促进中非人文交流,深化中非友好合作。由非洲研究院院长刘鸿武教授担任首席专家编纂的教育部哲学社会科学发展报告《非洲地区发展报告2012—2013》正式发布。

论坛启动了外交部"中非智库10+10合作伙伴计划",为中非智库交流新搭建了又一个机制化平台,进一步提升了双方智库交流与合作水平。[①]

2013年结对建立合作关系的有8家中方智库与8家非方智库,后来发展为中非各10家智库参与该合作伙伴计划(见表2)。

表 2 "中非智库10+10合作伙伴计划"成员单位一览

非方智库	中方智库
摩洛哥穆罕默德五世大学非洲研究所	北京大学非洲研究中心
尼日利亚国际问题研究所	浙江师范大学非洲研究院
南非国际问题研究所	中国国际问题研究院
塞内加尔非洲社会科学研究发展理事会	中国社会科学院西亚非洲研究所
南非斯坦陵布什大学中国研究中心	上海国际问题研究院
喀麦隆国际关系研究所	外交学院非洲研究中心
埃塞俄比亚亚的斯亚贝巴大学和平与安全研究所	中共中央党校国际战略研究所
肯尼亚非洲经济研究所	云南大学非洲研究中心

---

① 王珩. 高校智库建设的理论范式与实践创新. 北京:世界知识出版社,2017:47.

续表

非方智库	中方智库
津巴布韦南部非洲研究与文献中心	上海师范大学非洲研究中心
南非安全问题研究所	中国现代国际关系研究院

资料来源：作者根据相关材料整理。

论坛讨论通过并公开发布了中非双方智库代表共同起草的《中非智库10＋10合作伙伴计划倡议书》（简称《倡议书》），提出未来中非思想对话、知识创新的新理念新路径（全文见附录四）。

《倡议书》倡议中非智库学者应在以下几方面做出更多努力：

根据中国、非洲和世界发展的实际，全面客观地认识当代中国、非洲的发展和外部世界，创立新概念、新范畴、新表述。重点围绕如何实现中非互利共赢、共同发展，中非关系中的重大理论问题，中非务实合作中的具体问题及相关基础性问题进行研究。

丰富中非学术交流合作模式，加强创新，通过交流、互访、研讨以及深入开展联合研究，共同出版一批高质量的论文、报告或专著等方式，形成研究特色和优势，对中非合作的深入发展提供切实的智力支持；提高中非双方学者智库研究水平和在国际学术界的影响力，为中非关系发展营造积极、客观的舆论氛围和外部环境。

中非智库学者要建立、完善合作机制，加强交流互鉴，实现优势互补。要打造一支专业程度高、研究能力强、愿意长期研究中国和非洲的学术队伍，要特别重视青年人才培养，为其发展创造更多机会，包括亲临中国与非洲国家，直接了解这些国家的机会。

中非智库、院校要在人员和资源配置等方面加大对各自涉非、涉华研究的支持力度，建设好相关图书资料中心、博物馆、网络数据库等设施，并加强学者间信息交流与共享。①

4. 中非智库论坛第四届会议

2014年，原定9月在浙江义乌举行中非智库论坛第四届会议，由于西非部

---

① 中国社会科学院西亚非洲研究所，浙江师范大学非洲研究院，中国国际问题研究院，上海国际问题研究院，外交学院非洲研究中心，北京大学非洲研究中心，中央党校国际战略研究所，云南大学非洲研究中心，塞内加尔非洲社会科学研究发展理事会，尼日利亚国际问题研究所，南非国际问题研究所，南非斯坦陵布什大学中国研究中心，喀麦隆国际关系研究所，摩洛哥穆罕默德五世大学非洲研究所，埃塞俄比亚亚的斯亚贝巴大学和平与安全研究所，肯尼亚非洲经济研究所．中非智库10＋10合作伙伴计划倡议书．非洲研究，2014(1)：27-30.

分国家埃博拉疫情较为严重，经外交部商议决定，当年的中非智库论坛暂停举行。

2015 年 9 月 9 日至 10 日，由浙江师范大学、南非马蓬古布韦战略反思研究所、南非外交部共同主办，中非合作论坛中方后续行动委员会、中国驻南非大使馆、国家开发银行支持的中非智库论坛第四届会议在南非行政首都比勒陀利亚的南非外交部国际会议中心隆重举行。来自中国和非洲的 100 多位学者、政府官员等代表围绕"'非洲 2063 年愿景'下的发展新趋势"这一论坛主题各抒己见，为中非关系与合作建言献策。本次会议被纳入"南非中国年"活动框架。这是浙江师范大学非洲研究院时隔五年后再次在南非举办中非合作的高端学术会议。来自南非外交部、科技部、财政部，非洲联盟，中国外交部、商务部、中联部、国家开发银行的相关领导出席开幕式。南非外交部副总司长迪塞科（Mxakatho Diseko）、中国驻南非大使馆临时代办李松、中国外交部非洲司副司长戴兵、浙江师范大学校长蒋国俊、国家开发银行国际合作业务局美非事业部主任田云海、南非马蓬古布韦战略反思研究所执行所长乔·奈特施丹哲（Joel Netshitenzhe）在开幕式上致辞，开幕式由南非外交部部长特别顾问丹戈大使主持。

南非外交部副总司长迪塞科在开幕式上称，会议将为年底召开的中非合作论坛峰会暨第六届部长级会议发挥预热作用。她希望与会学者能积极对外发声，以自己的语言和方式宣介非洲、中国及中非关系。中国驻南非使馆临时代办李松指出，即将在南非召开的中非合作论坛峰会暨第六届部长级会议必将成为中非关系发展历史上的又一个重要的里程碑，而本次会议对于筹备中非合作论坛峰会暨第六届部长级会议，深入推进中非关系发展具有重要意义。浙江师范大学非洲研究院院长刘鸿武称，中非要构建命运共同体，必须建立可以交流、理解和借鉴的"知识与思想共同体"。中非双方需要汲取"中国智慧"与"非洲智慧"，并在务实合作中去呈现其独特的价值。坦桑尼亚达累斯萨拉姆大学教授汉弗莱·莫西（Humphrey Moshi）对记者说，中国是非洲发展最为重要的一部分，双方在分享发展成功经验方面取得了很多令人瞩目的成果。①

会议受到中非双方政府与学界的高度重视，得到中央电视台、《人民日报》、人民网、中新社、南非国家广播公司等国内外重要媒体的关注和报道。论坛讨论的焦点主要集中在 2015 年以后的非洲发展趋势以及中国如何与非洲国家合

---

① 倪涛，李志伟，王欲然. 中非智库论坛第四届会议凝聚共识. 人民日报. 2015-09-11(21).

作以增加其对非洲工业的投入。中方与会者在会上介绍了中国的"一带一路"倡议，并讨论了双边投资及贸易合作。

5. 中非智库论坛第五届会议

2016年4月14日至16日，由浙江师范大学、义乌市人民政府共同主办的中非智库论坛第五届会议在义乌举行，来自中国、埃塞俄比亚、南非、塞内加尔、喀麦隆、尼日利亚、赞比亚、坦桑尼亚、肯尼亚、津巴布韦等40多个国家的智库领袖、著名学者、政府官员、媒体代表、商界人士，共计400余人聚集一堂，出席这一中非知识界和思想界的年度盛会，共同聚焦和研讨"中非产能合作与非洲工业化"这一核心主题，探讨在新形势下加快推进落实中非合作论坛约翰内斯堡峰会的相关战略举措。

会议主要有三个研讨议题：一是中非产业对接和产能合作、加快非洲工业化的机遇/挑战和对策建议；二是如何有序推进中非产业对接和产能合作、加快非洲工业化进程，包括在合作过程中如何防止企业间恶性竞争，顾及非洲国家利益及环境保护；三是如何既能推动中非产能合作、加快工业化进程，又解决好融资问题，不给非洲国家增加债务负担。

会议还设立了中非经贸分论坛。分论坛的主要议题是中非合作论坛约翰内斯堡峰会助推中非经济合作、中非产能合作、中非经贸与跨境电子商务合作展望。① 埃塞俄比亚总理经济顾问阿尔卡贝·奥克贝·梅蒂库（Arkebe Oqubay Metiku）、卢旺达驻华大使查尔斯·卡永加（Charles Kayonga）；中共中央对外联络部原副部长、中国国际交流协会副会长艾平，浙江省副省长梁黎明，外交部部长助理钱洪山，浙江师范大学党委书记陈德喜，义乌市委书记盛秋平，浙江省社科联党组书记郑新浦、科研处处长陈名义，浙江省外侨办亚非处副处长阮洁等参加开幕式。开幕式由浙江师范大学校长蒋国俊主持。会议期间还发布了教育部哲学社会科学重大课题攻关项目成果专著《新时期中非合作关系研究》，教育部哲学社会科学发展报告《非洲地区发展报告2014—2015》及国家新闻出版重点项目成果"浙江师范大学非洲研究文库·当代非洲发展系列丛书"（28种）等近期研究成果。

莱索托驻华大使莱博杭·恩奇妮（Lebohang Enqini）在致辞时特别强调了智库所扮演的重要的角色。她说："智库在我们国家之中扮演的重要的角色，它是十分重要的，因为他们能够产生研究方面的证据，来影响我们的政策。同时

---

① 王南. 中非智库论坛第五届会议举行　浙江师范大学非洲研究院近期成果发布.（2018-12-21）http://world.people.com.cn/n1/2016/0415/c1002-28279940.html.

能够影响到我们的政策制定的流程,通过不同的参与策略来达成影响力。智库不仅能生成知识,同时可以促进研究到政策的转化,同时可以追寻政策上的改变,希望改变我们重要的政治议题上的公众的参与度和讨论。同时也可以扮演重要的角色,促进政策的合理合法化。但不幸的是,目前我们对于不同国家智库能力的研究依然是不够的,尤其是对很多的发展中国家来说,他们缺乏这种财力和人力来进行深度的经济研究。同时很难去执行他们的任务。而且他们经常是缺少这种必要的独立性来监管政府的表现。这次的盛会是非常重要的,它能够促进中非的交流。尤其是在工业方面的合作,在工业产能合作和协调方面,它能够帮助我们应对我们的工业化的财务方面的障碍,能够促进我们的经贸合作,能够促进我们的社会文化交流。本次论坛也会促进中国和非洲各国智库之间的合作。"①

6. 中非媒体智库研讨会

2016 年 8 月 10 日至 12 日,由浙江师范大学非洲研究院、中非发展基金、肯尼亚非洲经济研究所、肯尼亚公共政策与分析研究院、中华人民共和国驻肯尼亚共和国大使馆联合共同主办的中非媒体智库研讨会在肯尼亚蒙巴萨举行,来自中国、南非、塞内加尔、卢旺达、尼日利亚、摩洛哥、赞比亚、坦桑尼亚、肯尼亚、埃塞俄比亚、津巴布韦、苏丹、莫桑比克、加纳、刚果(金)、埃及等 20 多个国家的智库领袖、媒体代表、著名学者、商界人士、政府官员共计 150 余人聚集一堂,围绕"合作共赢,共同发展"这一中非合作核心主题,就四个议题进行研讨:如何有序、有效推动落实中非合作论坛约翰内斯堡峰会成果;如何安全、有序、有效推进中非产能合作,加快非洲工业化和农业现代化;如何看待中非互利合作与其他国际伙伴对非合作的差异;如何加强中非智库、媒体合作,并在促进中非合作发展进程中发挥积极作用。②

中国公共外交协会会长、外交部前部长李肇星,中国人民大学新闻学院院长、中国国务院新闻办公室前主任赵启正和中国公共外交咨询委员会委员、前中国政府非洲事务特别代表刘贵今大使作主旨发言,阐释中国对非政策新思想、新理念、新举措,并介绍中非合作论坛峰会成果落实情况。中方参会者还包括中央电视台《焦点访谈》主持人劳春燕、原主持人敬一丹、河北省沧州佛教协

---

① 中非智库论坛第五届会议—中非经贸分论坛举行. (2016-04-15) http://politics. people. com. cn/n1/2016/0416/c1001-28281001. html.

② 柳洪杰. 中非媒体智库聚首肯尼亚献计"合作共赢,共同发展". (2016-08-12) http://cn. chinadaily. com. cn/2016-08/12/content_26443498. htm.

会会长延参法师等。

肯尼亚交通部长詹姆斯·马查里亚（James Macharya）、交通部常务副部长威尔森·伊隆古（Wilson Ilongue）、环境部办公厅主任查里提·博金多（Chariti Borgindo）、分权与规划部首席秘书塞托提·特罗米（Setoti Tromy）、2030 愿景规划委员会秘书长基图罗·瓦伊纳依（Chief Kituro Wainai）；外交部前部长李肇星、中国人民大学新闻学院院长赵启正、中国驻肯尼亚大使刘显法、前中国政府非洲事务特别代表刘贵今、中非发展基金总裁石纪杨和浙江师范大学党委副书记杨玲等出席开幕式。开幕式由浙江师范大学非洲研究院院长刘鸿武主持。

中国人民大学新闻学院院长、中国国务院新闻办公室前主任赵启正在发言中表示，中非媒体要重视报道的全面性，积极建立研究机构，建立中非记者、学者交流的长效机制。他说："中非媒体要把握中非合作发展的大趋势，坚守共同发展、合作共赢的议题，积极探讨和报道中非在工业化、农业现代化、基础设施建设、绿色发展、金融、医疗卫生、人文交流、和平安全领域的合作空间，我们要提出新思想、新理念、新举措，获得新的成果。"

肯尼亚美国国际大学国际关系学教授马查里亚·穆内内（Macharia Munene）教授对记者说，此次研讨会聚焦"合作共赢，共同发展"这一中非合作核心主题正逢其时。他说："此次研讨会的主题很适时，从本质上使中非双方智库加强了联系，以确保聚焦持续发展方面能够更有活力。所探讨的内容也不仅限于当前，而是面向未来的。"[①]

研讨会期间，参会代表还考察了由中国交通建设集团所属中国路桥承建的蒙巴萨至内罗毕铁路、蒙巴萨经济特区等中肯、中非合作重大标志性建设项目。会议受到各方高度评价，中央电视台、新华社、《人民日报》、环球网、凤凰网，非洲十多个国家的重要媒体，中非新闻交流中心记者团等二十多家非洲主流媒体给予了全程关注与充分报道。出席会议的外交部前部长李肇星为本次会议题语祝贺："祝贺中非媒体智库研讨会成功举行，感谢浙江师范大学非洲研究院的杰出贡献。"

7. 中非减贫发展高端对话会暨中非智库论坛第六届会议

2017 年 6 月 21 至 22 日，在中国外交部非洲司和中国驻非盟使团的支持下，由浙江师范大学非洲研究院和非盟领导力学院共同举办的"中非减贫发展高端对话会暨中非智库论坛第六届会议"在埃塞俄比亚首都亚的斯亚贝巴非盟

---

① 中非媒体智库研讨会. 精英共商合作发展大计. http://ex. cssn. cn/hqxx/tt/201608/t20160817_3166029. shtml.

总部隆重举行。来自中国、埃塞俄比亚、南非、尼日利亚、布隆迪、喀麦隆、乍得、科特迪瓦、肯尼亚、加纳、刚果（金）、埃及、利比里亚、毛里求斯、苏丹、坦桑尼亚等 30 多个国家及非洲联盟、联合国非洲经济委员会、非洲能力建设基金会等国际组织的智库领袖、媒体代表、著名学者、政府官员、金融界代表共计 200 余人应邀与会。中国外交部部长王毅、非盟委员会主席法基出席论坛开幕式并发表重要演讲，非盟领导力学院总监穆娜、浙江师范大学校长郑孟状代表主办方分别致辞。浙江师范大学非洲研究院院长刘鸿武、非盟领导力学院总监穆娜共同担任大会主席并主持开幕式。

会上推介、解读、学习了习近平主席著作《摆脱贫困》。围绕"摆脱贫困，共同发展"这一核心主题，以交流习近平主席著作《摆脱贫困》一书中阐述的思想理念、实践和中国减贫发展经验为切入点，就"中国与非洲的减贫发展政策和实践经验""对接中非合作计划，加快非洲工业化和农业现代化进程"等议题深入研讨。与会代表表示，非洲要从中国减贫实践中借鉴经验，《摆脱贫困》正突出展现了中国减贫经验的精髓。会议对中非合作的优先领域和主要方向达成了共识：第一，分享治国理政经验，增强非洲国家自主探索发展道路的意识和能力；第二，加强人力资源合作开发，帮助非洲国家破解人才不足瓶颈；第三，坚持集约发挥理念，把基础设施建设同产业化发展结合起来，加快非洲工业化进程；第四，创新合作模式，充分调动市场和私营资本的积极性，助力非洲国家解决发展资金短缺问题；第五，加强和平安全合作，维护非洲和平稳定，为中非合作和非洲发展创造安全环境；第六，秉持开放、包容、共赢理念，欢迎非洲合作伙伴多样化，共同为非洲实现自主可持续发展贡献力量。

这次会议是加强中国在非洲"软实力"建设、增强中国发展理念和治国理政经验传播力和影响力、深化中非减贫与发展合作、推动落实约翰内斯堡峰会成果的重大公共外交行动，中央对此高度重视。论坛在非盟总部举行，是浙江师范大学非洲研究院时隔五年后配合国家战略需求再次在埃塞俄比亚举办中非智库论坛，表明论坛跃上了新的历史高度，服务国家战略更加积极主动。本次论坛具有几个明显的特点：一是直接服务国家战略。中国外交部部长王毅和非盟委员会主席法基出席会议发表主旨演讲（王毅演讲全文见附录五）。二是契合实际需求。论坛围绕"减贫"主题设置相关议题，紧扣当前中非关系发展的现实需要，切合非洲发展实际，具有重要的现实意义。三是论坛成果超过预期，受到外交部高度评价。在外交部非洲司、非盟使团、中国驻埃塞俄比亚大使馆等支持下，论坛取得了突出成效，达成多项共识。中非媒体报道充分，受到中央电视台、《人民日报》等中外媒体关注。2017 年 7 月 12 日，《人民日报》以专版形式刊发论坛发言摘编①，并配发评论员文章，社会反响热烈。

8. 中非智库论坛第七届会议

2018 年 7 月 4 日，中非智库论坛第七届会议在北京钓鱼台国宾馆举行。会议由中非合作论坛中方后续行动委员会秘书处主办，浙江师范大学非洲研究院、国务院参事室国际战略研究中心联合承办。来自非洲 45 个国家的驻华使节，52 个非洲国家的政府官员、智库学者、媒体代表，中国外交部、国务院参事室、中非产能合作基金、浙江师范大学等相关单位领导，全国知名智库机构、高等院校的中方学者以及媒体人士共计 380 余人参加会议。

作为 2018 年中非合作论坛北京峰会的主要配套活动之一，论坛围绕"改革开放与中非关系"这一重要议题进行深入广泛的研讨。外交部部长助理陈晓东，国务院参事室副主任张彦通，非洲驻华使团团长、马达加斯加驻华大使维克托·希科尼纳（Victor Sikonina），国家外汇管理局副局长陆磊，南非约翰内斯堡大学孔子学院外方院长墨特霍尔德·蒙耶（Merthold Monyae），国务院参事、北京大学新结构经济学研究院院长林毅夫，摩洛哥皇家战略研究院院长穆罕默德·塔乌费克·穆利内（Mohammed Tawfik Mouline）出席开幕式并致辞。

尼日利亚中国研究中心主任查尔斯·奥努奈居（Charles Onunaiju）认为，改革开放让中国走上了经济现代化的道路，从一个封闭的国家逐渐开始融入经济全球化进程。中国的发展经验对于非洲国家非常重要。林毅夫在总结中国的发展经验时说，发达国家的理论、发达国家的经验，必然是以发达国家的条件为前提。非洲国家采用西方的这些理念，但其前提不同；如果前提条件相同的话，这些国家早就是发达国家了。事实上，非洲的前提条件，同中国类似。所以，中国改革开放 40 年所积累的经验、所形成的理论，对非洲国家以及其他发展中国家有更大参考借鉴价值。

与会学者表示，"一带一路"倡议对接"非盟 2063 年议程"，非洲国家对"一带一路"倡议充满兴趣与信心；中非合作论坛北京峰会备受各方期待，将为非中关系发展开辟新前景。中国改革开放 40 年来，不仅实现了自身的快速发展，而且致力于构建人类和平与发展的共同未来。在发展的道路上，中非守望相助，

① 同非洲朋友一起学习《摆脱贫困》——中非减贫发展高端对话会暨智库论坛发言摘编.人民日报，2017-07-12（23）.

携手打造休戚与共的命运共同体。①

9. 中非智库论坛第八届会议

2019 年 8 月 26 日至 27 日，值中非合作论坛北京峰会召开一周年之际，中非智库论坛再次在北京钓鱼台国宾馆举办。会议规格高、规模大，从智库视角聚焦探讨如何全面落实北京峰会成果，为携手构建更加紧密的中非命运共同体建言献策，一起深入探讨智库如何更好地服务国家中非合作的战略，让中非智库发出自己的声音，反击个别西方国家对中非关系的抹黑，为中非合作提供坚实的智力支持，共同谋划中非合作发展的未来蓝图。近 50 个非洲国家的驻华大使，100 多名非洲和中国著名大学的智库学者，数十家中外媒体的代表及政府官员与企业家，共计近 400 名中外代表参加本次论坛。

非洲代表一致表示，中国在对非援助中始终坚持不干涉内政原则，这与西方的做法完全不同，同时中国作为南方国家，与西方相比，其社会和家庭结构与非洲更为相近。中非关系始终遵循相互尊重、平等互信和互利共赢的原则，双方都愿意引导全球化的发展方向，重视中非人民对和平、安全和美好生活的向往。曾任首位中国政府非洲事务特别代表、中国前驻南非大使的刘贵今同样在发言中提到，中非关系对中国构建大国外交理论发挥了不可或缺的作用。中非从来都是命运共同体，中国国际关系的不少理念是以中非关系为蓝本提出并逐渐成形的，因为中非之间具有广泛的共同性，过去有相似的遭遇，现在面临共同的任务，即推动建立公正合理的国际政治经济新秩序以及加强中非之间的经贸合作。卢旺达总统顾问基蒙约（James Kimonyo）说，中非合作为非洲带来了许多发展机遇，更让非洲有更多的选择和自由，这样的合作关系是高效的、双赢的和可持续的。②

与会的中国、非洲国家学者认为，非洲与中国命运相连、荣辱与共，高质量发展是中非双方的共同追求，与中国合作是非洲人民的自主选择；中非合作"八大行动"为中非关系向更高水平发展绘制了新的蓝图，涵盖了非中合作的方方面面，从工业化、医疗卫生到人文交流、农业等，都与非洲当前的发展需求高度契合。将有力促进非洲国家互联互通，帮助非洲国家提高现代化水平，让众多非洲民众受益。中非双方同心协力，积极推进北京峰会成果落实，取得一系列

---

① 吴绮敏. 打造中非休戚与共的命运共同体——中非智库论坛第七届会议侧记. 人民日报,2018-07-05(3).

② 宋宇. 中非智库论坛第八届会议侧记："中非从来都是命运共同体". 参考消息,2019-08-29(11).

重要早期收获，给中非人民带来实实在在的好处。①

(二)中非智库论坛的特色亮点

1. 协同商定历届论坛议题

作为中非智库论坛的创始者与建设者，教育部长江学者特聘教授、浙江师范大学非洲研究院院长刘鸿武教授在其新作、国内首部非洲学专著《非洲学发凡——实践与思考六十问》中，对中非智库论坛创办的背景与经历、对历届中非智库论坛的主题和议题的设置情况，从学理上进行了详细介绍和总结。

中非智库论坛每届议题根据非洲形势发展和中非关系的需要拟定。从2010年到2019年的十年间，每次会议所设置的主题与议题、使用的概念、讨论的重点，都是由来自中非双方的学术机构通过协商而定，都围绕着中非双方关心的核心问题而展开，可谓积少成多，拾级而上，十年磨一剑，终于将中非智库论坛打造成一个在中国和非洲大陆甚至在西方国家也有广泛影响力的学术平台，中国非洲研究的学术理念、学术流派，概念话语、知识形成也在其中逐渐形成并得到传播。②

以中非智库论坛第一届会议为例，会议主要围绕"新世纪第二个十年的中非关系"这一核心主题，就"非洲安全形势与中非在和平安全领域的合作""非洲金融投资环境与中非在金融投资领域的合作""中非人文交流与智库的作用"等三个分议题深入研讨。其用意与希望，一是总结过去十年中非关系的发展成就，二是分析当前中非关系面临的问题和挑战，三是展望未来十年中非关系的发展前景与创新空间。设置这三个议题，是因为维护和平安全、实现发展繁荣是当今世界的时代主题，也是非洲面临的根本问题。就非洲而言，和平安全与发展繁荣两者之互为因果、互为基础的关系更为明显。进入21世纪第二个十年以来，非洲的和平安全总体局势有了改善，但在局部地区也出现了恶化趋势。应该如何看待目前非洲的安全局势与未来走向？非洲的和平安全究竟如何建设？实现非洲和平安全的根本途径是什么？中国对非经贸与金融投资合作是否正在为非洲的和平安全建设提供长期的基础条件？如何更好地发挥中国在非洲和平安全领域的作用？外部力量介入对非洲和平安全有何影响？如何通过经济发展来促进非洲和平安全建设？中国在非洲和平安全建设中发挥何种

---

① 李志伟,王海林,尚凯元,敬宜,白紫微.中非智库论坛第八届会议聚焦落实北京峰会成果——提质增效,推动中非合作取得新进展.人民日报,2019-08-30(3).

② 刘鸿武.非洲学发凡——实践与思考六十问.北京:人民出版社,2019.

特殊作用？所有这些问题都是需要深入研究和调研的课题。在金融与投资方面，进入 21 世纪以来，非洲已经成为国际金融与投资最有活力的地区，潜力巨大，但非洲的金融投资环境还需要进一步完善。非洲国家需要有更好的政策、环境和国际合作。在此方面，中非金融机构如何扶持中非中小企业的发展？如何扩大非洲就业市场，促进非洲对华出口，从而让中非合作更好地惠及非洲民众？这些也是双方面临的紧迫问题。人们普遍认识到非洲发展动力的提升与国际对非金融投资的扩大有着直接的关联，但如何评估非洲金融与投资环境的机会与风险，如何才能更好地为中非中小企业合作提供金融支持，推进中非在非洲基础设施、能源、农业、旅游开展更有效的投资合作，需要有更具体深入的思考与翔实的个案研究。①

之后，中非智库论坛历届会议分别围绕"新形势下中非如何维护和拓展共同利益""中非关系的提升与中非软实力建设""非洲'2063 愿景'下的发展新趋势""中非产能合作与非洲工业化""摆脱贫困，共同发展""改革开放与中非关系""全面落实中非合作论坛北京峰会成果"等核心主题和分议题开展研讨。首届中非媒体智库研讨会则围绕"合作共赢，共同发展"主题，就"如何有序、有效推动落实中非合作论坛约翰内斯堡峰会成果""如何安全、有序、有效推进中非产能合作，加快非洲工业化和农业现代化""如何看待中非互利合作与其他国际伙伴对非合作的差异""如何加强中非智库、媒体合作，并在促进中非合作发展进程中发挥积极作用"开展研讨。

可以看出，历届中非智库论坛及相关高端论坛的举办，其主题与议题的设置，论坛所讨论的话题与使用的概念，都是围绕着中非合作的核心问题，围绕着中非双方所关切的重大问题来开展的，中非学术发展的自主性、主动性、创新性，都在明显提升与增强。在此过程中逐渐形成了中非双方学术界、思想界的共同话语形态与知识体系，对中非合作关系的健康发展，起到了良好的建构思想基础和营造舆论环境的特殊作用。②

2. 与智库媒体研修班结合

2011 年 10 月 27 日至 11 月 16 日，浙江师范大学在成功举行中非智库论坛第一届会议的基础上，顺利举办了首届非洲智库研讨班。浙江师范大学高度重视作为中非智库论坛的配套与后续活动的非洲智库研讨班，力求让非洲智库精英对中国有更深入的了解，提升中非智库交流的作用。为此，浙江师范大学组

---

① 刘鸿武. 非洲学发凡——实践与思考六十问. 北京：人民出版社，2019.
② 刘鸿武. 非洲学发凡——实践与思考六十问. 北京：人民出版社，2019.

成了由非洲研究院、国际文化与教育学院、援外研修基地共同合作的管理机构，并精心设计研讨班实施方案，精心确定参加研讨班的人选，精心组织研讨班全部活动。

项目创始人刘鸿武提交给商务部的一份报告指出，非洲智库研讨班的重要日程之一，也是本次研讨班的重要特点之一，是将中非智库论坛第一届会议设计为非洲智库研讨班的第一阶段，形成非洲智库研讨班与中非智库论坛有机结合、专业研修与学术研讨为一体的办班模式，提升了研讨班的学术层次与思想交流与传播效果。在我国使馆、经商处和新华社等相关机构的大力支持下，首届非洲智库研讨班吸引了24名高素质、高级别、对华友好的人士参加，他们来自非洲15个国家，其中12人来自智库，6人来自媒体，3人来自政界，3人来自非政府组织。非洲智库研讨班研讨主题定为"中非治国理政经验交流与智库的作用"。围绕"改革开放与发展""扶贫减贫""教育与民主""中非合作"四个专题，结合学员的实际需要，通过理论学习、专题研讨、座谈交流和实地考察相结合的形式展开。为了保证研讨的顺利进行和研讨的质量，学校邀请了北京、上海、浙江、云南等地高校、研究机构的一流专家、学者，组成了一支力量强大的师资队伍。这批专家学者学有所长，熟谙本领域的知识，富有洞见，思维活跃开放。

非洲智库研讨班有三个特殊性：第一，它与中非智库论坛结合，研讨班成员出席了中非智库论坛全部活动，随后继续进行20天的专题授课、研讨与考察，这期间还与非洲研究院学者深入交流，因而内容丰富，效果明显。第二，它是中非合作论坛框架下由商务部批准的第一个此类性质的人力资源培训项目，带有很强的创新性与尝试性。第三，研讨班成员层次较高，多属非洲著名智库、重要媒体领袖及部分政府高官，相对于以往的对非人力资源培训项目来说，参与者的预期也更高，其影响更大更持久。

举办非洲智库研讨班的最初构想是：配合中非智库论坛的举办，逐渐打造出一个有中国特色的对非学术思想"软援助"的国家级项目。通过与非洲智库交流中非治国理政经验，向非洲国家提供解决发展问题的倡议方案，扩大中国思想、中国知识及中国发展经验在非洲的影响力，有效增进非洲智库对我国的了解，影响非洲对华舆情，为中非关系营造出良好的软环境。之后历届智库论坛继承这一传统：智库研修班学员出席中非智库论坛，全程参与论坛各项活动，对论坛及之后的研修交流过程做深入评估总结并提出对策建议。

从获得的反馈意见来看，通过精心的计划和实施，中非智库论坛与非洲智库研讨班相结合达到了预期的效果。非洲学员对研讨班整个方案的实施过程及其效果表示满意，用他们的话来说，是"组织有序""内容充实""富有成果"。非洲学员高度评价中方专家，认为他们"是有所思并能激发思考的，他们准备充分，翻译完美，证明他们精通他们所讲的领域和材料"。非洲学员认为讲座和研讨主题覆盖面广，内容信息量大，带来了富有成果的讨论和建设性的意见。一些讲座，如中国共产党的治国理政理念、中国式民主政治及成效、中国少数民族地区的开发、中国的减贫政策等，引起了非洲学员的高度兴趣。赴云南昆明少数民族地区考察经济发展与文化遗产保护开发给非洲学员留下深刻印象，学员们认为考察项目与讲座有机结合，所见真实生动，富有启发性和教育意义。

此外，非洲国家媒体人员研修班学员也多次出席中非智库论坛，积极撰写相关报道，通过非洲媒体主动报道中国发展及中非合作相关信息，有力推动了论坛思想学术成果的国际传播，提升了中非智库论坛的影响力。

3. 内容形式不断充实创新

除了紧凑、高效的学术研讨，历届论坛形式内容不断创新。以第五届会议为例，主办方安排了内容丰富、形式多样的配套活动，不仅创新性地开设了中非经贸分论坛，还安排外交部部长助理钱洪山、非洲司司长林松添、教育部国际合作与交流司副司长陈盈晖一行赴义乌鸡鸣山社区同悦社会工作服务中心，调研义乌境外人员融入社区工作，并听取中共义乌市委书记盛秋平关于义乌积极招引国际平台，切实加强对外经贸交流，特别是加强对非经贸交流和人员往来有关情况的汇报；安排外交部部长助理钱洪山，中共中央对外联络部原副部长、中国国际交流协会副会长艾平，中非新闻交流中心记者团等分别有针对性地参观外交部采购中心、涉外纠纷人民调解委员会、义乌市新农村建设、义乌港等地，了解义乌对非交流与民生情况；安排参会代表分批次参观考察了义乌国际商贸城、义乌进口商品馆、青岩刘淘宝村、科创新区、义乌港以及义乌中学、义乌工商学院等经贸、教育重点区域，全方位展示义乌经济社会发展面貌；配合埃塞俄比亚总理经济顾问阿尔卡贝·奥克贝·梅蒂库在义乌国际商贸城五区举办埃塞俄比亚投资推介会，常驻义乌的埃塞俄比亚外商及义乌市场经营户、义乌本地企业家代表等70余人参加推介会，促进了双方的经贸合作；安排本地政府职能部门、相关企业对接参会企业、学者，开展招商引资和对非贸易研究；安排本地政府职能部门、相关高校对接参会的大学校长团，达成多项交流合作初步意向。总之，通过一系列配套活动，参会代表领略了中国基层社会的经济发展状况和最新创业进展，对中国目前良好的发展形势有了更切身的感受，为本届论坛增添了更深层次的意义，获得参会代表的广泛赞许。

中非智库论坛第六届会议的主办方组织与会人员赴埃塞俄比亚东方工业园集体考察了部分中埃重大合作项目，并同力帆汽车公司、帝缘陶瓷公司、华坚鞋业等部分中资企业代表座谈，实地感受中非合作对非洲减贫发展的贡献和作用。第七届会议代表参观了北京中关村及部分农业现代化建设项目。中非媒体智库研讨会参会代表还考察了由中国交通建设集团所属中国路桥承建的蒙巴萨至内罗毕铁路、蒙巴萨经济特区等中肯、中非合作重大标志性建设项目。第八届会议安排非方学者参观了人民日报社和北京市城市规划馆。非洲司副司长李翀会见与会非方学者并举行座谈。开幕式前，外交部部长助理陈晓东在钓鱼台国宾馆会客厅会见了中非智库论坛创建单位代表浙江师范大学党委书记蒋国俊、副校长钟依均、非洲研究院院长刘鸿武，以及本次论坛两家协办单位代表，就中非智库交流与下一步开展相关工作进行了亲切交谈。论坛期间，浙江师范大学非洲研究院在钓鱼台国宾馆举办了近期部分学术成果展。

4.会务协调组织井然有序

中非智库论坛是中非合作论坛框架下的分论坛，层次高，历届会议规模大、涉及面广，参会嘉宾、学者等平均人数每届达 300 人。历届会议均在中非合作论坛中方后续行动委员会领导和外交部非洲司及论坛办的具体指导下举办，由浙江师范大学及其他智库、机构合办，主要会务工作由浙江师范大学非洲研究院承担。

从出席的领导和与会的代表来看，历届论坛规格和层次都较高。如出席第六届会议的有国务委员、外交部部长王毅和非盟主席法基。出席第三届会议的中方领导和嘉宾有：国务委员杨洁篪、外交部副部长翟隽、国家开发银行副行长袁力、中国社科院副院长李扬、外交部前副部长吉佩定、外交部非洲司司长卢沙野、教育部国际司司长张秀琴、外交部非洲司参赞贺萌、外交部亚非司参赞李凌冰、中联部非洲局副局长钟伟云、国家开发银行国际合作业务局副局长石纪杨、国家开发银行研究院副院长黄剑辉、国家开发银行规划局副局长王文松、浙江省社会科学界联合会党组书记郑新浦以及多位前驻非大使、国内知名学者等。非方代表有：非洲使团 50 余人、塞内加尔非洲社会科学研究发展理事会、摩洛哥穆罕默德五世大学非洲研究所、喀麦隆国际关系研究所、尼日利亚国际问题研究所、南非国际问题研究所、南非斯坦陵布什大学中国研究中心、埃塞俄比亚亚的斯亚贝巴大学和平与安全研究所、肯尼亚非洲经济研究所等首批"中非智库10＋10合作伙伴计划"非方智库代表，及外交学院非洲法语国家研修班学员、商务部非洲智库研修班学员等。

历届会议得到多方支持。如外交部、商务部、教育部等国家部委，中联部，中国驻非盟使团，中国驻南非、埃塞俄比亚、肯尼亚大使馆，中国人民外交学会，国务院参事室国际战略研究中心、中国社科院西亚非洲研究所、中国国际问题研究所、上海国际问题研究院、中国现代国际关系研究院、亚的斯亚贝巴大学和平与安全研究所、南非马蓬古布韦战略反思研究所、南非国际关系与合作部、肯尼亚非洲经济研究所、肯尼亚公共政策与分析研究院等中国与非洲国家智库机构，以及国家开发银行、中非发展基金、浙江省政府、浙江省社科联、义乌市政府等的大力支持。

历届论坛组织机构健全，浙江师范大学和非洲研究院提前成立筹备委员会，下设秘书组、会务组、学术组和宣传组，多次实地考察会场，专题商议办会细节，校领导多次就办会工作听取汇报、给予指导。梅新林、吴锋民、陈德喜、蒋国俊、郑孟状等多位校领导出席会议并讲话。在会议举办过程中，校内外各相关单位分工明确，相互配合，整个会议组织严密，代表的接送机服务、住宿和餐饮安排细致周到，报到、资料发放等服务到位，会场布置庄重大气，同传翻译准确生动，会议各项议程的进行都井然有序，受到与会代表的广泛好评。

多年担任中非智库论坛会务工作的经验，使论坛筹备组有了丰富而深刻的办会经验和体会。

首先，充分沟通、团结协作是会议成功举办的前提。外交部非洲司、中非合作论坛中方后续行动委员会作为中非智库论坛的指导单位和主要支持单位，在会议议题确定、会议地点落实、重要嘉宾邀请、会议经费资助等方面给予了大力支持。在邀请和接待非方嘉宾方面，大使馆做了大量工作。历届论坛邀请的部委嘉宾和单位领导众多，有时有国家领导人出席会议，因此需要协调沟通的方面也很多。筹备组与各协办方、支持方保持密切联系，虚心接受意见与建议，及时沟通，在增加参会代表、提升会议层次等方面做了适当改进与创新。会务公司和酒店服务也较为专业、到位。临近会期，筹备组多次向外交部非洲司汇报筹备进展，协同论坛办、礼宾司人员实地考察会议场所，咨询会务具体要求，落实细节安排，各方合作非常愉快。浙江师范大学校内各部门的协同也非常充分。党办、校办积极统筹协调宣传、外事等各方力量，保证会议顺利召开。充分沟通、相互尊重、团结协作，为会议的成功举办提供了基本前提。

其次，早做筹备、合理安排是会议成功举办的保障。为保证会议顺序有序召开，筹备组力求做到早启动、常对照、抓落实。会议主题和分议题、时间地点、邀请与代学者、编撰论文工作均于会议开始前半年启动。会议代表一般由领导和嘉宾代表、使团代表、外方学者代表、中方学者代表、企业媒体代表等组成，还有非洲智库媒体研修班学员、非洲高等教育管理研修班学员、外交学院非洲研修班学员等参会，人员众多，变化也多，需要精心筹备、周密谋划。会议在京或在非洲国家举办时还有更多困难与挑战需要克服。在时间安排上，论坛通常安排2～3天时间的会期，安排开幕式、第一次全会、分组研讨、大会交流、闭幕式，有时安排媒体单位或企业等的参观、调研或考察。如中非媒体智库研讨会考察了蒙内铁路工程，中非智库论坛第八届会议安排了参观人民日报社、中央电视台。时间安排紧凑，交流研讨充分。会议厉行节俭办会原则，会场布置简洁大气、气氛隆重、热烈。在京举办时充分发挥学校在京挂职工作人员和中非国际商学院在北京外经贸大学学习的大学生志愿者的积极性，做好来宾接待、资料分发、会场布置、会议服务等工作，保证了会议的高效和节俭。

再次，突出学术、促进研究，是成功举办会议的关键。历届会议很好地突出了学术性，鲜明地突出了学术研讨主题，几个论题切中热点，引起与会代表的热烈讨论。学术论文集受到关注与好评，第二届智库论坛前，主办方共收到英文撰写的专题论文及摘要60多篇，从中挑选了40多篇在会前进行了初步编辑加工，形成专题论文集，在国内印刷后携带到埃塞俄比亚现场交流，起到了较好的作用。非洲和欧美的一些相关媒体也对本次会议内容、各方观点进行了较广泛的报道。会后由英国剑桥大学出版社出版了论文集。第三届会议共收到中英文论文26篇、论文提纲20篇。编撰出版的第二届智库论坛会议论文集（英文），受到与会代表热捧。同步发布的学术成果如“非洲研究文库”丛书、《非洲研究》和《非洲地区发展报告》、“改革开放30年”丛书、“日本对非研究译丛”等受到与会学者的热捧。

5.合力形成国际传播格局

促进国际化、提升影响力，是提升话语权的重要因素。中非智库论坛历届会议高度重视会前宣传、会中媒体接待和会后总结影响广泛。首届中非智库论坛举办前后，国家级、省级近20家媒体或在显要版面或用网络专题等形式连续报道论坛举办盛况及浙江师范大学学科建设、对非工作等取得的成绩，密集、连续、深入的报道显示出了高层次频繁亮相、全媒体深度展示、多步骤重点跟进等特点，取得了良好的宣传效果和社会影响。

一是频繁亮相高层次媒体。会议吸引了新华社、《人民日报》、中央电视台、中央人民广播电台、中国国际广播电台、《光明日报》、《环球时报》、《中国日报》、

《文汇报》、《中国教育报》、《中国青年报》、《人民政协报》、《浙江日报》、浙江卫视、浙江人民广播电台、浙江在线、《钱江晚报》、《教育信息报》、《中国与非洲》、《非洲》等媒体单位的关注。近 20 家国家级、省级媒体记者参加中非智库论坛第一届会议及新闻发布会。论坛举行期间，国家级媒体及时关注论坛进展情况、跟踪报道论坛内容。新华社在新华网首页"新华聚焦"栏目显要位置推出"中非智库论坛"专题，并以《中非智库论坛第一次会议在杭召开》《外交部副部长翟隽：中国政府坚定秉持一贯对非政策》为题报道论坛开幕式。随后，人民网、《光明日报》、China Daily（《中国日报》）、《文汇报》、《中国教育报》等媒体相继报道了会议开幕情况。《人民政协报》刊发了《平等互利合作共创美好未来——来自中非智库论坛的声音》一文，介绍了中国非洲事务特别代表刘贵今大使、上海国际问题研究院院长杨洁勉、浙江师范大学非洲研究院院长刘鸿武、非洲研究院姜恒昆等专家、学者在中非智库论坛上发表的观点。中国国际广播电台的"国际在线"在报道中非合作论坛第八届高官会时，介绍了中非智库论坛第一次会议。除了国家级媒体，《浙江日报》、浙江卫视、浙江人民广播电台等省级重要媒体也对论坛给予了关注。《钱江晚报》以"中非智库论坛首次会议在杭召开本报专访与会非洲学者高官　G8 不能主宰世界"为题，采访了加纳前总统罗林斯等重要官员、学者，推出了半个版面的深度报道。此外，新华社、《中国日报》、《环球时报》等媒体派出英语记者，法语国家记者团也参与了宣传报道。

二是全媒体深度展示。论坛举行前后，浙江师范大学党委宣传部、新闻办与媒体开展深度合作，先后与新华网、浙江在线等媒体合作开设专题网页。新华网专题从"聚焦论坛""新华专稿""文字直播""视频""精彩图片""媒体关注""专家观点""研究成果"等栏目全面展示论坛成果，并开设板块介绍浙江师范大学基本情况、中非智库论坛、浙江师范大学非洲研究院、非洲商学院等，重点宣传推介浙江师范大学对非工作及非洲研究成果。浙江在线专题除了及时报道会议新闻外，还通过"论中非对话""访浙江师范大学非洲研究院""读非洲百科""赏非洲文化"等栏目立体式介绍浙江师范大学非洲研究、对非工作成就，向公众普及非洲知识和文化。新华网、浙江在线等媒体积极发挥全媒体优势，网络实时更新文字报道、视频介绍、图片展示，并对论坛开幕式和闭幕式进行了网络现场直播，进一步扩大了论坛影响力。浙江在线还开通"中非智库论坛"微博，进行微博上墙活动，与广大网友开展互动，会议还组织小记者走进非洲博物馆。

三是多步骤重点跟进。为进一步扩大论坛及浙江师范大学的影响力和美誉度，学校党委宣传部、新闻办将宣传时间节点从论坛会中提前至论坛前期、延伸到论坛结束后期,积极开展学术宣传、文化宣传、环境宣传;宣传重点也从论坛本身扩展为浙江师范大学实施国际化战略、特色化办学取得的成效以及开展对非工作和非洲研究的历史、现状、成绩和经验等。论坛前,新华网、浙江在线等媒体利用网络优势,及时面向公众发布了论坛即将举行的消息。论坛前后,新华网、《文汇报》、《中国青年报》、《浙江日报》、《教育信息报》等多家媒体分别重点关注浙江师范大学非洲研究、教育援外培训、学科建设等方面的成果,积极肯定浙江师范大学开展非洲研究、服务国家外交战略的工作,称浙江师范大学成为中国非洲研究与咨询重镇、涉非人才培训重要基地、我国非洲研究重要力量。此外,为配合论坛宣传,校党委宣传部还编印了《中非智库论坛特刊》,制作了电视专题片。

以中非智库论坛第五届会议为例,论坛吸引了 30 多家中国和非洲国家的媒体的关注采访,来自坦桑尼亚《公民报》、尼日利亚《太阳报》、利比里亚《侧影报》、安哥拉《国家报》、津巴布韦《先驱报》、赞比亚《每日邮报》、肯尼亚无限传媒集团 k24 电视台、加纳《加纳时报》、埃塞俄比亚通讯社、喀麦隆《论坛报》、乌干达《新愿景报》、苏丹《苏丹人报》、乍得通讯和出版社、中非《光荣榜报》、塞拉利昂《阿沃克报》、科特迪瓦《博爱晨报》、几内亚非洲视角传媒集团、马拉维时代集团、莫桑比克《消息报》、埃及《七日报》、南苏丹《今日报》、尼日尔官方报社等 20 多个非洲国家的主流媒体和中央电视台法语频道、新华社、《人民日报》、《光明日报》、中国新闻社、《中国社会科学报》、中国社会科学出版社、《中国教育报》、《第一财经日报》等 10 多家国内主流媒体列席、关注、报道了本届会议。会前,主办方在主会场布置多块展板,详细宣介浙江师范大学、义乌市、国家开发银行等在对非交流与合作领域的工作开展情况和主要成绩,令人一目了然;随资料袋发放浙江师范大学非洲研究、义乌经济社会建设与对非交流合作有关资料,令人印象深刻;专门安排举行研究成果发布会,全面展示学校非洲研究实力与成果,提升其国际国内影响力。多届论坛专门举办新闻发布会,第五届会议召开了两次发布会,外交部非洲司、浙江师范大学、义乌市政府分别从不同角度阐述政策方针、分析时事热点、畅谈中非合作、总结论坛情况、介绍市情校情,并解答媒体提问,营造了政府部门、主办方和媒体之间零距离沟通的良好氛围,受到国内外媒体的一致好评。每届论坛之前,浙江师范大学党委宣传部经常加班加点制作《中非智库论坛特刊》、学校对非工作宣传视频等;会议之中,宣传组热情接待来自中国与非洲的国家级、地方和学术媒体,会中及时收集中外报道;会后又及时编印《中非智库论坛专刊》,撰写总结报告提交相关部门。历届会议邀请中外主流媒体参与，同时邀请非洲新闻研修班、智库研修班学员参会，多家中国和非洲国家主流媒体或学术刊物应邀报道论坛举办盛况，国际传播成效明显。

五、成效：凝聚共识，提升中非软实力、话语权

中非智库合作是中非合作的重要组成部分。中非悠久的合作历史为中非智库的建立与其他领域的合作交流打下了牢固的基础。随着"一带一路"倡议的推进与中非合作的不断深化，近几年中非之间的智库合作逐渐成为非洲智库发展中的重要一环。"中国与非洲通过智库进行交流能够产生许多的益处……发现双方智库间的比较优势，提升专家学者们的职业道德素质以及为研究人员提供展示其研究成果的机会。"[①]在中非智库论坛引领下，近年来，中非智库合作初见成效。这些成效主要体现在以下方面。

(一)丰富中非智库合作路径

刘鸿武在《非洲学发凡——实践与思考六十问》一书的"智库篇"中写道：中国和非洲国家都需要付出巨大的努力，其中很大一个方面就是中非双方和整个发展中国家的学术界、思想界、智库界，要有主动设置议题、创设概念、贡献知识、提供思想的意识与能力。我们创办中非智库论坛，就是这方面的一种特殊的努力，并且逐渐取得了成效。当前，中非智库交流合作的机制化平台除了"中非智库论坛"，还有"中非联合研究交流计划""中非智库10＋10合作伙伴计划"、商务部援非智库研修项目等。[②]

启动于2010年的"中非联合研究交流计划"，旨在通过加强中非学者和智库的交流与合作，共享研究成果，促进中非人民的相互了解和认知。该计划主要依托中非学术机构实施，重点围绕中非事务、涉非问题和中非关系等开展学术研究和交流，下设课题研究、学术交流、研讨会和著作出版共四大类项目。[③]自2010年正式启动至今，该计划已支持中非40余家学术机构开展项目数百个，累计实现中非学术交流数千人次，还建立了中非联合研究交流计划信息网。[④]

2013年启动的"中非智库10＋10合作伙伴计划"，为中非智库交流搭建了

① 梅拉库·穆鲁阿勒姆. 中非合作的智库角色. 王晓波，译. 中国投资，2018(8)：80-85.
② 刘鸿武. 非洲学发凡——实践与思考六十问. 北京：人民出版社，2019：129-130.
③ 王珩. 非洲智库发展与中非智库合作. 光明日报，2016-8-24(16).
④ 参见中非联合研究交流计划信息网：http://pdas.zjnu.edu.cn/.

机制化平台，进一步提升了双方智库交流与合作水平。发布的中非智库合作倡议书有效凝聚了学界共识，提升了合作与交流水平。

商务部援非智库研修班学员包括非洲国家的高级政府官员、智库组织成员、国家媒体人员、专家学者、非政府组织成员等。主要通过讲座、论坛以及实地考察相结合的方式实施培训。讲座主题涵盖中国的现代化发展、治国理政理论与实践、国际关系、教育与人力资源开发、少数民族开发等。理论学习之外，商务部援外培训基地还组织学员们还前往湖南长沙、云南昆明、广西南宁等地实地参观考察中国的新农村建设、少数民族地区的扶贫与发展、科技园的孵化和生成等。研修期间，学员们还参加中非智库论坛。研修班内容丰富、成效显著。通过研修，学员以更畅达有效的途径了解了中国知识、中国思想和中国智慧，认识和理解了21世纪发展中国家新的发展理念和发展道路，消除了中国与非洲国家在思想理念、价值观与意识形态方面的分歧，为维护中非友好关系，进一步促进中非关系的长远发展做出了积极贡献。

除了以上中非智库合作的机制化平台，近年还新增了中联部金砖国家智库联盟、"一带一路"智库联盟等平台，以及其他一些合作路径。这些构成了中非思想交流与智库合作的主流渠道，取得了一定成效，但还有巨大的提升空间。

（二）提升论坛自身建设水平

2015年10月15日，《参考消息》编发《美媒：中国借智库论坛强化在非软实力》一文（全文见附录五），文章表明，中非智库论坛是中国扩大在非洲的软实力以及寻求在学术层面的影响力的一个很好实例。尽管文章有些观点值得商榷，但在一定程度上说明了中非智库论坛开始具备一定的影响力，引起美国智库及媒体关注。

应该说，中非智库论坛有效汇集了当前国际国内非洲研究领域的新成果、新思想、新智慧，凝聚了共识，增进了各界人士之间的理解和合作。论坛开创了协同创新的新模式，有效促进了中非民间学术交流和中非文化交流，传播了中国学者的思想情感，正确表明了中国对非政策立场，有效提升了中国文化对外软实力，同时发挥了舆论引导的智库功能，取得了良好的宣传效果和社会影响。①

第一，中非智库论坛有效汇集了当前国际国内非洲研究领域的新成果、新

---

① 王珩. 高校智库建设的理论范式和实践创新. 北京：世界知识出版社，2017：187.

思想、新智慧,融智成效显著。论坛在筹备期间,向学界、政界等非洲研究及中非合作相关人士约稿,汇编成集。至今已形成中非智库论坛专题论文集 5 部,整理、编辑中英文论文 200 余篇,总计近 200 万字。论坛有效汇集了中国、欧美、非洲本土等非洲研究领域的新成果、新思想,形成聚集效应,是一场非洲研究领域重要观点、最新思想"井喷式"的呈现,给各界带来了强烈的刺激,激发各界人士聚焦非洲及中非关系,分析非洲发展及中非合作如何共赢的各种可能、途径、方式,进而服务国家涉非事务。

第二,中非智库论坛最大限度地聚集了当前非洲研究学者、智库专家、政府要员等各界人士,畅通了中非学者之间、学者与政要之间、学界与政界之间、商界之间的沟通渠道,增进了各界人士之间的理解和合作。中非智库论坛通过各种方式力邀国际国内非洲研究、智库机构的高端学者专家、政府要员、企业代表等人士与会。如,第一届中非智库论坛就有来自中国和非洲 27 个国家、非盟等非洲地区组织、其他国家著名智库的代表、部分企业家和前政要等 300 余人参加。此后,每届中非智库论坛均参照此规模运行,到第五届时达到峰值,会议代表有近 500 人,广泛团结了有涉非业务的社会各行业和各界人士,不仅畅通了中非智库学者专家交流合作的渠道,也打造了涉非事务领域各界人士沟通合作的平台,还创造了学界与政界、学者与官员互相信赖、互相支撑的有利平台,形成协同聚集效应。

第三,中非智库论坛成功传播了中国学者的思想、恰当表达了中国人民对非情感,正确表明了中国对非政策立场,有效提升了中国文化对外软实力。中非智库论坛会期 2~4 天,这期间既有主会场也有各种分论坛,学者、政要、企业界人士可以畅所欲言,就各自关注的领域充分表达自己的思想、态度、诉求、立场,在消除误会、增进理解、达成共识、共同发展方面具有明显的成效。中非智库论坛有助于双方通过直接交流,摒弃西方价值观的干扰,从而塑造非洲精英的认知以及其对中国的理解。中国希望能够通过这种学术合作改变或扭转对中国在非洲大陆活动的不友好描述。诚如 2011 年外交部副部长翟隽出席第一届中非智库论坛开幕式时所言,创建中非智库论坛是中非双方加强学术交往与合作、扩大人文交流的重要举措之一,也为中非加强学者、智库交往合作,促进人文交流开启了一扇大门。

第四,中非智库论坛取得了良好的宣传效果和社会影响,发挥了舆论引导的智库功能。历届中非智库论坛均吸引了数十家中央级媒体的密集报道,快速、广泛地传播了当前中国对非政策及中非合作的战略思想、战略意义,发挥着舆论引导的智库功能。比如，中非智库论坛首届会议举行了新闻发布会，第三至第八届中非智库论坛吸引了《人民日报》、中央电视台、新华社、《中国日报》、中国国际广播电台、中央人民广播电台、中国新闻社、《中国教育报》、《中国社会科学报》、《中国与非洲》、《中国国情国力》、《财经国家周刊》、《浙江日报》等10多家主流媒体或学术报刊的关注，同时还受到国际主流媒体、非洲主流媒体的报道转发，取得了良好的宣传效果和社会影响。

第五，中非智库论坛开创了协同创新的新模式，有效促进了中非民间学术交流和中非文化交流。中非智库论坛是一个开放的机制，目前浙江师范大学非洲研究院除了与国内四大研究院紧密合作，同时争取选择合适的非洲相关组织和机构成为历届论坛合作伙伴。这样的运作机制能够灵活协调相关资源，促使各类组织在各自擅长的领域发挥作用，进而创造出聚集效应。中非智库论坛日益成为中外智库交流与合作的高端平台和中非民间学术交流的固定机制。2013年，国务委员杨洁篪在出席第三届中非智库论坛时指出，中非智库论坛得以创立并实现机制化，为中非智库学者交流搭建了新平台，使中非智库交流与合作迈出了新的步伐。

（三）促进"非洲学"特色学科建设

中非智库论坛与主要创始发起智库——浙江师范大学非洲研究院的发展相得益彰，非洲研究院为论坛提供了强大的团队支撑，同时论坛也造就了一支优秀的团队。

浙江师范大学非洲研究院是在教育部、外交部支持下于2007年成立的中国高校首个综合性、实体性非洲研究院，经10多年发展已成为有广泛国际影响力的中国非洲研究机构与思想智库，是国内首个拥有非洲研究长江学者特聘教授的学术机构、教育部首批"黄大年式教师团队"、教育部区域和国别研究基地、教育部浙江师范大学中国南非人文交流研究中心、外交部"中非联合研究交流计划指导委员会指导单位"和"中非智库10＋10合作伙伴计划"中方智库、教育部"中非高校20＋20合作计划"单位、浙江省2011协同创新中心、浙江省新型专业智库、浙江省哲学社会科学重点研究基地。与10多所非洲国家大学建立了合作关系，在南非、喀麦隆、莫桑比克、坦桑尼亚建有孔子学院和海外研究基地。研究院连续4年入选美国宾夕法尼亚大学《全球智库报告》"最佳区域研究中心"，在多个智库影响力榜单中名列前茅，成为中国非洲研究学术重镇、涉非人才培养摇篮、高校智库建设范例。

一流学科孕育和支撑一流的智库建设。一流的智库促进和引领一流学科发展。① 中非智库论坛推动非洲研究智库建设与中国特色的"非洲学"学科建设相互促进。浙江师范大学非洲研究院院长刘鸿武在《高校智库建设的理论范式与实践创新》一书的序言中论述了高校学科建设与智库建设两者的"一体两面"关系。该文之后单独刊登在《图书馆论坛》上。② 他强调高校建设智库功能，应理解为高校的思想、知识、人才的"供给侧改革"，是要让高校提供给国家和社会的思想、知识、人才产品的结构与内容本身，能更好地、更直接地、更有效地适应和满足国家与社会的多方面需要。并思考高校的学科建设、思想探索、理论创新、知识积累、人才培养如何更好地以国家和社会需要为中心来进行，以适应和服务时代的需要为中心来推进。同时，要通过智库建设或智库功能的发挥，延伸和拓展今日中国高校的各学科建设所创造的思想与知识、科技与人才的"价值链"，拓展高校理论成果和实验成果的"服务区""外溢区"，让高校的思想与知识创造有更广阔的服务社会的通道与空间、机会与可能。而这样一种延伸与拓展，可以反过来让高校学科建设获得更好的外部平台、发展资源与提升动力。

浙江师范大学非洲研究院坚持走高起点、综合性、跨学科、国际化、协同化的"开放式新政治学"发展道路，重点发展国际关系、国际政治、比较政治学等方向，培养能服务国家战略、地方发展的"非洲学"高端人才，打造高水平学术团队，构建起"五位一体"的中国"非洲学"学科体系，取得了原创性、突破性的成绩。"五位一体"的学科建设之"道"有其独特内涵。

1. 学科建设为本体

在国家部委指导和学校支持下，非洲研究院构建了具有重大现实意义的"非洲学"新兴学科、交叉学科体系，成为中国区域国别研究领域人才培养的探索者与推进者。首先，协同开展非洲学人才培养实践创新与理论探索，创建了国内第一个非洲学交叉学科博士点、硕士点。编撰"非洲学"系列教材。与非洲高校联合培养研究生，率先在国内形成了本硕博一体、学历教育与研修生贯通的面向非洲国家的专业人才培养体系，协助创建了国内第一批商务部、教育部援外培训基地，培训50多个非洲国家3000多名政府官员、教育主管、校长、智库精英。其次，积极探索创建"非洲学"学科理论。出版了国内首部原创性学科专著《非洲学发凡——实践与思考六十问》，开发了30多门非洲学本硕博课程，编纂出版了60多部"非洲学"著作、教材与工具书，涉及非洲政治、经济、历史、

① 汪锋. 高校一流学科与新型智库建设的互动机制研究. 中国高教研究，2016(9)：35-41.
② 刘鸿武. 高校学科建设与智库建设：一体之两面. 图书馆论坛，2017(10)：17-19.

文化、民族、宗教、国别等领域。从中非合作的现实层面探讨国家与社会的关系,建构起政治学领域里的新材料、新方法、新途径,突出国际政治制度与国家治理的比较研究,赋予传统的政治学新的学术生命力与实践创新力。刘鸿武入选全国高校政治学类专业教学指导委员会委员,专著《新时期中非合作关系研究》获教育部第八届高等学校科学研究(人文社科)政治学类成果二等奖。"服务国家战略的非洲学人才培养实践创新与理论探索"获浙江省高等教育教学成果奖一等奖、浙江省研究生教学成果一等奖。

2.智库服务为功用

研究院发挥高校智库战略研究、咨政建言、舆论引导、公共外交职能,在外交部指导下创立了中非智库论坛并纳入中非合作论坛框架,举办中非媒体智库论坛等大型活动近百次(举办国际会议情况详见表3)。其中较有影响力的有:2015年与南非外交部合作,在南非外交部举办的中非智库论坛第四届会议。2016年与中非基金、外交学会、驻肯使馆、中非主流媒体等在肯尼亚举行中非媒体智库研讨会。2017年6月与非盟、中国驻非盟使团合作在埃塞非盟总部举办中非减贫发展高端对话会,推介习近平主席著作《摆脱贫困》英、法文版,王毅外长、非盟主席法基出席会议并致辞。2018、2019年的两届智库论坛均在钓鱼台国宾馆举行,积极为中非合作论坛北京峰会预热,为落实峰会成果建言献策。

表3 浙江师范大学非洲研究院举办国际会议一览表

序号	日期	地点	会议名称
1	2007年9月1日	中国金华	"21世纪的中非合作:战略与途径"国际学术讨论会
2	2010年7月14日—15日	中国金华	"中非非政府组织在落实联合国千年发展目标方面的地位与作用"研讨会
3	2010年10月22日	中国金华	"中非公民社会对话:中国对非交往中的地方省份和中小企业"国际研讨会
4	2010年11月18日	南非比勒陀利亚	纪念中非合作论坛成立十周年学术研讨会
5	2011年5月19日	中国金华	"非洲安全与发展"国际研讨会
6	2011年10月27日—29日	中国杭州、金华	中非智库论坛第一届会议
7	2012年10月12日—13日	埃塞俄比亚比绍夫图	中非智库论坛第二届会议

续表

序号	日期	地点	会议名称
8	2013 年 10 月 21 日—22 日	中国北京	中非智库论坛第三届会议
9	2013 年 11 月 19 日	中国金华	非洲的经济发展与减贫:现状与趋势高端论坛
10	2014 年 3 月 28 日	尼日利亚拉各斯	尼—中关系对话研讨会
11	2014 年 10 月 23 日—24 日	中国金华	中非教育发展与能力建设国际研讨会暨 NNC 与"非洲教育译丛"发布会
12	2015 年 3 月 25 日	中国金华	"中法如何合作推动非洲共同发展"高端论坛
13	2015 年 4 月 13 日—14 日	中国金华	"中非历史进程与文明形态对话"研讨会
14	2015 年 9 月 9 日—10 日	南非比勒陀利亚	中非智库论坛第四届会议
15	2015 年 12 月 11 日—12 日	中国金华	首届中非影视论坛
16	2016 年 4 月 14 日—16 日	中国义乌	中非智库论坛第五届会议
17	2016 年 8 月 10 日—12 日	肯尼亚蒙巴萨	中非媒体智库研讨会
18	2016 年 10 月 27 日	中国义乌	2016 非洲科技商业女性峰会
19	2016 年 12 月 26 日	中国金华	埃博拉后非洲卫生局势新变化与中非卫生合作研讨会
20	2017 年 3 月 22 日	中国金华	中非水文明交流对话国际研讨会
21	2017 年 6 月 21 日—22 日	埃塞俄比亚亚的斯亚贝巴	中非减贫发展高端对话会暨中非智库论坛第六届会议
22	2017 年 7 月 8 日—10 日	坦桑尼亚桑给巴尔	第二届中非影视合作论坛
23	2017 年 8 月 12 日	中国金华	浙江师范大学尼日利亚研究中心成立仪式暨中尼关系战略研讨会
24	2017 年 11 月 17 日	中国金华	"'一带一路'背景下中国与东非国家战略合作国际研讨会"暨东非区域国别研究中心成立仪式
25	2017 年 12 月 28 日	中国北京	《我从非洲来》开播仪式暨中非影视合作研讨会

续表

序号	日期	地点	会议名称
26	2018 年 5 月 10 日	中国金华	"一带一路"框架下中非科技合作国际研讨会
27	2018 年 6 月 27 日	尼日利亚阿布贾	首届阿布贾论坛
28	2018 年 7 月 5 日—7 日	中国北京	中非智库论坛第七届会议
29	2018 年 12 月 20 日—21 日	中国金华	"讲好浙江故事,助力'一带一路'"智库论坛
30	2019 年 5 月 15 日	中国金华	"'一带一路'背景下中国与非洲法语国家战略合作"国际研讨会暨浙江师范大学非洲法语国家研究中心成立仪式
31	2019 年 6 月 26 日	中国金华	"全球治理:中非教育合作与人文交流"研讨会暨浙江师范大学非洲研究院中非教育合作研究中心揭牌仪式、首部《中国—南非人文交流发展报告》发布仪式
32	2019 年 7 月 4 日—5 日	喀麦隆雅温得	第三届中非影视合作论坛暨《重走坦赞铁路》非洲首映式
33	2019 年 8 月 26 日—27 日	中国北京	中非智库论坛第八届会议
34	2019 年 10 月 25 日	南苏丹朱巴	首届中国—南苏丹智库论坛
35	2019 年 12 月 16 日	中国杭州	非洲大湖地区发展局势与投资机会研判圆桌论坛
36	2020 年 4 月 17 日	中国金华	"抗击新冠疫情与中非合作"国际视频会议暨六种语言的《中非紧密团结抗击新冠疫情联合倡议书》发布会

资料来源:课题组成员沈虹根据相关资料整理。

除了开展国际会议与人文交流,研究院还承担国家社科基金重大攻关项目、教育部重大攻关项目课题研究任务,发表论文 500 余篇。在教育部指导下成立了中南非人文交流研究中心,服务中非人文交流,提升话语权和软实力。

3.扎根非洲为前提

2015—2020 年非洲研究院选派师生赴非洲调研、交换学习 130 余人次,资助金额超过 300 万元。提交调研报告论文 100 余份,受到批示 50 多次。合作建立了南非分院以及尼日利亚、埃及等多个国别研究中心,与中非智库 10+10

合作伙伴、南非曼德拉大学等近百个非洲高校或智库开展合作研究。与尼日利亚古绍研究所、南非智库等多次合作举办国际研讨会。2020年4月17日，由浙江师范大学非洲研究院、南非非洲研究院、尼日利亚国家政策与战略研究所、尼日利亚中国研究中心联合主办的"抗击新冠疫情与中非合作"国际视频会议暨六种语言的《中非紧密团结抗击新冠疫情联合倡议书》发布会在线上举行。来自中国和非洲14个国家的60位知名学者、智库领袖和媒体代表出席，国际影响广泛。研究院还协同非洲翻译馆、外国语学院等出版了《剑桥非洲史》、主要面向"一带一路"与非洲国家的"中国改革开放与发展实践"中英法丛书、"非洲人文经典译丛"、"日本对非研究译丛"、《非洲艺术史》、非洲儿童绘本系列等，协同教科院出版"非洲高等教育国别研究丛书"12卷、"非洲教育译丛"6卷。在中非举办非洲视觉艺术展、书画摄影作品展等近10次，组织到非洲写生2次。协同科技问题研究中心、中非商学院推出《一带一路科技报告》、中非产能合作报告等，极大地集聚了本领域学术资源与成果。

4.媒体传播为手段

配合中非合作论坛、"一带一路"国际合作论坛等重大外交活动，非洲研究院中外学者积极发声，有力开展舆论引导与公共外交，为中非合作营造良好氛围。学科带头人刘鸿武多次在中央电视台、地方卫视解读中非合作政策。多位学者在《人民日报》《光明日报》《中国日报》《环球时报》《参考消息》等发表理论文章，或接受中央电视台等媒体采访。研究院有多个学科成果发布平台，如汇聚全国非洲研究学者编撰出版《非洲地区年度发展报告》（教育部区域国别重点培育基地项目）、"非洲研究文库"丛书（国家社科基金资助出版项目）、《非洲研究》集刊（被评为2019优秀集刊）、《非洲研究智库专刊》；网络平台有和外交部联合运作的中非联合研究交流计划特色信息网、五种语言的非洲研究院网站、微信公众号、非洲舆情摘报等。组织中非文化表演交流活动数十场，2019年中非经贸论坛开幕式，77.8万人线上观看中非之夜嘉年华。研究院协同中国中央电视台（CCTV）、义乌市委宣传部、中国驻坦桑尼亚大使馆等拍摄的纪录片《我从非洲来》《重走坦赞铁路》获浙江省"五个一工程"奖、多个国际电影节奖项，国际影响广泛。

5.中非合作为路径

非洲研究院依托外交部中非联合研究交流计划促进中非联合研究。近五年研究院聘请10余位非洲籍学者，形成中非学者一对一，双向建构"非洲中国学和中国非洲学"的互动格局。同时中心构建了全方位、立体化协同体系：建成了涵盖"两论坛(中非智库论坛、中非经贸论坛)、两馆(非洲博物馆、非洲翻译馆)、三个数据库、四家非洲孔子学院(坦桑尼亚、莫桑比克、喀麦隆、南非)、九个中心(商务部援外培训基地、教育部援外培训基地、教育部区域国别研究中心、中南非人文交流研究中心、孔子学院研修中心、中非智库10+10合作伙伴计划、中非高校20+20合作计划、中联部金砖智库联盟中方理事单位、浙江省"一带一路"智库联盟成员等)、十余个分支学科(非洲教育、艺术、体育、法律、文学、交通、经贸、科技、卫生、影视等)、百所合作院校"等组成的协同体系,构建了国内与国外、校内与校外、学界内与学界外、行业内与行业外全面互联互通、共建共享的协同大格局,有力推动了中国非洲研究的开放前进与创新发展。

非洲研究院发挥"非洲学"学科的引领功效,成为传统学科特色化的重要推进器。仅2019年全校获国家社科基金项目资助(含后期资助)43项,非洲研究领域共12项,占27.9%。2019年学校著作定级共130部,其中,全校非洲研究领域共19部,占14.6%。中心负责人主持的重大项目入选国家社科基金中华学术外译项目,获浙江省哲学社会科学优秀成果一等奖。中心与校内各学院、学科协同合作,陆续建成十多个协同研究中心,形成了学科群,实现了集聚效应。2019年10月,学校与中国地理学会合作举办"地理学与中国全球战略高层论坛",成立中国地理学会非洲地理研究中心。理事长陈发虎院士对学校协同开展非洲地理研究给予高度评价。中国民族学人类学大会、中非经贸论坛(浙江金华)、中非文化交流周以及与世界银行共同举办的中非教育合作会议等,都是"非洲学"学科发挥引领功效的生动案例。

"非洲学"学科发挥团队多学科交叉复合、多平台国际协同等优势,积极发挥中非学者双向构建共享知识体系等功能,积极努力服务国家战略和地方发展,取得显著成效。

一是开展战略研究,引领学术发展。学科团队承担国家社科基金重大招标项目、教育部重大攻关项目等省部级以上课题130余项,组织出版"浙江师范大学非洲研究文库"130多本,在多个研究领域(方向)填补了国内非洲研究的学术空白。创办的《非洲研究》集刊连续出版15卷,为国内非洲研究提供学术发表、交流平台。《教育部简报》称我校政治学学科建设"在国内高校独树一帜",是"高校学科建设与人才培养的典范"。①

二是发挥咨政功能,助力区域发展。主办中非智库论坛、中非媒体智库论

---

① 教育部办公厅.浙江师范大学积极开展非洲研究服务国家外交.教育部简报〔2010〕第67期.

坛等各级各类学术会议近 40 场。55 份咨政报告得到各级领导批示。学科带头人应邀多次为浙江省政府专题学习会、商务厅、发改委等做政策辅导报告，大力推进浙非合作。有效推动金华"中非文化合作交流示范园"列入浙江省"一带一路"十大项目，推动浙江省出台国内首个省级"对非合作三年行动计划"等。

三是加强桥梁建设，促进人文交流。依托教育部中国—南非人文交流研究基地，加强中非人文交流基础理论研究；建成国内高校首个非洲博物馆，十年免费开放、义务讲解，向公众传播非洲文化，累计参观达 10 万人次，2019 年成为浙江省科普基地。主办的"非洲艺术"主题展、"畅游非洲走进非洲"图片展等受到市民追捧。

四是重视国际传播，讲好中非故事。学科团队积极构建双向平衡动态的国际传播模式，一方面重视发挥外籍教师作用，以外传外，讲好中国发展与中非合作发展故事，引导国际舆论。一名外籍学者入选国家丝路书香工程"外国人写作中国计划"第三期。

五是着力人才培养，服务中非合作。学科团队积极构建有中国特色的"非洲学"人才培养体系，致力于培养中国的"非洲通"和非洲的"中国通"。毕业生遍布中非各级政府机关、科研机构、高校企业等，从事战略研究、政策咨询、公共外交、商务经贸、文化传播等涉非工作、研究，全方位服务于中非合作。

（四）推动中非智库能力建设

自 2000 年中非合作论坛成立以来，中非智库合作与交流得到中非双方政府和民间的支持与关注，中国和非洲的智库通过各类平台与渠道，用自身的优势和特色服务中非合作，取得了一定的工作成果。中非智库合作为中非关系提供了理论和决策支持，同时架起了中非学者、官方人员等的交流平台和桥梁，为中非在人员、机构、思想和学术交流等方面充分发挥了智力先行的作用，积极引导和支持中非关系发展。

1. 提升了对中国经验的研究力

"智库是一个国家软实力的重要组成部分。智库通常能够超然于权力之外，从专业、科学的角度冷静地观察、思考各种治理问题，并且为解决问题建言献策，因而是现代国家治理体系不可或缺的一环。中非的许多智库为推动中国和非洲的发展以及中非友好合作发挥了积极的作用。"①

---

① 陈密容. 加强智库交流合作，推动中非双赢发展. 中国社会科学报，2017-03-13(3).

中非学者认为，40年的改革开放，中国积累了丰富的发展经验，包括：坚决拥护与坚持中国共产党的领导；实施取渐进式而非激进式的发展和改革；坚持以人民为中心，改革与开放政策始终代表了最广大人民群众的根本利益；统筹推进"五位一体"建设调推进全面建成小康社会，全面深化改革，全面依法治国，全面从严治党的战略布局；实时处理好改革、发展与稳定三者的关系等。①

非盟主席法基在参加了以减贫发展为主题的第六届中非智库论坛后，在《人民日报》撰文表示，"我们从中国减贫事业中学到的第一课就是'自力更生'，这也是中国取得令人着迷的成就的根本原则。新中国成立后，中国人民开始了一场无与伦比的征程，他们摒弃了懒惰、听天由命和等待他人施舍，开始依靠自己的力量，用自己的臂膀与才智铸就中国的命运。在短短几十年里，中国贫困人口总数急剧减少，绝对贫困人口比例也大幅下降"②。

非洲智库研讨班成员在各自提交的总结报告中纷纷表示，中非智库论坛和非洲智库研修班意义重大，为非洲智库提供了一个充分理解和分享中国各领域发展经验的机会，有助于拨乱反正被西方混淆的视听，了解中国真相和中国对非政策，推进非中关系更上一层楼，实现双方的抱负。

2. 扩大了中国在非洲的影响力

中非在过去40余年经贸合作、安全合作、人文交流等方面的合作实现了跨越式发展。经济方面，中国已连续多年保持非洲最大贸易伙伴地位。中国特色社会主义新时代形成了两种制度力量消长的可能性愿景。③ 中国的发展提供了一个比较好的新型的发展模式，比如说强调可持续发展，强调包容性的发展观等，有助于非洲摆脱所谓的新自由主义发展模式。中非学者也认识到，任何国家最好不要照搬别人现成的经验，而是举一反三，因地制宜探索适合自己国情发展道路，况且事实上非洲也创造了一些比较成功的案例，近年来有一些非洲国家的本土创制，同样值得非洲其他国家学习。

中国社科院西亚非洲研究所所长杨光总结了中国探索发展道路、实现自主可持续发展的主要经验，他指出："发展是基础，安全是保障。目前中国实现了自主发展，政府正在致力于消除发展的不均衡，其中，集约式发展、可持续发展、绿色发展、成本收益核算等，是中国在探索未来发展道路上的主要考量。"④中央

①　穆萨·法基·穆罕默德. 第一课："自力更生". 人民日报,2017-07-12(23).
②　穆萨·法基·穆罕默德. 第一课："自力更生". 人民日报,2017-07-12(23).
③　金民卿. 新时代形成了两种制度力量消长的可能性愿景. 国外社会科学,2018(01)：17-19.
④　杨光在中非减贫发展高端对话暨中非智库论坛第六届会议中的发言。

党校国际战略研究所教授罗建波概括中国经验为：第一是独立自主的精神，第二是能力，第三是工业化。

喀麦隆国际关系学院副院长史蒂芬·恩格万扎（Stephane Ngwanza）认同中国和亚洲的发展模式，认为政治稳定、制定符合非洲实际的发展规划，并主导这些规划，才可以为减贫和投资发展提供良好的环境。与此同时，应充分听取民意、考虑少数民族的利益、惩治腐败、加强国家治理，这些都是减贫的重要前提。他还强调强调了机制与制度的稳定性，他认为非洲存在政乱与战乱，是西方大国利益冲突的战场，导致非洲自身战略重要性降低，而忽略当地社会与人民现实情况、没有吸引人才的政策、非洲政权合法性问题等，都影响了非洲的经济起飞。未来，非洲应多考虑落后地区的利益，推进教育发展，推动政策和管理透明性，减少腐败。

尼日利亚中国问题研究中心主任查尔斯·奥努奈居（Charles Onumaiju）撰文表示："非洲长期处于国际关系的边缘，需要抓住时机与中国合作，共同建立更具包容性和民主性的全球秩序。"[①]在中非智库论坛第七届会议上，他表示："改革开放使中国走上了经济现代化的道路，从一个封闭的国家逐渐融入经济全球化进程。中国的发展经验对于非洲国家非常重要。1978 年刚刚开始改革开放的时候，中国是世界上最贫穷的国家之一，按照世界银行的标准，当年中国的人均 GDP 只有 156 美元，而撒哈拉沙漠以南非洲国家人均 GDP 是 490 美元，中国当时的人均 GDP 甚至不足非洲国家平均数的三分之一。改革开放 40 年以来，中国经济取得了举世瞩目的成就，不仅成为世界第二大经济体，对世界经济发展的贡献率更是多年保持在 30％以上。"[②]

3. 凝聚了中非间的理解与共识

埃塞俄比亚总理经济顾问、总理府部际协调人阿尔卡贝认为，中国作为合作伙伴所提供的相互尊重、不干涉政策、不附加条件的援助，为非洲不再只是"资源出口地"做出了重要贡献，是真正的伙伴。

中非智库论坛和非洲智库研讨班等交流平台为学员提供了一个全面和直观地认识真实的中国的机会和窗口。中方学者严谨、开放、自我解剖式的介绍与研讨，实地考察中研讨班成员与中国政府地方官员、市民、少数民族的近距离

---

① Charles Onunaiju，China and Africa's Broad Deepening Engagement：Prospects and Challenges. ［2018-12-25］. https：//ccs-ng. org/china-and-africas-broad-and-deepening-engagement-prospects-and-challenges/.

② 转引自李雪冬，等. 中非智库论坛第七届会议"改革开放和中非关系"综述. 非洲研究，2018（2）：15.

接触和交流，让他们对中国政治、经济、社会、教育、文化等各方面的发展及其存在的问题，对中国的发展模式及其所面临的挑战，对中国共产党的治党执政理念和治理方式等问题有了更为深入全面的认识，改变了他们原先错误的观念，而这样的认识和转变又加深了他们对中国内政外交的理解。尼日利亚社会与企业责任中心主任爱德华·奥比（Edward Osang Obi）对此深有体悟，他说："我必须承认，此次来中国是一种崭新的体验。来中国之前，关于中国，我所听到和读到的大部分信息是负面的……对中国的负面看法来自这些负面的信息。不过来到中国以后，开启了中国与我国的市民社会合作的可能性，它有助于以一种全新的观点重新介绍中国。"他还说："对于像我这样在西方国家接受教育的人来说，客观地理解中国是如何认识自身的，中国希望其他国家如何认识它，这是非常重要的。只有通过这种理解，才可能领会和评估中国内部的困难和外部的姿态。"①卢旺达的科林·哈巴（Collin Haba）说："只有你访问了这个国家，你才会意识到实际上真实的中国比西方媒体所宣扬的要丰富很多。实地考察和讲座让我对中国有了更深的认识。"②一位几内亚经济与财政部文化司研究人员对"不管白猫黑猫抓住老鼠就是好猫""中国在 30 年间迅速发展起来"等理论和现象耳熟能详、印象深刻。

　　商务部非洲智库研讨班学员中很大一部分人（特别是第一次来华的人）以前对中国存在误解。误解的产生主要源于两个方面：一方面，学员本人接受的是西方的教育。正如纳米比亚国际管理大学常务副校长斯宾塞·泰勒（Spencer Taylor）所说："鉴于我所接受的西方教育、培训、经验和对西方经济理论的癖好，对于我来说，要接受'资本主义民主'之外的'社会主义民主'是非常困难的。但是鉴于我对研究和学术的渴望，我没有什么困难就接受了浙江师范大学邀请我参加非洲智库研讨班这样一次机会。"③另一方面，非洲人对中国的了解太少，而且许多了解主要是通过西方媒体。西方媒体对中国的片面的、基本上是负面的报道让非洲人对中国产生了错误的认识。多名研讨班成员谈到这个问题。卢旺达《新时代日报》总编科林·哈巴说："非洲是西方媒体的主要消费者，西方媒体对中国的报道遗漏了许多关于这个国家内在的实际情况。"坦桑尼亚非政府组织网站资深编辑阿提利奥·塔格利利（Attillio Tagalile）谈道："西方国家，特别是其媒体，在很大程度上造成我对中国片面的看法——除了混

---

① 奥比在中非智库论坛第一届会议中的发言。
② 哈巴在中非智库论坛第一届会议中的发言。
③ 泰勒在中非智库论坛第一届会议中的发言。

乱，一无是处。"津巴布韦的南部非洲研究与文献中心研究员约瑟夫·恩古瓦维（Joseph Ngwawi）也提出："大多数学员有一个基本的看法，即尽管中国经济发展很快，但是大多数中国人不幸福，缺少基本的自由。"①

津巴布韦国家广播电视台时事新闻主编弗里德姆·莫约（Freedom Moyo）分析了非洲对中国还缺乏足够信任的原因：一是非洲国家对中国有不同的看法，二是殖民主义在许多非洲人民中造成过惊恐，他们现在仍怀疑来自非洲以外的发展援助与合作。

一些来自新闻媒体的智库班成员及时撰写稿件，向国内同胞发送他们在中国期间的所见所闻以及感受和思考。喀麦隆《参考报》主编多米尼克·马巴斯（Dominique Mabassi），他先后写了5篇报道，内容涉及中非智库论坛第一届会议、从非洲智库研讨班获得的中国发展模式印象、非洲研究院、非洲博物馆、雅温得第一大学与浙江师范大学中非商学院合作办学等。这些报道无疑给喀麦隆人民提供了更为丰富和更为真实的信息，其意义无疑是积极的。

4. 彰显了中非合作国际话语权

首先，智库国际协同创新机制的探索和尝试，提升了中非智库之间交流与合作的成效。以前，非洲智库合作交流对象大都是西方国家政府、国际非政府组织。当前，中非智库学者对话往来增多、交流与项目合作日盛。如尼日利亚国际事务研究所走入中国参与中非智库合作后改变了对华消极认知，增进了对中国认知的积极面。其次，促进了知识产品的数量和质量，中国对外政策和国际社会对华舆论开始有了初步影响。中非学者联合撰写的报告、论文，发表的观点，开始影响中非双方的舆论与决策。浙江师范大学非洲研究院曾与南非国际问题研究院和亚的斯亚贝巴大学和平安全研究所共同举办智库论坛，联合编撰英文版会议文集，产生了广泛而积极的影响。再次，中非智库国际协同初步形成了一些共识性的概念话语，如"发展和平""国家治理创新"等共识性概念，有利于突破西方对国际规范话语权的垄断，从而提升中非双方的软实力。

近年来，中国和非洲的智库通过对中国自己的发展、对中非全方位合作发展的直接观察与深入研究，以及对构成这种发展的基础与背景的世界史、现代性和全球化现象的重新思考，日益有了自己的问题意识与自主意识，并逐渐地开始"生成"自己独立的话语形态与理论面相，逐渐有了自己的基础、特色乃至话语概念。比如，今天我们已经可以列举出中国和非洲的学术界、思想界、智库

---

① 约瑟夫在中非智库论坛第一届会议中的发言。

界经常使用的一连串具有知识挑战性的思想命题或核心概念,诸如"改革""开放""治国""理政""发展""稳定""民生""复兴""安居乐业""百年进程""千年目标""国泰民安""发展规划""援助有效性""国家能力建设""互利共赢""平等相待""义利兼顾""产能合作""不干涉主权原则""和谐世界""和谐""共享",等等,而这些议题、话语、概念也逐渐在国际学术机构的各类会议上,在诸如"中非智库论坛"这样的学术场合,被来自非洲的学术精英、智库代表和政府官员所采用。① 这是论坛在话语权提升方面最明显的成效。

当前,在国际舆论中存在着不利于中非合作的一些声音,甚至是对中非合作的一些扭曲、歪曲和抹黑,作为智库,对于这些声音必须加以纠正。一些学者指出,中国商品存在质量不达标问题,导致国际社会对于中国有一些负面的批评,在非洲的一些中国活动也遭到西方国家的质疑,甚至有人称其为"新殖民主义"。对此,中非智库和媒体需要发出共同的声音,向世人讲述一个真正的中非关系。提升中非双边关系的形象,需要关键技能和能力建设,也需要制定共同的媒体标准和伦理道德标准,同时还需要和国际最佳实践接轨。在国际媒体舞台上面获得相应的地位,并且获得更大的话语权。

非洲债务问题是最近一届智库论坛讨论的焦点之一。外交部部长助理陈晓东在中非智库论坛上表示,一些非洲国家出现的债务问题是多种因素综合作用的结果,是发展中国家面临的共性问题,是发展过程中成长的烦恼,根本解决之道还是要依靠发展。中非合作主动对接非洲国家发展规划,着力培养自主发展能力,在非洲建成大量切实惠及国际民生的项目。中国对非洲债务可持续问题非常重视,本着负责任态度,坚持集约发展,帮助非洲筑巢引凤,向非方提供投融资,对非借贷风险总体可控,同时我们还积极鼓励中国企业加大对非直接投资,探讨公司合营等新模式,设身处地帮助非方防范债务风险,减轻减缓债务的压力。②

非洲智库学者的舆论引导力和社会影响力对于让世界,特别是非洲人民了解中国,了解中国共产党,了解中国的改革开放具有重要的作用,对于中国进一步坚定信心,把握先进方向,深入推进改革开放也具有十分重要的意义。乍得发展研究与培训中心秘书长梅孔多·巴努戴尔(Mekondo Banhoudel)强调了媒体的重要性,指出"除行政司法等其他三种权力之外,媒体是第四种力量"。《人

---

① 刘鸿武.非洲学发凡——实践与思考六十问.北京:人民出版社,2019.

② 外交部部长助理陈晓东出席中非智库论坛第七届会议.(2018-12-23).http://world.people.com.cn/n1/2018/0705/c1002-30129354.html.

民日报》国际部副主任吴绮敏认为世界话语体系不能缺乏中国和非洲的视角。《光明日报》智库研究与发布中心副主任、智库版主编王斯敏认为智库和媒体基于共同融合发展的逻辑正在进行深度的融合和角色的转化；智库要增强传播能力，媒体要激发智库基因，强化研究和引导能力；真正融媒体性智库建设和智库性媒体发展为一体，实现中非话语权和传播力的全面提升。①

（五）延伸高校智库的价值链

传统学术路径和智库建设是学科知识进步的"一体两面"——智库拓展了高校科研的理论和实验结果的"服务区"，让高校的思想与知识创造有更广阔的社会服务通道；而学科建设也因此获得了更好的外部平台、发展资源与提升动力。实践证明，高校智库建设的成败在很大程度上取决于智库与既有学科之间能否互为支撑、相得益彰，创造具有智库特色的学术共同体。② 高校智库要成为学术新生力量而不被边缘化，不但需要搭乘现有学科基础的"便车"，更需要对学科发展做出新贡献，对由学科知识的生产、管理、扩散等环节构成的知识价值链推陈出新。中非智库论坛是高校智库延伸自身价值链的有效路径，为服务国家战略、地方发展等做出了积极探索，有相当的理论与实践意义。

1.服务国家战略力度升级

浙江师范大学非洲研究院作为涉非事务高校智库，积极服务外交部、教育部、商务部等多个国家部委，多次为国家领导人出访非洲提供咨询服务，多次承担部委委托的重大任务。除了举办中非智库论坛，研究院还致力于以下工作：

一是深入开展事关国家长远发展的基础理论研究，为国家对非工作提供坚实的理论支撑。该智库累计承担重大招标项目"中国对非洲关系的国际战略研究"等国家社科基金项目 24 项，新增《新时期中非合作研究》等学术著作 41 部，对国内中非比较政治、政治学基础理论研究、非洲国家治理等领域的研究具有开拓意义，为国家对非工作提供了坚实理论支撑。

二是对接中非关系重大现实问题，提供坚实可行的政策建议。2016 年至2019 年，智库接受外交部、教育部等中央部委和国际组织委托项目 57 项，55 余份咨政报告获各级政府领导批示或采用证明。学科团队受邀为浙江省政府专

① 王珩，于桂章.非洲智库发展与新时代中非智库合作.浙江师范大学学报(社会科学版)，2019，44(3)：62-68.

② 侯定凯，朱红蕊."相互妥协"或"相得益彰"？——反思高校智库与学科发展的关系.高校教育管理，2019(1)：26-35.

题学习会做报告，受到各界好评；2019年学科成员为中央和国家机关司局级干部专题研修班做题为《新时代的中国与世界秩序专题班》报告。

三是就国家对非重大政策和热点事件积极发声，引导国内外舆论。紧扣中非关系重大政策和热点，解读国家对非战略，帮助老百姓理解国家对非政策。如2018年9月，智库负责人刘鸿武教授在央视演播厅现场解读习近平主席在"中非合作论坛北京峰会"开幕式上的主旨演讲，团队成员在海内外重要媒体发表系列观察评论文章、接受采访等近30次，及时准确地向公众解读峰会政策及意义。

外交部赞誉浙江师范大学非洲研究院"有效带动了国内非洲研究发展和人才队伍建设"，赞誉中心外籍学者"胜过十位外交官"。教育部在"一带一路"国际合作高峰论坛新闻发布上，向世界媒体介绍浙江师范大学案例，高度评价智库做法具有"代表性、示范性和推广性"。

2.服务浙非合作程度升级

长期以来，非洲研究院在中非智库论坛基础上做了诸多拓展性工作，积极助力浙江省、金华市两级地方政府开展对非经贸、人文、科技交流与合作。2018年5月浙江省开放创新大会召开，《浙江省打造"一带一路"枢纽行动计划》发布，非洲研究院应邀请加入省"一带一路"智库联盟；2018年6月，中共浙江省委书记车俊访问非洲四国并见证了我中心南非分院成立；同年9月，非洲研究院入选浙江省首批新型重点专业智库。以此为契机，非洲研究院加大了服务浙非合作工作力度，从以下三方面扎实推进。

一是为省市政府领导授课，指明地方政府对非合作路径。2018年11月20日，刘鸿武院长应邀在省政府专题学习会做《抓住历史机遇加强浙非合作》专题报告，提出浙江省如何主动融入和服务国家对非战略、在对非合作中走在全国前列的建议。袁家军省长评价："讲得很精彩，研究很深入，听了以后很受启发"。同年12月24日，刘鸿武教授应邀为浙江省发改委做专题报告。之后，浙江省各部门加快了对非合作步伐，省商务厅发布国内首个升级《对非合作三年行动计划》。2019年，我院进入浙江省"一带一路"建设成果清单，2019年9月10日，省委书记车俊调研非洲研究院，指示"继续高水平办好非洲研究院"。同一天省长袁家军在浙江师范大学主办的中南非青年创新企业论坛致辞，并见证浙师大南非孔院揭牌。此外，智库团队多次应邀为金华市政府、发改委等部门以及涉非企业等做报告与咨询服务，助力浙江省、金华市全面对外开放，拓展与非洲交流合作，共建"一带一路"。2020年6月，时任省委书记车俊再次对非洲研究院发挥智库功能助力地方发展做出高度评价。

二是发挥桥梁作用，促进经贸合作、民心相通工作。2018年12月22日，学校受省社联委托主办"讲好浙江故事，助力'一带一路'"智库论坛，中外专家围绕"浙江如何与'一带一路'沿线国家共商共建共享"这一主题进行了深入研讨，并提出了相关对策建议。省长袁家军、副省长成岳冲对本次会议成果综述（载于《浙江社科要报》2019年第6期）分别做出重要批示。2019年1月24日，学科团队联合"金华之声"共同推出金华市首档讲述非洲故事与文化的节目《流观非洲》，吸引数十万听众；2019年9月19—23日，与杭州市联合主办第十三届杭州文化创意产业博览会"非同凡响——走进撒哈拉以南的非洲艺术"主题展，受到市民广泛关注；2019年11月27日，《品牌中国》"一带一路"专题节目启动仪式在我院举行，内容以中国企业走入非洲考察为主题，助推中国企业走进非洲。

三是助力金华市"中非文化合作交流示范区"建设。2018年5月，浙江省委省政府推出十项对外开放重大举措，在金华建设中非文化合作交流示范区位列其中。刘鸿武院长提出了系统建议和整体设计，撰写了《在金华北山山麓建造"丽泽书院·非洲会堂：中非文化会展园区"的建议》方案，建议"融通中外、连接中非"，将金华地域文化与非洲异域文化精巧融通，将金华打造成"中国非洲之都"。非洲研究院还协助举办了三届"金华中非文化合作交流周暨中非经贸论坛"，吸引了来自30个非洲国家的业界学界约1000人参与，搭起了金华对非经贸合作的桥梁。"中非文化合作交流示范园"先后进入浙江省"一带一路"枢纽工程重点项目和"十四五"规划发展建议。

3. 服务人文交流广度升级

非洲研究院常年致力于中非人文交流，不断创新工作模式，在推动中非民心相通实践中，定位清晰，工作扎实，亮点纷呈。2017年5月，教育部副部长田学军在国新办新闻发布会上称誉浙江师范大学是中国高校服务"一带一路"民心相通的典范，其创新举措具有"重要的代表性、示范性、推广性"。非洲研究院在这方面的工作还有以下几点。

一是成立教育部中南人文交流研究中心，助力中非高级别人文交流机制。2017年4月，中南高级别人文交流机制建立，教育部"中国—南非人文交流研究中心"设在浙江师范大学。学科团队围绕"中非人文交流"开展了一系列具有创新性、示范性的活动：在南非设立非洲研究院南非分院，发布国内首部《中国—南非人文交流发展报告》，举办了"中南青年创新创业论坛"等多场高端学术论坛，连续十年选拔优秀学生赴南非高校交流等。

二是充分发挥非洲籍学者作用，开展双向宣传。团队着眼新时代中非关系发展需要，培育"知华友华"的非洲籍知识精英，在非常时期发挥出不可替代的特殊作用。一方面，学科聘请了格特大使和约罗参赞等非洲籍外交官，以及成长起来的一批年轻非洲籍专家，成为非洲了解中国的"非洲中国通"和中非友好的民间使者。外籍学者还多次受邀赴金华市贸促会、中非商会、文博会、企业、高校、智库等做专题报告。另一方面，学科团队还把"中国改革开放发展30年系列丛书"翻译成英、法双语推向非洲；也向国内译介了非洲文学与学术研究的系列丛书。

三是不断拓展非洲"朋友圈"，创新中非人文交流路径。非洲研究院多年来坚持拓展非洲合作伙伴关系，依托智库论坛平台，已与20多个非洲国家的30余家智库机构、科研单位建立了合作伙伴关系；与数千位非洲学者、记者建立了联系；先后派出250多人次赴非调研、访学、参会，接待非洲国家政要、官员、学者来访、交流2000余人次，不断壮大非洲"朋友圈"，产生了广泛的国际影响。

研究院还创建了全国高校首家非洲主题博物馆，截至2020年，共接待参观者10万余名，获批浙江省科普基地，成为中非人文交流的立体教科书。研究院还与省文旅厅合作举行"万人游非洲"活动，与《都市快报》、杭州市委宣传部共同策划举办杭州文博会、良渚中非文化交流活动，协同秋滨小学建成国内首个"活力非洲园"、开发非洲主题活动课程，受到非洲媒体、国内嘉宾高度认可。

4.服务人才培养高度升级

中非智库论坛也推动非洲研究院积极开展"非洲学"人才培养实践创新与理论探索，构建了具有重大现实意义的"非洲学"新兴学科、交叉学科体系，形成了多层次课程、多类型教学和多平台实践的"非洲学"人才培养体系（如图1所示），培养中国的"非洲通"和非洲的"中国通"。人才培养成果先后获得浙江省高等教育教学成果一等奖（2016年）、浙江省研究生教育成果一等奖（2019年）。学科教师团队还入选"全国高校黄大年式教师团队"（2017年）、"非洲学"学科建设成果入选国家哲学社会科学独创性理论成果（2020年）。主要举措有三。

一是形成了一批"非洲学"原创性的教材体系。基于原创性研究成果，本学科自主开发的"多元化课程体系"，贯穿本科、硕士、博士培养和职后培训多个层次，面向全校开设40多门"非洲学"专业课程，编纂出版多部"非洲学"著作、教材与工具书，涉及非洲政治、经济、历史、文化、民族、宗教、国别等广泛领域，形成完整的课程体系与教材体系。

二是逐步形成完善体系的"非洲学"本硕博专业学位点。"非洲学"学科设

图1 "非洲学"人才培养体系

有"政治学"一级学科硕士点、"非洲史与非洲教育"硕士点、"非洲学"交叉学科硕士点以及"非洲教育与社会发展"交叉学科博士点和"中非关系史"博士点,联合学校对外汉语教育专业、电子商务专业等本科专业,率先在国内建构起本、硕、博贯通,非洲研修与汉语推广相连的"非洲学"学科学位点体系,课程设置完整,教学理念独特,知识结构完整,培养机制多样,跨学科协同有力培养成效显著,填补了国内对非高端综合型人才培养的空白。

三是培养了一批活跃在中非合作实践和对非研究的中国的"非洲通"和非洲的"中国通"。研究院自主培养了教育部长江学者特聘教授、宣传思想文化青年英才、国家民委民族研究优秀中青年专家、浙江省特级专家、浙江省咨询委员会委员5人次。在全国率先实施中非人员"旋转门"机制,聘任十多位非洲资深外交官、学者以及中国驻非洲国家前大使,选派研究院教师借调至中国驻坦桑尼亚大使馆、中国驻非盟使团工作,推动中非思想交流,促进中非联合研究。近年来,协同培养了优秀毕业生5000余名,遍布中非各级政府机关、科研机构、高校企业等,毕业生从事战略研究、政策咨询、公共外交、商务经贸、文化传播等涉非工作。不少毕业生脱颖而出,成为影响、促进中非关系的重要人物,如中非共和国总统福斯坦—阿尔尚热·图瓦德拉、索马里总统顾问和丹、喀麦隆中等教育部汉语督导、埃塞俄比亚驻华大使秘书、部委职员等,以及就职于国家中联部、埃塞俄比亚驻中国使馆等的工作人员,还有15人赴国际国内名校读博深造,1人获中国大学生年度人物、浙江省十佳大学生称号等。

六、启示:中非智库如何以"智"助"治"

智库是思想的孵化器,其最重要的作用在于认识问题和创造知识。用现代管理学之父彼得·德鲁克(Peter F. Drucker)的话说,智库的工作就是改变思想。思想的光辉,成为历届中非智库论坛最大的亮点。中非智库合作与交流行动有效汇集了当前国际国内非洲研究领域的新成果、新思想、新智慧,畅通了中非学者之间、学者与政要之间、学界与政界之间、商界之间的沟通渠道,增进了各界人士之间的理解和合作。打造了涉非事务领域各界人士沟通合作的平台,特别是创造了学界与政界、学者与官员互相信赖、互相支撑的有利平台,形成协同聚集效应。传播了中国学者的思想、恰当表达了中国人民对非情感,正确表明了中国对非政策立场,有效提升了中国文化对外软实力。在消除误会、增进理解、达成共识、共同发展方面具有明显的成效。同时,基于中非智库论坛的交流还取得了良好的宣传效果和社会影响,发挥了舆论引导的智库功能。相关活动吸引了中非媒体的密集报道,快速、广泛地传播了当前中国对非政策及中非合作的战略思想、战略意义,发挥了舆论引导的智库功能,取得了良好的宣传效果和社会影响。

中非智库学者以"智"助"治",在参与治国理政经验交流、减贫治理与共同发展、互学互鉴与全球治理等方面发挥了积极作用,取得了明显成效。

(一)深化中非治国理政经验交流

参与论坛的非洲学者评价:"在中国进入非洲大陆前,西方从未对非洲表现出如此大的兴趣。是中国揭示了非洲的价值以及它的潜力。中国进入非洲及逐渐发挥的功能,势必给非洲的社会、政治、经济和文化环境带来影响。在此背景下,应发挥中非智库论坛的作用,巩固中国在非洲的突破性进展,进一步扩大中非人文与体育交流,拓展中非民间沟通渠道。"[①]

非洲智库对新时代中国方案的认知显示了中国的经济发展和治国理政经验对非洲的吸引力,以及非洲对中国塑造不同于西方的世界秩序的期待,也彰显了中国方案的世界意义,折射了中非关系的转型升级。[②] 笔者所在的非洲智库研究团队对参与中非智库论坛、非洲智库研修班学员的访谈验证了这一点。

如在谈到非洲从中国可以汲取的经验时,塞拉利昂总统办公室高级助理秘书拉米纳·保罗·万博(Lamina Paul Vamboi)说:"'中国式民主制'是治理范式的一种转变,它重视经济发展、服务的有效交付、食物的充足、城市的巨大发展,更为重要的是社会整合和生活各个领域的文化相对主义。大部分非洲国家关注政治改革,而中国关注经济改革,改善民生。经历了外部干涉、认同丧失和文化移入的非洲不应该丢掉和谐的思维模式。牢记外国干预的令人痛苦的结

① 查尔斯·阿特巴·伊恩,柴玲玲.发挥中非智库论坛作用,推进中非人文交流.非洲研究,2012(1):31-37,6-8.
② 周瑾艳.非洲智库对新时代中国方案的认知及其对中非治国理政经验交流的启示.国外社会科学,2018(5):118-126.

果，迫切需要团结一致，荣辱与共。"①

博茨瓦纳大学副校长吕底亚（Lydia Motlhankaabasadi Saleshando）谈道："研讨班让我对中国有了更为全面的理解：人民、土地、文化、经济和政治发展议程。最重要的是，我发现中国有许多值得学习的地方，特别是在文化发展和和谐发展领域。"她建议中国与非洲"分享为了和谐和减贫而制定实施的少数民族地区发展模式"。②

来自津巴布韦的弗里德姆·莫约（Freedom Moyo）反思道："过去，非洲国家的发展是捐赠驱动的（主要来自西方国家），但中国的发展事实证明，这种只给'鱼'而不给'渔'的发展援助没有任何意义。"

非洲英语国家研修班学员阿布达拉（Eldaw Khedir Ahmed Abdalla）认为他在中国学到很多：正确和清晰的愿景是国家迈向成功的第一步。历史文明悠久的国家拥有更多的机会走向繁荣昌盛，他们应该坚信自己可以创造世界奇迹。每个国家都有振兴的可能，当代中国就是世界上最好的典范。他表示中国共产党的执政方略、中国高等教育国际化（政策框架与新发展）对他的帮助最大。他高度评价改革开放，相信改革开放这一构想适用于其他任何国家。他加入了一个小型研究小组，这个小组的成立是为了研究苏丹政府决策者关于深化与中国政府合作的事宜，并为此提出建议。

许多非洲智库学者表示，西方工业化国家的发展道路、模式和经验并不完全适合发展中国家。中国模式为非洲国家选择符合自身发展条件的发展道路提供了新的选项，中国在精准扶贫、基础设施建设、工业化进程、改革开放等方面的经验，非常值得非洲国家借鉴。③ 中国的发展模式和治国理政经验对非洲有着日益强大的吸引力。④

作为"两个构建"的先行示范，中非合作从"以基础设施建设为主导的经济、外交合作"发展到当前"经济合作、社会发展合作、人文交流等软硬件合作齐头并进"的阶段，非洲不仅在援助、贸易、投资上"向东看"，更在发展经验、治国理念和道路上"向东看"，治国理政的经验交流在中非合作中日益重要。

值得重视的是，非洲"向东看"的思潮也体现在非洲智库的研究中。2014

---

① 万博在中非智库论坛第一届会议中的发言。

② 吕底亚在中非智库论坛第一届会议中的发言。

③ 本魏薇. 非洲智库十九大专题访华团——中国经验值得借鉴.（2018-05-29）. http://www.fmprc.gov.cn/zflt/chn/zfgx/t1526984. Htm.

④ 周瑾艳. 非洲智库对新时代中国方案的认知及其对中非治国理政经验交流的启示. 国外社会科学，2018(5)：118-126.

年,联合国非洲经济委员会(UNECA)执行秘书卡洛斯·洛佩斯(Carlos Lopes)博士呼吁非洲国家在其发展方案中效仿中国的做法。他表示中国经验有两点与非洲直接相关:"首先,鉴于中国在世界经济中的崛起,非洲能否在快速发展农业、减少贫困和工业化方面遵循同样的道路? 其次,中国作为非洲的发展伙伴可以发挥什么作用?"①2010年,加纳智库经济转型中心(Centre for Economic Transformation)以加纳、卢旺达、利比里亚作为案例,发表"向东看"的专题研究,主要关注点是中国在非洲的贸易、投资及经济与技术合作。② 对此,中共中央对外联络部部长宋涛认为,国际社会对中国共产党的看法正在发生转折性变化:国际社会不仅在经济、发展上"向东看",而且开始在道路、理念上"向东看"。③ 非洲正是这一变化的例证。近年来非洲自主选择发展道路、制定政治议程的意识和能力在提升,中国的发展道路和治国理念对非洲有巨大的吸引力。④

非洲智库对新时代中国方案的关注彰显了中国方案的世界意义,非洲智库对中国的认知和期待在一定程度上反映了非洲国家的知识精英在自身国家的发展过程中确实希望学习和借鉴中国的发展模式和政治理念。非洲对中国的关注和借鉴从具体的发展经验跃升到治理经验包括政党的领导作用,一方面与非洲自主探索自身道路的历程紧密相关,另一方面也折射出中非关系的转型升级。⑤ 但非洲对中国方案的认知也存在滞后和不足,中非双方的智库要在其中有所作为。

(二)助力减贫治理实现共同发展⑥

2017年6月21至22日,由浙江师范大学非洲研究院和非盟领导力学院共同举办的"中非减贫发展高端对话会暨中非智库论坛第六届会议"在非盟总部举行。近200名来自30多个国家的智库领袖、媒体代表、学者围绕"摆脱贫困,

---

① African Magazine, Benin: Africa Urged to Follow the Example of China in Development Programme. (2018-05-29). https://africanmanager. com/site _ eng/benin-africa-urged-to-follow-the-example-of-china-in-development-programme/? v =947d7d61cd9a.

② ACET, Looking East: China's Engagements with Africa. (2018-05-29). http://acetforafrica. org/publication/broken - promises-a-g20-summi-report-by-global-trade-alert/.

③ 程姝. 编织新时代中国共产党全球"朋友圈". 瞭望,2017(45):15-17.

④ 周瑾艳. 非洲智库对新时代中国方案的认知及其对中非治国理政经验交流的启示. 国外社会科学,2018(5):118-126.

⑤ 周瑾艳. 非洲智库对新时代中国方案的认知及其对中非治国理政经验交流的启示. 国外社会科学,2018(05):118-126.

⑥ 王珩. 中非智库:携手创新助力减贫——中非减贫发展高端对话会启示录. 光明日报,2017-08-10(16).

共同发展"主题,以交流习近平主席著作《摆脱贫困》一书中阐述的思想理念、实践和中国减贫发展经验为切入点,就"对接中非合作、加快非洲工业化和农业现代化进程"等议题深入研讨。中非智库合力推动减贫发展的实践充分表明:智库正发挥和彰显思想力量,通过先立志、重引智、巧施治、传新知和建机制等创新举措,助力共同体建设,实现共同发展。

1. 先立志:发挥智库舆论引领功能,树立新理念

智库让中非人民再次重温了习近平主席倡导的"一带一路"连通欧亚非、"构建人类命运共同体",让世界各国人民都能过上美好生活的愿景;也让"真实亲诚"的中国对非政策理念和正确义利观、实现中非双方共同繁荣的发展观再次深入人心;更让习近平关于宁德地区实现减贫发展的"扶贫先扶志,扶贫必扶智""把经济建设当作最大的政治""弱鸟先飞""既要发展经济,又要廉洁政府"等重要思想理念与举措走进了非洲人民心里。正如非盟主席法基所说,"'自力更生'的意识和理念是非洲学习中国发展经验的第一课。1949 年后,政府将之前非常贫苦、懒惰和宿命论的农业人口从思想上转变为'自力更生、用自己双手创造未来的人';最近几十年来中国的经济发生了一场真正的变革,中国的发展经验值得整个世界借鉴,特别是对于非洲这样渴望推进经济和社会发展的地区。中非智库力求通过影响双方思想精英并通过他们影响普通群众,进而形成自主发展、自力更生的精神动力,是彰显智库思想力量的第一要义"①。

2. 重引智:发挥智库调查研究功能,把握新形势

减贫发展要因地制宜。埃塞俄比亚总理经济顾问阿尔卡贝认为,非洲大陆幅员辽阔,各个地区、国家千差万别。减贫不仅要看贫困地区缺什么,还要看有什么,可以发展什么。埃塞俄比亚发展研究所主任纳外(Newai Gabreal)提出,不同国别的不同文化和历史决定了不同发展情况,劳动力、国家和私人行业之间的关系是重要的结构性因素,资本、社会、技术、领导阶层等都在此中变动。因此,智库在设计项目前应进行实地调研,遵循"非洲愿意、非洲需要、非洲主导"原则,根据具体国家、地区制订发展规划,设置重点项目,创新发展模式。中非智库学者既要会总结中国经验,也要能扎根非洲,做到量体裁衣、有的放矢,避免简单复制、生搬硬套。在项目实施过程中智库应积极跟进、有效监督,及时发现和解决问题;在项目完成之后智库应参加效果评估,进行反思总结、凝练提升。

---

① 转引自王珩. 中非智库:携手创新助力减贫——中非减贫发展高端对话会启示录. 光明日报, 2017-08-10(16).

3.巧施治：发挥智库战略决策功能，开拓新思路

设置议题能力是软实力的重要体现。中非智库设置相关议题应与国家战略、发展规划紧密结合。"减贫惠民"是中非合作论坛约翰内斯堡峰会着力实施的中非"十大合作计划"之一，强调开创中非减贫合作新模式。中国农业大学李小云教授介绍了中国国际扶贫中心通过示范中国村级减贫基本经验，形成与坦桑尼亚乃至非洲共享中国经验的实践案例。肯尼亚基于"工业化程度不高、产品附加值低、青年就业形势严峻"等智库调研结果，提出引进中国制造商、劳动密集型行业的创新路径。在2017年5月第一届"一带一路国际合作高峰论坛"期间，中肯双方签订协议，珠江经济特区项目成为肯尼亚首个经济特区。事实上，智库在协助其他国家发展的进程中也是一样，应进一步总结经验、拓展思维、开放创新、达到共赢。

4.传新知：发挥智库人才培养优势，形成新动力

教育是减贫发展的不竭动力，人力资源是核心竞争力和关键要素。2017年7月11日中国首批近75万册援助印制教材运到南苏丹，惠及约十万师生，这是由我国商务部主导的首个综合性"教育援外"项目。在此之前，中国教育智库结合南苏丹国情特点和教育现状，从顶层教育规划、教材开发、教师培训、ICT教师培训中心建设、教材印刷5个模块切入，帮助南苏丹实现"新国家、新教育"发展目标。还帮助其制定教育战略规划、课程标准、教材开发和教师培训计划。年轻人是未来非洲发展的动力、引领非洲前行的主体。高校智库还可在人才培养、技能培训等方面有所作为。蒙内铁路开通后，在第二标段施工线上共有2300多名肯尼亚员工。为了进一步提高这些肯方员工的职业技能，中国路桥与中肯双方培训机构合作，采取师徒传帮带的方式，为肯尼亚培养铁路建设的专业人才。

5.建机制：发挥智库公共外交优势，构建新体系

减贫发展是系统工程，也是长期工程，需要中非双方乃至世界各国多边协同，构建科学化、规范化、系统化、制度化、可持续的发展体系。稳定是减贫和发展的前提，双方智库应在提升国防、维和、维稳、反恐能力，帮助非洲在稳定的环境中集中精力推进减贫事业，尤其是重点解决就业、温饱和健康等民生问题方面着墨更多。中非智库应加强治国理政经验的总结与交流，厘清减贫发展思路，找准各自优势和方向，共同探讨符合现实需要的减贫发展方略。还应加强设置议题能力，密切中非青年和妇女就业创业、教育科技、医疗卫生等领域的合作交流。同时，中非智库也应多在国际社会呼吁各方摒弃零和游戏旧思维，呼

吁发达国家进一步加大对非洲减贫事业的关注和投入，切实履行承诺，共同助力非洲实现持久和平与发展繁荣。

（三）加强互学互鉴参与全球治理①

2018 年的中非合作论坛北京峰会引发中非各界的高度关注与热切期待。本小节以中非智库论坛第七届会议为例，阐释中非智库助力互学互鉴、参与全球治理的功用价值。作为峰会的重要配套活动，2018 年 7 月在京举行的中非智库论坛第七届会议，聚焦"改革开放与中非关系"，吸引了来自 45 个非洲国家的驻华使节、52 个非洲国家的政府官员及智库学者等近 400 人与会。

1. 改革开放为中非关系注入新活力

与会学者从不同视角阐释中国改革开放经验，并分析其对非洲国家的借鉴与启示价值。国务院参事方宁指出，保持社会稳定、立足国情、采取渐进式的发展和改革是中国改革开放的重要经验，对非洲发展可资借鉴。尼日利亚中国研究中心主任查尔斯·奥努奈居表示，中国的改革开放使中国和世界发生改变，给非洲带来希望，"现代化不只一条道路""一张蓝图绘到底"等理念和行动给了非洲各国启发。南非约翰内斯堡大学孔子学院外方院长墨特霍尔德·蒙耶认为，改革开放是一项伟大工程，中国减贫发展和应对债务问题的经验值得非洲国家学习借鉴。外交部部长助理陈晓东指出，中非合作走过的道路极不平凡，取得的成就有目共睹，给双方人民带来实实在在的利益。科摩罗大学汉语系主任赛伊德·玛哈穆德（Sa'id Mahmud）把中非关系快速发展归因于双方在"三观"方面的契合：平等的合作观、正确的义利观和包容的发展观。

2. "一带一路"为中非合作提供新动能

肯尼亚非洲政策研究所所长彼得·卡格万加（Peter Kagwanja）认为，中非合作是中国文明与非洲文明的互鉴，是"中国梦"与"非洲梦"的结合，习近平主席提出的"一带一路"倡议，可以帮助非洲走向繁荣。喀麦隆国际关系学院副院长史蒂芬·恩格万扎强调："中国在非洲的基础设施建设都是非洲需要的，带动了非洲的就业；中国对非投资在造价、工程设计的有效性等方面具有竞争优势。"②他认为，非洲应抓住中非合作历史机遇期，创造更加稳定的政治环境，切实推动基础设施建设，促进非洲大陆的可持续性发展。针对当前备受关注的非

---

① 王珩. 中非相互需要　加强互学互鉴——来自中非智库论坛第七届会议的声音. 光明日报，2018-09-02(8).

② 恩格万扎在中非智库论坛第七届会议中的发言。

洲债务问题,中国进出口银行副行长谢平指出,有效应对非洲债务挑战需要中非双方政府、企业和金融机构共同做出努力。埃塞俄比亚亚的斯亚贝巴大学副校长泽瑞洪·沃尔多(Zerihun Woldu Tesema)认为,中非媒体要增强沟通能力、表述水平,通过真实鲜活的报道讲述中非关系,为双方合作营造良好环境。

3. 中非合作论坛北京峰会擘画未来新愿景

中非学者认为,中非合作论坛让中非合作进入了机制化轨道,中非合作论坛北京峰会为中非朝着更高水平合作提供新路径。突尼斯战略研究所所长纳吉·贾鲁勒(Naji Jaloul)认为,中国与非洲是相互需要的,双方应加强互学互鉴。浙江师范大学非洲研究院高级研究员舒展认为,中非合作给非洲带来了启发和力量,尤其是中国创新、协调、绿色、开放、共享的新发展理念,对非洲具有重要价值。中非要相互尊重、互通互鉴,实现共同发展。与会学者建议,进一步拓展合作领域、路径、内容和方式,加强中非治理能力交流,深化治理体系改革;加深中非安全合作,建立争端解决机制,为中非可持续发展营造稳定氛围;加强对非洲基础设施领域的投资,促进非洲工业化;推动中非金融合作,促进形成更高水平的贸易和投资便利化、自由化政策;促进中非海洋经济、旅游资源开发,推进跨境电商、数字网络建设;加强中非影视文化传播合作与交流,改善传播效果;统筹城乡发展,促进农村地区能力建设;加强中非反腐合作,将更多的公共资源用于为人民谋福祉等。他们强调,应充分考虑发展的可持续性、层次性和平衡性等,加强国别研究,在制定相关政策时充分考虑非洲国家的差异性。

4. 中非智库合作应有新作为

中非智库合作是中非合作的重要组成部分。近年来,中非智库论坛等活动为中非关系营造了浓厚的学术氛围,奠定了愈加坚实的民意基础。但当前中非智库合作的规模和水平,与中非关系快速发展产生的实际需求相比还有差距。陈晓东强调,中非智库要与时俱进,结合国际和地区形势演变,聚焦合作,紧扣中非关系与合作发展重点,积极建言献策,努力提出具有针对性、务实管用的思路和建议;积极发声,理直气壮地唱响中非关系的光明前景,打造行之有效的中非话语体系,同时敢于并善于回应外界对中非合作的不实杂音,正本清源。浙江师范大学非洲研究院院长刘鸿武指出,中非智库论坛搭建了双方思想交流的平台,应本着"双向、平衡、互动"原则,努力为中非关系可持续发展创造良好的舆论环境和智力支持。与会学者建议,加强中非智库合作的战略性和计划性、思想性与学术性,合作开展学术研究、人才培养、翻译出版、影视传媒等项目,共同建设中非学术共同体,为推动建设新型国际关系、构建人类命运共同体贡献更多的中非智慧。

(四)强化思想交流促进智识共享

2013年3月,习近平主席在坦桑尼亚达累斯萨拉姆发表演讲时指出,中非从来都是命运共同体。2018年9月,习近平主席在中非合作论坛北京峰会上,强调中非要携起手来,共同打造责任共担、合作共赢、幸福共享、文化共兴、安全共筑、和谐共生的中非命运共同体。中非构建新型国际关系和人类命运共同体的重要前提和价值观基础,是实现思想共建、知识共享和文化共通。因为从某种意义上说,思想决定命运,知识决定未来。2015年9月,习近平主席在联合国发展峰会上宣布设立中国国际发展知识中心,致力于中国发展知识的研究和国际交流,为促进国际发展合作和落实2030年可持续发展议程贡献中国发展智慧和可持续发展方案,可见知识共享之重要。

在今日中非合作领域,中国不仅需要重视和维护与非洲国家的"经济发展权",也需要重视和维护非洲国家的"思想发展权"和"话语发展权",加强与非洲国家思想智库的合作,提供维护双方权益的思想智慧与知识产品。正如当年中国在改革开放之初推动了一场思想解放运动一样,今日的非洲国家也需要一场新的思想解放运动,即需要结合非洲实际情况,认真思考属于非洲自己的发展道路,探寻非洲问题的非洲化解决,需要努力培养现代性的爱国精神,弘扬将国家利益与民族利益放在首位的国家文化理念,努力在全国范围内形成齐心协力、命运共担的国家意志。只要非洲国家努力振兴本国本民族的思想文化,努力提升本土知识分子独立观察与思考自己国家发展道路的能力,坚持不懈地去寻求非洲问题的非洲化解决方案,非洲人民就一定能探寻到解决非洲问题的"非洲道路""非洲模式"与"非洲思想"。①

授人以鱼,不如授人以渔。建构"中非命运共同体"对提升中非双方的思想自主性与软实力具有特殊的意义。基于五年对加纳、尼日利亚、赞比亚、马拉维、肯尼亚、坦桑尼亚、埃塞俄比亚的中国工农业投资项目进行调研后发现,在非洲当地市场具有优势的本地公司可以更迅速将来自中国和其他国家的专业知识融入他们的业务中;在劳工培训方面,语言障碍、不成文经验、文化环境等特征会影响中非双方技能交流的效率,但更重要的是商业模式与市场决定了企业之间知识传播的方式与效果。②

---

① 刘鸿武.国家主权、思想自立与非洲发展.西亚非洲,2012(1):4-17.
② 参考与唐晓阳在"非洲研究小组"公众号上的文章《中国投资是否能给非洲带来知识与技能》。

中非应重视加强对减贫合作的实践总结与理论研究，中非发展合作实践中包含着丰富的知识创造与创新，需要从中非丰富的发展合作实践中提炼出系统化的中非发展知识体系，重视对"中非发展思想"的阐释传播。通过覆盖全球的国别区域研究创新学科建设，在广泛而充分地继承开发各国、各民族、各区域的传统知识与现代智慧的基础之上，通过平等对话、多元交流，把人类的知识、思想、文化链接汇通起来，并加以综合创新，创造出超越个别区域、个别国家范畴的真正具有普适性的人类共建、共通、共享的知识、思想与文化，从而让人类以更加理性、主动、积极的方式，采取共同行动，塑造共同利益，担当共同命运。[①]

（五）创新培养方式提升智治水平

时任国家副主席习近平出席 2010 年 11 月由浙江师范大学非洲研究院在南非主办的"纪念中非合作论坛成立十周年国际学术研讨会"时指出，"我们的非洲问题研究急需培养后备人才。我们国家应该加强在这方面的支持"。

1. 供给侧需求：中非合作急需"智治"人才

《光明日报》曾发表中国高等教育学会会长瞿振元的观点：高校智库要出思想、出人才，更要育人。一语道出高校智库要承担"人才培养"这一重要的使命担当。因为"出思想"的是人才，"出人才"就是在履行战略研究、政策建言、舆论引导、人才培养和公共外交等职能过程中造就智库人才，"育人"就是发挥高校优势，努力培养复合型智库人才，为中国和非洲智库建设提供有力的人才保障。

首先，加强智库人才培养是对国家重大战略新要求的回应。近年来，"一带一路"倡议、"走出去"等重大命题的提出，加快了中国全方位对外开放的步伐，为中国深度参与全球治理开辟了新视野、搭建了新舞台。这对中国和非洲智库人才培养提出了新的更高的要求，针对特定国家或者区域的人文、地理、政治、经济、社会、军事等进行的全面深入研究的区域国别研究智库人才的重要性就突显出来。非洲有 50 多个政治经济文化发展特征迥异的国家，如果没有相关人才做深入研究，就不能做出正确判断与决策，容易造成被动。因此，培养区域国别方面的智库人才，有助于丰富相关国家的细节认知和全面认识，科学研判对外合作事务的形势和条件，有利于开展人文交流和公共外交，直接服务于中国特色大国外交和民心相通战略，服务于改革开放和中国特色社会主义现代化事业，特别是"一带一路"建设和全球治理的开放发展大局，为全球治理和合作

---

① 刘鸿武. 命运共同体视域下中非共享知识体系的建构. 西亚非洲, 2018(5)：42-60.

共赢的新型国际关系贡献力量。

其次，加强智库人才培养是对社会经济发展新需求的遵循。高校智库要服务社会经济发展，关键在人。自 2003 年以后，中国"走出去"战略（又称国际化经营战略）取得显著进展，对于我国转移产能，调整产业结构，获取先进技术，突破贸易壁垒等具有重要意义。实践表明，发展社会经济、帮助企业顺利"走出去"，需要政府、智库、行业协会和中介机构、企业各方从各自不同的角度，相互配合，共同努力。智库可从三方面发挥作用：一是结合地方经济社会发展实际，为政府提供高效优质的咨询服务，助力社会和区域经济对接和发展；二是为企业提供专业的经济、金融、法律、安全方面的前瞻性的意见建议，帮助企业解决遇到的各种国际、国内障碍；三是为政府和企业开展相关培训，通过政策解读、案例分析、实地调研等方式，培训人员，化解和规避风险，提升国际竞争力。这些都对智库人才服务社会的能力提出了新的更高的要求。

第三，加强智库人才培养是对高校"双一流"建设新潮流的顺应。一流学科孕育和支撑一流的智库建设，一流智库促进和引领一流学科发展，二者的良性互动是建设一流大学的重要前提。双一流建设和高校智库建设要应对的挑战同样是双重的：要在国内同行中脱颖而出，更要在与众多外国同行的竞争中站稳脚跟，比的是"特、专、新、优"，即有特色、专业化、有创新理念、能够出高质量知识产品；靠的是一流研究人员对全球性、战略性、前瞻性和理论性问题的精准分析和可行建议。说到底，这是各国高端人才之间的激烈较量。因此，"双一流"建设和高校智库建设，都需要人才先行。高校智库是哲学社会科学发展的主力军，必须认真贯彻落实习近平总书记重要讲话精神，在树牢理想信念、塑造良好品质、培养科学精神等方面下功夫，不断强化智库的育人功能。

2.供给侧受阻：中非智治人才培养面临危机

理想的高校智库人才愿景应该是这样的：理论功底扎实，熟悉世情国情，知己知彼，有真知灼见；专业化程度高，能运用各种科学分析工具，善于开展跨学科研究，创新能力强；具备全球视野和文化理解力，有强烈的国家意识、国际责任感和奉献精神，能够掌握国际话语权；在宽松自由的环境中，他们平等、活跃地交流、辩论、碰撞和传播思想。由此可见高校智库人才培养的目标是：培养有较好地综合知识和实践能力的，具有坚定的政治素养、娴熟的政策研究素养、深厚的学术素养、广泛的合作素养和良好的道德素养的，能正确认识并处理基础研究和应用研究、理论研究与对策研究、学术导向与问题导向关系的复合型智库人才。

但现实与理想还是有不小的差距，与时代的需要与召唤相比，我国"非洲学"专业人才培养起步晚，面临无系统完整的课程教学体系、无学科学位点支撑、无专业师资的"三无"困境，远不能适应国家和区域发展的战略需求。

其一是智库人才"不够用""不适用""不被用"。虽然中国高校聚集了80%以上的社科力量、近半数的两院院士、60%的"千人计划"入选者，以及规模庞大的研究生、本科生队伍，为智库人才的数量打下了好基础，但从质量上看，能达到高标准严要求的、具备《中国智库》主编于今所谓的"五懂十要素"（即"懂国情民意、懂政党、懂政治、懂政府、懂政策"，"责任、童心、眼界、学识、知政、多智、谋划、预测、警示、使命"等十要素）的智库人才，实在是少而又少，无法满足"政府信得过、建议用得上、咨询靠得住"的期待。

其二是人才培养无顶层设计、无学科体系、无课程标准。智库人才既是专家，又是杂家。高校智库必须形成"一专多能"的复合型团队，不仅要有专业的智库学者，还需要公共传播、社会交往、会议筹办等方面的复合型人才。但我国教育高度专业化的教育模式有利于培养"专才"，显然不利于培养"通才"。更有一些服务于国家战略的新兴学科、交叉学科，得不到应有的重视，在传统学科氛围中处于"名不正言不顺""左右为难"的尴尬境地。以"非洲学"为例，中非合作是国家战略，非洲是产能合作的重点区域，近年国内外对熟悉非洲事务的人才需求急剧增长。"非洲学"在西方国家已有百年以上的传统，设有"非洲学"专业学位，但国内非洲研究与非洲学人才培养却远远跟不上形势发展的需要，分散在世界历史、国际政治学、国际关系学等学科之下，处于三级学科地位，学科地位很低，长期以来没有形成课程与教学体系，极大地制约了"非洲学"人才培养。

其三是智库人才转型难、培养难、评价难。智库在我国还是新生事物，关于智库的基本定位、主要特征、价值取向、发展模式、运行机制、人才培养、合作交流、发展趋势等，都还在探索中，也没有相对成熟的培养方案和模式。智库人才要有较高的学术素养和政策研究素养，能够综合运用社会科学和自然科学的理论知识，熟悉政府日常运作和政策制定。传统的教育模式不适应智库型人才培养的现状，表现在重分化轻综合、重学术轻思想、重知识轻智能、重理论轻实践、重历史轻现实、重国内轻国际等方面。这导致高校智库人才的学科结构相对比较单一，多学科交叉研究力度不够，很多研究人员对政府的运作不十分清楚，研究过于偏重学理，提出的政策咨询缺乏针对性和可操作性。面对智库人才的转型要求，现职高校科研人员无论从认知层面还是实践层面，都需要较长的时间来适应和转换。同时，对智库人才、智库成果的评价模式也亟待改革创新。这是高校智库建设的重点，也是难点。

3. 结构性改革：创新中非智库人才培养体系

当前，我国经济社会发展及其内外环境正发生着深刻而广泛的变化，国家实行供给侧结构性改革，也对高等教育改革、"双一流"建设和高校智库人才培养提出了新要求。高校智库要从三个方面进行结构性改革。

一是提升基础理论研究与应用对策研究的结合力，增加思想创新的有效供给。注重研究能力提升，以"当代非洲发展问题和中非合作关系"为主攻方向，深入开展基础理论研究和应用对策研究，集对非学术研究、人才培养、政策咨询、汉语推广、社会服务、国际交流诸功能为一体，做到以研究促进教学，以学科促进智库，以科研促进育人，以学术研究和人才培养成果服务国家外交重大战略需求、推进新时期中非全方位合作。鼓励师生积极参与平台建设，资助师生赴非洲就业创业、实地调研，有效提升师生的涉非问题调查研究能力、参与国际事务的调查研究能力和服务公共外交活动的组织管理能力，促进二轨外交，提升智库人才的国际化水平。

二是提升智库建设与学科建设的创新力，为服务国家战略、社会发展提供有效的人才供给和智力支撑；加强课程改革，建设非洲学相关课程，编撰相关教材。开发包含五个模块的核心课程：非洲研究理论与方法、非洲国家政治与国际关系、非洲经济发展与资源环境、非洲历史文化与民族宗教、非洲教育科技与社会发展。通过"旋转门"机制聘请欧美专家、非洲国家学者为师生授课、互动交流。通过多元化课程体系的学习，学生政策研究能力得到培养的同时，也收获了跨学科的知识储备。依托孔子学院、中非智库论坛、"中非智库 10＋10 合作伙伴计划"、《非洲地区发展报告》、《非洲研究》学术期刊等载体和平台，促进师生对知识的应用、课题的参与，培养师生的社会参与感、责任意识和人文关怀。

三是提升课程与教学实践的协同力，促进高校与政府、企业、行业、国内外同类机构等的有序对接。探索实施"五三制"智库人才培养体系，即构建本硕博"三位一体"的"非洲学"特色课程体系，形成协同领域广泛、协同主体多元和协同路径多样等"三个协同"的教学实践体系，促成课程体系、教学体系和实践体系的"三项改革"，实现人才培养的理念创新、内容创新、机制创新"三个创新"，达到智库课程育人、智库平台育人和智库成果育人的"三育人"效果。

此外，还要大力加强智库人才培养的宣传工作，吸引更多优秀生源报考智库研究生；加强职前引导、职中提升和职后培训，形成全过程、全方位的专业化智库人才培养链；创新机制体制，用制度引领鼓励师生学得经世致用的知识技能，积极投身哲学社会科学和智库建设事业，展现新一代知识分子的家国情怀和使命担当，促进中非知识共享，助力构建更加紧密的中非命运共同体。

七、展望：中非智库合作推动中非关系行稳致远

智库作为国家思想力量的贡献者，其影响力在不断扩展，成为各国在国际舞台上话语权构建的重要力量，建设高水平、国际化的智库已成为一种全球化趋势。非洲智库在非洲一体化与和平发展事务中扮演着关键性角色，不仅影响着非洲大陆内部的各项重大政策动向，而且影响着非洲舆情动态以及外部关系。近年来，中非智库合作初见成效，但在推动双方思想沟通与政策交流、提升中非国际话语权方面还存在巨大的空间。为此，研究和分析非洲智库发展的现状、特点与趋势，探索中非智库协同创新机制，发挥其对中非关系的思想与智力驱动作用，具有重要的理论和实践意义。

（一）新时代非洲智库发展现状分析

1.非洲智库发展概况

非洲智库发展起步较晚。20 世纪 60 年代，一些非洲智库开始成立，如尼日利亚国际问题研究所成立于 1961 年，塞内加尔的非洲经济发展和计划所（AIEDP）成立于 1962 年。20 世纪 90 年代以后，大量民间智库纷纷建立。非洲智库包括政府创办的研究机构，也包括大量的民间机构，一般都是非营利组织，其中相当一部分属于非政府组织。[①] 其发展大致经历了三个阶段。[②]

近年非洲国家总体延续了趋稳向好的局势，这为非洲智库的发展营造了良好的环境。宾夕法尼亚大学智库项目组 2020 年 1 月 27 日发布的《全球智库发展报告 2019》[③]显示，2019 年非洲智库数量总体保持稳定，总数为 699 家，占全球智库总数的 8.48％。其中撒哈拉以南非洲智库 612 家，北非智库 87 家，分别占全球智库数量的 7.42％和 1.05％。在发展历程中，非洲智库的自主性不断加强，质量和全球影响力有所提升。

非洲智库的分布极不均衡。如表 4 所示，知名智库主要集中于经济环境和

---

① 王珩. 非洲智库发展及中非智库合作. 光明日报，2016-08-24(16).

② 王珩，于桂章. 非洲智库发展与新时代中非智库合作. 浙江师范大学学报（社会科学版），2019，44(3)：62-68.

③ James G. McGann. *2019 Global Go To Think Tank Index Report*. Philadelphia：University of Pennsylvania，2020：40.

政治环境较好的国家,如南非、肯尼亚、尼日利亚等国。智库数量在 50 家以上的国家包括南非、肯尼亚和尼日利亚,三国共有 199 家智库,占非洲智库总数的 28.47％,与 2019 年相比保持不变。智库数量在 15 家以上的国家共 15 个,其智库总数为 300 多家。智库数量在 15 家及以下的国家多达 34 个,总数接近 200 家。赤道几内亚、西撒哈拉、科摩罗、吉布提、圣多美和普林西比等国家还没有智库。

表 4　2019 年非洲各国智库数量一览

国家	智库数量（家）	国家	智库数量（家）
南非	92	卢旺达	8
肯尼亚	56	苏丹	8
尼日利亚	51	冈比亚	6
埃及	39	索马里	6
加纳	38	厄立特里亚	5
乌干达	32	莫桑比克	5
埃塞俄比亚	26	斯威士兰	5
津巴布韦	26	多哥	5
喀麦隆	22	安哥拉	4
突尼斯	21	布隆迪	4
坦桑尼亚	18	莱索托	4
贝宁	17	利比里亚	4
塞内加尔	17	马达加斯加	4
布基纳法索	16	尼日尔	4
纳米比亚	16	塞舌尔	4
马拉维	15	乍得	3
摩洛哥	15	刚果共和国	3
赞比亚	14	利比亚	3
博茨瓦纳	13	佛得角	2
科特迪瓦	13	中非共和国	2
马里	11	加蓬	2
毛里求斯	10	几内亚	2

续表

国家	智库数量(家)	国家	智库数量(家)
阿尔及利亚	9	塞拉利昂	2
刚果民主共和国	8	几内亚比绍	1
毛里塔尼亚	8	——	——

资料来源:*2019 Global Go To Think Tank Index Report*. Philadelphia:University of Pennsylvania,2020:42-44.

非洲智库研究领域广泛,主要涉及国防和国家安全、国内经济政策、教育政策、能源和资源、环保政策、外交政策和国际事务、国内卫生政策、全球公共卫生政策、国际发展、国际经济、科技政策、社会政策、食品安全和水安全等,形成了全方位的覆盖,并在食品安全、水安全和国内经济政策领域表现突出。如最佳食品安全智库、最佳水安全智库和最佳国内经济政策智库三个排行榜,是非洲智库入榜数量最多的榜单,分别入选 31 家、15 家和 14 家,显示出非洲国家对食品与水安全的重视以及其致力于发展国内经济的决心。2016 年首次上榜全球最佳教育政策智库的伊曼尼教育中心(加纳)和东部和南部非洲社会科学研究组织(OSSREA)(埃塞俄比亚),2019 年继续上榜,排名有所上升,分别列 53 和57 位。

从维护政治稳定到追求经济发展,从聚焦国内时政到关注国际要闻,非洲智库的研究对象不断发展拓展,逐渐建构起研究网络。非洲技术政策研究网络(ATPS)[①]就是一个由研究人员、政策制定者、私营部门行动者和民间社会组成的跨学科网络,旨在提高非洲科学、技术和创新系统研究和决策的质量,促进非洲的可持续发展,现已在五大洲 50 多个国家拥有 1500 多个成员和 3000 多个利益相关者,并在全球建立了机构伙伴关系。总部位于南非的非洲争端解决中心(ACCORD),其网页设有 20 种不同语言,版面分类清晰,相关文件都可在此查阅,广泛的传播网络使智库思想传播更为迅捷。

非洲智库的全球影响力持续增强。从智库的横向比较来看,2019 年非洲智库质量和全球影响力总体保持稳定。在全球智库前 176 位中,非洲智库占 16席,占 9.1%(见表 5),数量与 2018 年基本持平,其中南非智库共入选 6 家。

---

① 来自 African Technology Policy Studies Network 官网 https://atpsnet.org/。

表5 2019年全球顶级智库中的非洲智库

序号	智库名称	所在国家	全球排名
1	非洲争端解决中心（ACCORD）	南非	35
2	金字塔政治和战略研究中心（ACPSS）	埃及	58
3	非洲经济研究联合会（AERC）	肯尼亚	68
4	食品、农业和自然资源政策分析网络（FANRPAN）	南非	71
5	南非国际问题研究所（SAIIA）	南非	84
6	解决冲突中心（CCR）	南非	86
7	非洲技术政策研究网络（ATPS）	肯尼亚	103
8	伊曼尼政策和教育中心	加纳	113
9	安全问题研究所（ISS）	南非	116
10	自由市场基金会（FMF）	南非	124
11	非洲社会科学研究发展委员会（CODESRIA）	塞内加尔	126
12	肯尼亚公共政策分析研究所（KIPPRA）	肯尼亚	127
13	经济政策研究中心（EPRC）	乌干达	141
14	埃塞俄比亚发展研究所（EDRI）	埃塞俄比亚	162
15	东部和南部非洲社会科学研究组织（OSSREA）	埃塞俄比亚	164
16	统计、社会和经济研究所（ISSER）	加纳	170

资料来源：*2019 Global Go To Think Tank Index Report*，Philadelphia：University of Pennsylvania，2020：65-71.

在领域影响力方面，15个研究领域的全球最佳智库排行榜中，非洲智库总计入榜111次，其中南非智库共入榜21次，其次是肯尼亚智库共入榜19次、加纳智库共入选9次，埃塞俄比亚、乌干达智库各入选8次。入榜次数最多的非洲智库是埃塞俄比亚的东部和南部非洲社会科学研究组织，共入选教育政策、国内卫生政策、全球公共卫生政策、国际经济和社会政策等5个最佳智库排行榜。其次是肯尼亚的非洲技术政策研究网络，入选国内经济政策、国内卫生政策、国际发展、科技政策等4个最佳智库排行榜，加纳的加纳民主发展中心（CDD）和肯尼亚的非洲经济研究联合会（AERC）分别入选3次。这说明部分非洲智库在这些研究领域已具备一定的国际影响力。

在活动数量和质量方面，2019年非洲智库积极举办国际会议，致力打造一流品牌效应。3月30日，为开展名为"非殖民化、学科和大学"的五年研究合作，麦克雷雷社会研究所（MISR）主办了相关研讨会，会议讨论了研究议程，并为博士生和博士后规划未来五年的培训讲习班和研究所。① 9 月 13 日，非洲经济转型中心（ACET）与新加坡国立大学、微软中东和非洲慈善机构、托尼布莱尔全球变化研究所和高等教育部合作，在南非约翰内斯堡举行"第四次工业革命（4IR）对非洲劳动力的权利剥夺"政策圆桌会议，深刻探讨了撒哈拉以南非洲国家如何为未来创造正确的技能经济。② 10 月 25 日，首届中国—南苏丹智库论坛在南苏丹首都朱巴成功举行，论坛系统梳理了中非关系 70 年的合作历程，在政治、治理和经济三大关键领域达成诸多共识。③

非洲智库探索发展道路的自主性进一步增强。2014 年第一届非洲智库峰会在南非比勒陀利亚成功举办之后，分别在埃塞俄比亚、津巴布韦、美国、摩洛哥举行了第二届到第五届会议，加速了非洲智库的转型升级。第六届非洲智库峰会由肯尼亚公共政策研究与分析研究所（KIPPRA）主办，旨在为智囊团提出战略和可采取行动的建议，以便在"非盟 2063 年议程"和可持续发展目标所反映的非洲愿景的范围内，为应对政策执行方面的挑战做出有意义的贡献，分享关于确保成功执行政策和战略的知识与国别案例研究。会议展示了非洲智库强有力的组织能力，推动了非洲智库间的合作走向新阶段。此外，塔博·姆贝基基金会、多斯桑托斯基金会、尼雷尔基金会等智库通过政治家自身的影响力和相关学者的力量，共同推动了非洲本土知识的生产，促进了非洲与外部的交流，培养了人才，为非洲发展提供了更多智力支持。

为了促进非洲的独立研究，非洲较有影响力的政治家纷纷成立以自己的名字命名的基金会，如塔博·姆贝基基金会、多斯桑托斯基金会等。2019 年 10 月 16 日，尼雷尔基金会执行主任约瑟夫·布提库出席浙江师范大学非洲研究院"尼雷尔纪念日 20 周年暨中坦建交 55 周年学术月"活动，分享了尼雷尔的重要思想。这些智库通过政治家自身的影响力和相关学者的研究能力，共同推动了非洲本土知识的生产，促进了非洲与外部的交流，培养了非洲智库人才，为非洲智库的发展提供了更多智力支持。

---

① Makerere Institute of Social Research. *MISR Organises Inaugural Meeting of the Global Supra-National Research Collaboration on "Decolonisation, the Disciplines and the University"*, March 30-31, 2019. （2019-03-31）. https://misr. mak. ac. ug/news/misr-organises-inaugural-meeting-of-the-global-supra-national-research-collaboration-on.

② African Center for Economic Transformation. *Final Roundtable Meeting on Right-skilling the Workforce in Africa for Industry* 4. 0. （2019-09-13）. https://acetforafrica. org/event/final-roundtable-meeting-on-right-skilling-the-workforce-in-africa-for-industry-4-0/.

③ 浙江师范大学非洲研究院. 刘鸿武院长率团访问南苏丹首届中国—南苏丹智库论坛成功举行. （2019-10-28）. http://ias. zjnu. cn'1028/c6141a304276/page. htm.

2. 非洲智库的发展特点

非洲智库既具有智库的普遍特点,又具有自身的鲜明特点。[①] 普遍特点包括国际化、网络化和综合化等,具体体现在以下几个方面。

国际化。包括经营理念的国际化、研究人员的国际化、研究视角的区域化和智库业务的多元化等。通过不断引入国际资源、加强国际合作,将"知"与"智"放到国际社会中进行推敲,以提高智库研究成果的质量,提升智库的国际影响。跨国研究、国际协同活动日益增多,科研项目的国际化倾向突出。有的智库开始尝到海外设立分支机构,构建面向全球的研究网络,真正起到了增进交流、形成网络、助推公共外交的作用。

网络化。非洲智库的网络化路径主要有:加强网站建设,及时通过网络公布、宣传最新学术思想、观点、研究成果和政策主张;利用网络视频开展研讨会;通过网络进行民意调查、发动相关政策讨论,为智库研究提供新的思想源泉;建立网络化研究平台和数据库,借助网络塑造公共舆论和政治议程,进而影响政府政策。肯尼亚非洲技术政策研究网络、埃塞俄比亚的非洲东部和南部社会科学研究组织、塞内加尔非洲社会科学研究发展委员会、埃及解放数据项目等入围全球"最善于利用互联网"智库和项目,南非非洲争端解决中心、安全研究所、国际问题研究所、开罗区域战略中心、非洲政策和教育中心以及肯尼亚公共政策分析研究所则是"使用社交网络最佳智库"。在自建网络方面,肯尼亚非洲技术政策研究网络,加纳的 IMAN 政策和教育中心和南非的几家知名智库都走在国际前沿。

综合化。非洲智库正朝研究领域全方位、跨学科,研究选题综合化的方向发展,涉及多个领域的研究项目由不同学科、不同专长的学者采取各种集体研究的方法来完成。如南非自由市场基金会,坚持综合性的发展路线,将"多样性"作为智库发展的一项基本原则,研究领域没有明确界限,包括农业、文化和制度、犯罪问题、教育、对外援助、医疗、信息技术、法律、货币、产权、烟草等。

非洲智库的发展还有其自身特点。

首先,非洲智库参与全球治理的程度越来越深,在推动非洲经济发展与地区一体化进程、解决非洲各国面临的共同问题方面,发挥着日益明显的作用。随着非洲智库影响力的逐步提升,其对政策制定者、媒体从业人员和精英学者的吸引力也越来越大。近年来,一些与非洲国家繁荣发展密切相关的社会政策

---

① 王珩.非洲智库发展及中非智库合作.光明日报,2016-08-24(16).

议题逐渐被纳入智库的研究范围，并且开始占据越来越重要的地位。因此，非洲智库的研究领域已从传统的内政、外交、军事等政治性议题扩展到经济、科技、劳工、教育、人口、资源、犯罪、生态、安全、医疗、土地改革、服务等领域，涉及经济社会发展的方方面面。

其次，非洲智库受西方影响较大，许多研究人员有西方教育背景，与西方研究机构的交流也比较频繁。一些非洲智库，尤其是民间智库受西方国家和非政府组织的资金资助，甚至有的就是它们的分支机构。如肯尼亚的非洲经济研究会就是由加拿大、美国、英国、法国的发展援助机构以及世界银行、当时的欧共体和民间基金会协商资助成立的。索罗斯基金会、洛克菲勒基金会等西方非政府组织在非洲都有分支机构。由于西方多年的经济扶持与思想渗透，非洲智库在意识形态、议程设置等方面受西方影响较大，造成中非在人权、民主、治理等方面的观念存在较大分歧，甚至可能构成阻碍中非关系深化发展的隐蔽高墙。

最后，非洲智库正以多种方式参与中非关系建设，对中非关系的潜在影响力日益显现。

(二)中非智库合作面临机遇与挑战

中国国家主席习近平在 2018 年中非合作论坛北京峰会上提出中非要携手打造"中非命运共同体"，为推动和构建人类命运共同体树立典范，标志着中非关系走向新的历史高度，迈入新时代。会议提出在未来三年和今后一段时间重点实施的对非"八项行动"，为中非合作的未来走向做了宏伟而具体的规划蓝图。峰会将对中非智库建设、学者与智库的交流的重视程度再次提升。在引领未来中非合作关系"八项行动"的第七条"实施人文交流行动"中，提出要设立"中国非洲研究院"，同非方深化文明互鉴；继续深入强化中非智库合作的民间固定机制——"中非智库论坛"，同时建立中国和非洲智库间的合作网络，在中非学者联合调研以及学术交流上加强机制建设，打造中非联合研究交流计划增强版；鼓励中非智库与学者深入交流，打造中非媒体合作网络，全力打造中非文明互鉴"升级版"，奏响人文交流"新乐章"。中非合作论坛北京峰会、约翰内斯堡峰会均对此予以高度关注，并出台文件，为中非智库合作交流提供了机制保障。

"一带一路"倡议为中非智库合作带来新契机。2017 年 5 月"一带一路"国际合作高峰论坛强调"发挥智库作用，建设好智库联盟和合作网络"，为新时代中非合作、"一带一路"倡议提供思想保障和智力支持。截至 2018 年 9 月，中国已与非洲 37 国以及非洲联盟成功签署共建"一带一路"政府间谅解备忘录。[1] 2016 年国家主席习近平出席丝路国际论坛开幕式,强调"智力先行,强化智库的支撑引领作用"。2017 年国家主席习近平在"一带一路"国际合作高峰论坛发表讲话,将非洲定位为"一带一路"建设的重点地区,同时强调"发挥智库作用,建设好智库联盟和合作网络"。

中非合作具有建构全球治理新模式的思想意义。中国与非洲作为世界史上的两大文明区域,各自都有悠久的知识传统与独特的思想遗产。中非合作的实践积累,也已经为中非的当代思想复兴创造出越来越坚实的基础。经过六届中非合作论坛 18 年的探索,中非合作正在为解决全球发展问题、安全问题、治理问题提供新方案、新智慧。[2] 今天的中非关系已经成为发展中国家合作共赢的成功典范。国际研究表明,近年中国对非洲经济增长的贡献率达到 25% 以上,在有些国家甚至更高。[3] 正在快速推进的中非发展合作及丰富实践,是中非双方的学术思想界摆脱对西方原创知识与思想的长期依赖趋随,创造出自己的跨文化元话语体系并走向世界的一个特殊机会。

当前,探索建设中非智库合作的机制化平台工作已有成效,但总体而言还有较大提升空间,表现为交流程度不够深入、合作形式不够多元、合作成效不够明显等问题与不足。

笔者组织的一项调研显示,来华非洲智库学员对中非智库合作现状有较为中肯的评价。104 人中有 63 人认为中国外交部中非智库 10+10 合作伙伴计划"非常好,极大地促进了中非智库之间的合作与交流",占 60.58%,26 位学者认为该计划"比较好,但有些方面还值得改进",比如:扩大参与计划的智库范围,增加智库的数量,明确合作标准及范围,消除语言障碍,对中非智库的参与贡献度和方式进行评估,加强非洲政府的参与程度,建立中非智库的数据和研究总部,在每次智库会议前要列好大纲,希望中国智库帮助非洲国家改进智库,与会人必须经过严格筛选,双方共同就中非感兴趣的议题进行研讨,给学者更多发言和讨论的时间,要有好的翻译,参与人员中减少官员数量,建立非洲智库识别机制和中非智库共享机制,等等。说明该机制得到大多数非洲学者的认可。还有 6 位学者(占 5.77%)认为,中非智库合作与交流效果一般,还有待深入,另有

---

① 邱海峰. 中国与非洲 37 国以及非洲联盟成功签署共建"一带一路"政府间谅解备忘录. 人民日报海外版,2018-09-08.

② 张瑾. 汇集知识动力共谋合作大计. 中国社会科学报,2016-06-02(5).

③ 刘鸿武. 人文交流与知识共享将为中非合作保驾护航//中国—南非人文交流发展报告(2016—2017). 杭州:浙江人民出版社,2018:1-11.

1 位学者认为很不理想,亟须改变现状,同时还有 5 位学者对此表示不太了解,看来对中非智库合作机制与平台的宣传工作也有待进一步加强。

智库班成员是来自非洲政府机关或智库机构的负责人或骨干成员,他们对中国及中非关系的认知代表了大多数非洲知识精英的看法,值得引起高度重视。从调研结果看,情况不容乐观。从表 6 可见一斑。

表 6 非洲来华非洲智库学员对中国对非政策的看法

看法	计数	占比
中国政府和民间完全遵循这一原则来帮助非洲国家发展	45	47.4%
中国政府遵循了这一原则,民间没有完全落实	24	25.3%
中非民间交往遵循了这一原则,但政府没有做到	1	1.1%
不了解这一原则	22	23.2%
其他评价	3	3.2%

对于中国对非政策,近半数人认为中国政府和民间完全遵循这一原则来帮助非洲国家发展,但有四分之一智库学者认为中非民间交往没有完全落实"真实亲诚"对非政策,近四分之一学者不了解中国对非政策原则。有一定交流基础的学界精英尚且是这样,更不要说普罗大众了。"非洲智库对中国的疑虑和误解要引起我国的重视,这是中国在对非进行政策宣介时需要重点诠释的。"[1]因此,加强中非民间交往,扩大对中国对非洲政策的宣传和解读,是当务之急。只有有效地引导非洲公共舆论,才能真正树立中国负责任大国的良好国际形象。一位来自马拉维的学者认为中国不仅应重视中非政府层面的交往,还应该注重智库、项目层面的交流。来自几内亚等非洲法语国家的学者认为非洲法语国家尚未得到中国应有的关注、重视与支持。

中非智库发展时间较短,双方的协同创新机制建立还处于初探阶段,不足和问题在所难免。具体表现为:协同规划性不强,协同主体较为单一,目前中非智库主要是高校和科研院所之间的协同,与政府、企业、行业等的合作交流较为缺乏;协同领域不够广泛,双方主要在科学研究、学术交流方面开展合作,而对人才培养、学科交融、产学研等的协同明显不够;协同平台较为薄弱,项目少,资源缺,联合成果较少,影响力也有待提升;协同支撑不力,经费投入不足,制度引

① 周玫瑾. 非洲智库对新时代中国方案的认知及其对中非治国理政经验交流的启示. 国外社会科学,2018(5):118-126.

领欠缺,导致没有中非智库协同创新的良好氛围。①

总体而言中非智库在推动双方思想沟通与政策交流、提升中非国际话语权方面还存在巨大的空间,具体表现为交流程度不够深入、合作形式不够多元、合作成效不够明显等。为促进中非智库协同创新,推进智库建设,提升第三世界国家的软实力,中非双方智库应加强理论创新,明晰智库定位;促进内容创新,丰富协同领域;开展形式创新,拓展协同平台;实现制度创新,提供中非智库协同创新的有力支撑,为实现中非合作发展而共同努力。

(三)加强中非智库合作的对策建议

中非智库交流合作,意义重大,前景广阔,但也任重道远。中非智库及相关学者如何把握时代脉搏,更好地服务中非关系发展,是当前双方共同面对的重要课题。

1. 提升认识,加强战略性和计划性

要强化对非洲思想智库的研究,深化认识,了解其发展趋势,把握非洲知识精英成长的历史背景和现状,从而有针对性地推进中非智库合作交流。根据中非合作论坛北京峰会成果之一的国家对非政策文件,进行战略规划部署,邀请相关智库、专家研讨行动方案,出台中非智库合作三年规划和实施细则。要充分发挥双方智库职能,共同致力于中非关系战略研究、政策建言、舆论引导、人才培养和公共外交,以全球视野、非洲情怀和中国特色,统筹规划中非智库合作,扩大交流,提升智库对中非关系可持续发展、维护中国在非洲日益增长的利益的贡献力。②

中非智库可从以下方面做努力:一是应该既不迷信西方的思想,但又对国际流行话语与知识传统有充分的了解。二是应该从中非双方自身历史与现实经验的系统总结中出新的知识体系与价值理念。三是对中非双方的现状与未来做出更具历史眼光的战略把握,从而形成新的知识形态、思想体系及其话语优势。四是中非双方需要相互汲取"非洲智慧"与"中国智慧",在发展合作的实践过程中,共同去呈现"中国思想"与"非洲思想"的独特价值。③ 建议中非双方的高校学校、学术机构、思想智库在如下方面继续努力:第一,在中非双方建构实体性研究对方的学术机构并争取稳定的多方资金投入。第二,培养起一批专

① 王珩,王学军. 中非智库协同创新机制探索. 非洲研究,2015(1):255-266,289-290.
② 王珩,于桂章. 谱写中非智库合作新篇章. 中国社会科学报,2018-09-13(5).
③ 刘鸿武. 中国—南非人文交流发展报告(2016—2017). 杭州:浙江人民出版社,2018:6.

门化的、长期致力于中国和非洲问题研究事业的人才队伍，这些人需要具有长期或多次在非洲国家和中国访问、考察、调研的经历，熟悉中非双方的民情，在当地学习本土语言，感受当地社会与文化。可与国家汉办赴非汉语教师、志愿者的选派结合起来。第三，逐渐建设好一批非洲专业图书资料中心、专业化的非洲博物馆、非洲图像影视中心、非洲网络数据库。①

2.加强研究，增进互动性和针对性

非洲智库是非洲知识精英聚集的平台，非洲智库的发展有其自身独有的时代特点，加强对非洲智库的研究，可以增进对非洲知识分子与政治社会思想的认识和理解，把握其发展趋势与变化动态，从而更方便地促进中非智库合作，促进中非学者更好地沟通。要更有针对性地对中非智库合作的具体方向和措施进行细致规划，完善中非智库合作的战略规划部署。根据中非合作论坛北京峰会"八项行动"中的人文交流行动政策理念，要积极促进中非智库之间的了解和交流，双方共同举办学术交流活动、互邀学者访问交流，做好"中非智库论坛"这一中非智库合作的重要平台，做强中非智库合作影响力。

在研究的内容方面，不仅要将非洲作为一个整体进行研究，也需要加强对非洲各国的国别研究以及各区域研究。通过建立"非洲法语国家研究中心""尼日利亚研究中心""中非影视合作研究中心""非洲科技问题研究中心"等机构，强化区域国别研究，拓展研究领域域，扩大研究范围，提升研究水平。依托智库的特长与专业，加强对非洲政治、经济、文化、教育、科技、青年、妇女、健康、农业、影视、法律等各个方面的调研，形成系列学术与智库成果，提升智库核心竞争力。从非洲现实需求角度出发进行有针对性的智库班研修与教学，提升人才培养质量。通过加深中非智库合作来增进对非洲智库的研究和了解，对非洲智库和学界的前沿思想和发展趋势有整体把握，及时发挥智库资政献言作用促进中非合作政策的实施和优化，保护中国在非利益，促进中非合作关系发展。

3.拓展内容，丰富新内涵和新特色

为了丰富中非智库合作的新内涵，双方的智库与学术机构，要着重关注和讨论如下话题。②

中非双方要共同探讨新的发展观，探讨新的现代化理论，新的全球化理论，要共同去总结、积累、创造新的发展知识、发展理论、发展思想。通过中非双方政府、智库、大学、民间和企业的多方位多层次合作，共同去建构中非共享的思

---

① 刘鸿武.中国—南非人文交流发展报告(2016—2017).杭州：浙江人民出版社，2018：6.
② 刘鸿武.中国—南非人文交流发展报告(2016—2017).杭州：浙江人民出版社，2018：5.

想财富，一种基于发展中国家尤其是中国和非洲的发展实践而总结出的新的发展观，形成适应发展中国家发展需要的新的发展观念、发展知识、发展思想。

中非双方要共同探讨新民主观与新自由观，共同探讨一种基于南方国家、发展中国家、中国和非洲的丰富实践与现代需要的新民主观、新自由观。中非双方需要从自己面临的具体环境出发，从实践出发，从问题出发，来共同探讨什么样的民主形态，什么样的政治设计，能够促进中国和非洲国家经济增长、社会稳定、国家富强、民族团结。民主不能当标签乱贴，不仅要看形式，看口号，更要看效果，看实际的影响。①

中非双方共同探讨新的国家观与民间组织观。一种适合于南方国家、新兴国家、发展中国家发展需要的国家观念、政党制度与国家制度，能形成建设性的、良性互动的国家与民间、政府组织与非政府组织的新关系结构。

中非双方要共同探讨新的世界秩序观与全球治理观。在联合国 2030 发展议程、联合国改革、气候变化与粮食安全、减贫与发展等重大问题上，双方要加强沟通，协调立场，共同发出中非双方的声音。刚果（金）战略与国际安全研究中心学者建议要把学者、决策者、企业家和领导者联合起来。

4. 完善机制，加强机制化与规范化

要在已有合作机制上继续加大力度，合作机制涵盖的层次与范围也需要提升。构建中非智库合作网络，加强中非联合调研和学术交流机制等，需要对现有的合作机制进行升级。重点推进"中非联合研究交流计划"增强版、非洲研究智库专业化建设项目、中国智库"走出去"等项目。同时进一步拓展"中非联合研究交流计划""中非智库 10＋10 合作伙伴计划"等计划的成员单位数量以及合作项目数量，推动中非智库合作形成更多的机制，打造更多中非智库合作"品牌"。此外，从事非洲研究、赴非洲调研具有特殊性，在具体的政策上应该出台促进对非研究的相关鼓励政策，优化简化外事程序，完善智库与相关政府部门的沟通机制，提升赴非调研学者待遇、增加赴非留学的名额与奖助金额等，推行"最多跑一次"改革，改变出国审批难、回国报销难的局面；改善对非研究的环境，吸引更多人才从事非洲研究与对非智库工作。②

建立起覆盖全面的中非智库之间的合作网络，注重与支点国家、重点智库、重点领域的合作，同时应注意地区、国家之间的均衡。包括几内亚学者在内的

---

① 刘鸿武. 国家主权、思想自立与发展权利——当代非洲国家建构的障碍及前景. 西亚非洲，2012(1)：4-17.

② 王珩，于桂章. 谱写中非智库合作新篇章. 中国社会科学报，2018-09-13(5).

多位智库研修班学员建议中国把智库分支机构设立到非洲的法语国家。同时积极拓展中非智库交流之间的信息传递渠道，建立常设化的中非智库和专业学者研究合作机制。

5. 扩大领域，提升实效性和时代性

中非智库要深化合作内容，在研究合作上取长补短，共同攻坚克难。一方面要在学术与基础理论问题上共同发力，在中非关系和中非合作上提高理论创新能力，独立自主建构服务中非关系发展的知识体系与思想理念。另一方面要关注中非发展的现实问题，取长补短、互通有无、相互借鉴，充分发挥智库研究的智力支持作用。在中国改革开放与脱贫经验、非洲脱贫问题、教育合作、医疗合作、人力资源合作、媒体合作、安全事务合作等现实问题方面有着广阔的研究空间和应用前景。进一步扩大合作领域，以智库为支点撬动双方更全面和深入的合作，充分参与到中非合作的具体项目的当中，扩大中非智库合作的社会影响力。要积极立足非洲、扎根非洲、深入非洲社会，切实了解非洲社会的动态变化、民众的现实需求、政治思想的发展趋势等，做好扎实的基础研究。同时应细化方向，注重区域与国别之间的差异，对非洲国家具体的问题、现状、现象要有深入而全面的理解。在做好基础研究的同时，更要发挥平台优势进行资源整合，在中非合作的项目实施上搭建人脉与信息渠道，促进项目落实。进一步增加中非智库联合研究平台，在建设中非智库共享数据库、人才联合培养、互相翻译和展示学术成果、共同举办国际论坛和研讨会、联合成立研究中心、互设联络处和工作站、建立"中非智库联盟"和中非智库合作网络、互聘研究人员、共同资助研究项目、开展联合研究计划等方面形成研究合力。加强中非媒体智库的合作与沟通，积极运用社交网络等社会传播工具，增强社会传播力和国际话语权，建立中非智库与媒体的资讯共享、成果发布、新闻报道机制，积极传播中非合作成果，在国内与国际社会上发挥好舆论引导作用，提升国际影响力。

6. 构建网络，促进网格化和联盟化

政策网络在20世纪90年代经历了快速的增长和发展。网络化指的是多家智库之间跨越国界而建立起联系网络。一个名为"The Council of Councils"的组织成立，其名称可译为"各委员会的委员会"，其成员智库包括来自19个国家的具有影响力的机构，大致跟20国集团的成员相对应。这一网络由美国外交关系委员会发起，旨在把世界各国的外交政策研究机构联结起来，对全球治理和多边合作的有关问题同展开讨论。其使命是寻找到针对共同威胁的共同认识，建立对创新性思想的支持，并在成员国家的公共辩论和政策制定过程中植入这些改进和修正。该网络试图在来自守成大国和新兴国家的有影响的意见领域中促进坦诚而互不援引的对话，力争建立共识。

《中非合作论坛——北京行动计划（2019—2021年）》指出，要"在中非智库论坛框架下建立中非智库合作网络"，建立中非知识与思想发展合作共同体。[①] 为此，中非智库应构建起交流合作的网络，一是建立由基金会和个人社会团体、政府和国际组织等组成的平台网络，依托平台网络将民间社团与强大的商业财政资源、国家和国际组织政策实施能力相结合，通过合作来解决原本不能独立解决的复杂问题。二是建立人脉网络，构建起分别在中国和中国的中非智库学者队伍，构建双向建构、相互支持的人力资源双向互动发展格局。三是统筹资源网络。智库资金来源通常涉及跨国组织，如世界银行、世界卫生组织或大财团等的支持，这些捐赠者构成了政策网络的骨干力量，通过提供资金、人事、咨询和其他资源来提升对共同行动的响应。全球公共政策网络建立在国家之间、凌驾于国家之上。它们是"政府机构、国际组织、跨国集团和国内团体的联合。这一联合取得的成果是单一的机构所无法完成的，为国际事务的政策决策提供强大的合作和参考"[②]。

这给中非智库网络的构建带来启示。要构建起全方位、立体化的中非智库合作网络，一是建立议题网络，从中非合作"八大行动"出发，针对产业促进、设施联通、贸易便利、绿色发展、能力建设、健康卫生、人文交流与和平安全等领域，结合智库特色建立分网络。二是建立研究网络，就当前中非合作领域中特别关切的内容，进行重点对接。如国家开发银行、世界银行已发起设立"对非投资智库联盟"，中国教育部中外人文交流中心、南非高等教育和培训部工业和制造业培训署等58家单位共同发起成立中国—南非职业教育合作联盟，被纳入中南非高级别人文交流机制教育领域成果。三是建立成员网络。借鉴《光明日报》与南京大学建立的中国智库索引CTTI（China Think Tank Index），逐步建立起基于中非智库和学者的数据库ATTI（African Think Tank Index）。基于一定标准吸纳相关智库和学者进入网络构架，承担相应义务，享有相关权利。四是建立平台网络，主要由基金会和社会团体、企业、政府和国际组织等组成，依托平台网络将民间社团与强大的商业、财政资源、国家和国际组织政策实施

---

① 中非合作论坛——北京行动计划（2019—2021年）．（2018-12-06）．https://www.fmprc.gov.cn/web/zyxw/t1592067.shtml．

② Wolfgang H Reinicke. The Other World Wide Web：Global Public Policy Networks. *Foreign Policy*，2000(117)：44-57.

能力相结合，通过合作解决复杂问题，为中非合作事务决策提供保障支持。^① 五是建立组织网络，由中非知名智库牵头成立合作委员会、理事会，设立秘书处；拟订与中非合作论坛相适应的三年行动计划、实施方案及评估机制；通过合作解决复杂问题，为中非合作事务决策提供保障支持。^②

7. 智媒整合，提升话语权和影响力

长期以来，国际话语权一直掌握在西方欧美国家的媒体当中，其中不乏有一些媒体对中国发展和中非合作做出许多非议和负面报道，在国际上损害中国形象以及诋毁中非合作关系，对中非双方都造成许多不利影响。中国共产党第十九次代表大会报告指出：要推进国际传播能力建设，讲好中国故事，展现真实、立体、全面的中国，提高国家文化软实力。^③

随着"一带一路"倡议、金砖国家机制、中非命运共同体建设的不断深化，构建中非话语体系、客观全面真实地展现中非合作带来的双方发展的好处、避免西方媒体故意抹黑中非合作形象、提升中非国际话语权和传播影响力的重要性日益提升。中非智库媒体合作，在新闻采编报道机制、国内与国际舆论引导、艺术影视作品、传媒基础建设与技术合作等方面有着非常广阔的研究与发展空间。

当前智库研究面临一个很大的问题，无论是中国还是非洲国家，在国际社会的话语权是远远不够的，无论是中国还是非洲，有很多经验，很多成功发展的经历，很多发展的理念，但是过去由于对话语权的重视不够，过去也只是在学术小圈子里讨论，往往起不到传播的作用，最近几年无论是中国还是非洲国家，越来越把智库和媒体结合起来。^④ 率先探索智媒融合的光明智库负责人王斯敏等则认为，当前媒体格局、舆论生态、传播方式发生深刻变化，激活媒体固有的资政启民、舆论引导等"智库基因"，加强"媒体型智库"建设、推动"智库型媒体"发展，是以手段创新提高新闻舆论传播力、引导力、影响力、公信力的必然要求。^⑤

媒体智库融合的路径方面，应从传播规律、传播体系、传播队伍三个层面来实施。首先，文化多样性是客观存在的，尊重传播规律必须要正视文化差异，把

---

① 王珩.建立全方位、立体化的中非智库合作网络.光明日报，2019-07-22(16).

② 王珩，王丽君，刘鸿武.构建中非命运共同体话语体系——中非智库论坛第八届会议综述.图书馆论坛，2020(1)：105-110.

③ 习近平在中国共产党第十九次全国代表大会上的报告.(2018-12-28).http://cpc.people.com.cn/n1/2017/1028/c64094-29613660.html.

④ 刘鸿武在中非媒体智库研讨会中的发言。

⑤ 王斯敏，陆先高.智库化建设：传统媒体转型发展的战略选择.新闻与写作，2018(6)：4-9.

握中非文化间的共性与异质，实现传授双方良性互动。在实际传播中，要坚持真实、中立、全面的客观性原则，通过分析目标受众的具体情况，采取与之相匹配的生活化、本土化、差异化的传播方式。其次，在传播体系的构建方面，要做到传统媒体与新兴媒体融合发展，专业传播机构与非专业传播机构协同发展，同时充分调动民间资源。网络时代新闻传播内外兼顾协同发展非常重要，信息技术消融了国家与国家之间的自然藩篱，信息传播无处不在，信息传播"墙内开花墙外香"的例子比比皆是。再次，建设一支高水平的职业传播队伍至关重要。当今时代是自媒体时代，人人都是信息的发布者，但职业传播者作为真相讲述者、意义赋予者与解释者，其地位无法取代，甚至更加凸显。在全球经济一体化和社会信息化的背景下，传播者的跨文化沟通能力决定着一国传播战略的实施。这种跨文化沟通能力包括认知能力、表达能力、倾听与争辩能力、整合能力等方面。

实践证明，中非学者共同讲述中非故事是话语传播的有效路径，即通过派遣师生赴中非调研，了解当地的语言、文化、社会发展情况，调研非洲发展的实际需求；大力引进非洲籍学者，以非洲学者的视角在非洲本土媒体上讲述中国发展故事、中非合作发展故事。此外，还可通过"中非智库论坛"等高端国际会议，主动设置议题、创设概念，引导话语体系建构，不断提升中国在非学术领域的影响力，传播中国声音，做学术界"讲好中国故事"的生力军。同时，融媒体时代，人人都是"传播者"，广大中非学者在各自的科研、国际交流与合作、人才培养等实践领域，结合中非传播战略的需求，发出自己的声音，讲好中非故事，助力构建中非思想学术共同体和中非命运共同体。

分报告一　纪念中非合作论坛成立十周年学术研讨会会议综述[①]

为纪念中非合作论坛成立十周年,由浙江师范大学非洲研究院、中国驻南非大使馆、南非国际问题研究所联合主办,中国(南非)有限公司协办的"纪念中非合作论坛成立十周年学术研讨会"于 2010 年 11 月 18 日在南非行政首都比勒陀利亚喜来登大酒店隆重举行。中华人民共和国国家副主席习近平出席研讨会开幕式并发表了题为"共创中非新型战略伙伴关系的美好未来"的演讲。

一、习近平出席"纪念中非合作论坛成立十周年学术研讨会"并做重要演讲

习近平热烈祝贺研讨会开幕,并向所有为推动中南关系和中非关系发展做出贡献的朋友表示诚挚问候和衷心感谢。他说,中南建交 12 年来,双边关系定位从伙伴关系上升为战略伙伴关系,现在又上升为全面战略伙伴关系。两国双边贸易额、双向投资总额分别增长 10 倍和 100 倍。中国已成为南非在全球最大的贸易伙伴和出口目的地国。中南关系已成为两国各自对外关系中发展最快、最具活力的双边关系之一。

习近平表示,中南关系是中非友好合作关系的缩影。半个多世纪以来,中非关系经受住国际风云变幻的考验,已进入全面发展新阶段。中非合作论坛全方位、实质性地推进了中非新型战略伙伴关系发展。一是政治互信不断增强。论坛成立以来的十年是中非高层交往和人员往来最活跃的十年。论坛搭建的多层次平等对话机制,促进双方增进了解、扩大共识,推动了中非关系稳步提升。二是务实合作全面推进。论坛以共同发展为目标,以深化合作为宗旨,以互利共赢为原则,构筑起全方位立体式合作体系。三是交流互鉴日益密切。论

① 本文由王珩在《浙江师范大学非洲研究院院情动态》(2010 年第 9 期,总第 26 期)"纪念中非合作论坛成立 10 周年学术研讨会专辑"基础上整理而成。编辑赵琼,周玉渊、周术情对本文亦有贡献。

坛尊重中非各自的文化特性，促进了不同文明的和谐共存、交流互鉴。论坛不仅为推动非洲一体化进程做出重要贡献，而且促进了一些国家的对非合作，有力提升了非洲的国际地位。

习近平说，中国仍然是世界上最大的发展中国家，要实现现代化，还要长期努力、艰苦奋斗。中国始终把发展作为执政兴国第一要务，对内坚持科学发展、和谐发展、协调发展，对外坚持和平发展、开放发展、合作发展。中国始终不渝奉行互利共赢的开放战略，在持续"引进来"的同时积极"走出去"，在加快推进各种形式对外投资合作的同时，力所能及地帮助发展中国家特别是非洲国家增强自主发展能力，加强南南合作、缩小南北差距。

习近平强调，在 21 世纪第二个十年，中非合作论坛已站在新的历史起点上。为使中非合作论坛进一步发展壮大，推动中非新型战略伙伴关系更好更快地向前发展，中非双方一要加强战略规划，使论坛成为增进中非政治互信的坚实保障。二要深化务实合作，使论坛成为推动中非共同发展的重要引擎。三要密切人文交流，使论坛成为加深中非传统友谊的感情纽带。四要加强论坛建设，使论坛进一步成为高效成熟的合作平台。

习近平表示，中非合作论坛涉及中国和非洲共 50 个国家、20 多亿民众，推动论坛健康稳步顺利发展，是中非双方的共同责任。中方赞赏非洲国家多年来为促进论坛机制不断完善、推动落实论坛成果做出的积极努力，愿同包括南非在内的中非合作论坛各成员国携手努力，共创中非新型战略伙伴关系的美好未来。①

南非共和国副外长易卜拉欣在致辞中感谢习副主席莅临研讨会并发表重要演讲，他说，非中合作论坛成立 10 年来，在指导促进非中关系发展、加强非中合作与友谊方面发挥了重要作用，也为非洲实现千年发展目标做出了重要贡献，实现了非中双方互利共赢的目标。南方高度评价中方在支持和推动非中合作论坛方面发挥的重要作用，期待着与中方以及广大非洲国家一道，共同推动非中合作论坛取得更大发展。

二、围绕会议主题开展深入研讨

开幕式由中国驻南非大使钟建华主持。他依次介绍了出席开幕式的各位嘉宾：南非共和国总统府部长柯林斯·沙巴纳，南非共和国副外长易卜拉欣，中

---

① 习近平. 共创中非新型战略伙伴关系的美好未来——在纪念中非合作论坛成立 10 周年研讨会开幕式上的演讲. 光明日报，2010-11-20(3).

国银监会主席刘明康,国家发改委副主任、国家能源局局长张国宝,国家开发银行董事长陈元,外交部副部长翟隽,中组部副部长李智勇,国家发改委副主任张晓强,科技部副部长王伟中,商务部副部长陈建,中央政策研究室副主任施芝鸿,南非驻华大使兰加(Bheki Langa),南非国际问题研究所董事会副主席姆贝基(Moritz Mbeki),南非国际问题研究所全国主席伊丽莎白(Elizabeth Sidiroporus),中国政府非洲事务特别代表刘贵今大使,浙江师范大学校长吴锋民,浙江师范大学非洲研究院院长刘鸿武。出席开幕式的还有来自中南双方政府、学界、企业界以及部分驻南使节等近300人。

在随后举行的开幕式全体会议上,中国国家开发银行董事长陈元、浙江师范大学校长吴锋民先后致辞。吴锋民校长在讲话中介绍了浙江师范大学开展对非工作的历史进程、发展成就及未来规划。吴锋民表示,浙江师范大学的非洲研究工作将积极服务国家外交与社会经济发展需要,打造国际一流的学术品牌,为中非关系发展做出新的贡献。

11月18日当晚,习近平副主席在中国驻南非大使馆亲切会见了参加本次学术研讨会的全体代表并发表了重要讲话,随后还与大家合影留念。习近平副主席对主办这次中非合作论坛十周年的专家学者表示感谢,对非洲学术研究的重要意义给予了高度评价和期待。

11月19日,研讨会移师到约翰内斯堡中钢(南非)集团大厦继续进行。非洲研究院院长刘鸿武、南非国际问题研究所董事会副主席姆贝基代表会议主办方致欢迎词。来自浙江师范大学、北京大学、中国社会科学院、外交学院、中国国际问题研究所、南京大学、上海师范大学、云南大学、上海国际问题研究院、南非国际问题研究所、比勒陀利亚大学、约翰内斯堡大学、金山大学、莫桑比克社会经济学院、非政府组织FAHAMU、中钢(南非)集团、大佐联合公司及南非媒体、政府、公民社会各界在内的80多位专家学者,会议围绕着世界体系转型背景下的中非合作,当代国际舞台上的中非关系,中非双边关系中的经济与发展,能源、农业与科技合作,中非政治安全事务,拓展中非在治国理政、公民社会交流及多边领域合作,南非与中国的伙伴关系评估等议题,展开了深入的研讨与对话。会议期间,国家发改委副主任、国家能源局局长张国宝到研讨会现场看望了各位中外学者,并就中非合作关系研究提出建议。研讨会结束时,中国政府非洲事务特别代表刘贵今大使、北京大学国际关系学院副院长王逸舟、南非国际问题研究所"中国在非洲"项目负责人克里斯·艾尔登(Chris Eldon)、浙江师范大学非洲研究院院长刘鸿武做了总结发言。会议获得圆满成功,受到各方高度评价。

三、分会场学术讨论纪要

（一）第一分会场："当代国际舞台上的中非关系"

朱立群教授做"世界体系转型进程中的中非合作"发言，他认为世界体系转型进程中有诸多因素，如权力转移、合作加深、新战略环境等，我们有更多机会推进中非关系的发展，构建更为公正合理的国际秩序。贺文萍教授认为软权力建设、南南合作、非洲复兴以及和谐世界等问题是中非关系在未来发展过程中所必须面对的几大重要问题。中国与非洲新型战略伙伴关系的建立，使中非双方更为紧密地联系在一起，为中非关系在未来持续健康发展提供了有力的保障。董漫远研究员认为中非之间的友谊源远流长，双方有着相似的历史遭遇，中国愿意与非洲国家分享发展经验。近年来中国的经济迅速发展，成就有目共睹，但随之也出现了一些负面的问题，气候变化对国家发展的影响逐步加深，中国政府已采取一些措施来改善这些问题的负面影响，如重视发展核电等。葛尔斯·培尔（Giles Pell）博士认为中非合作论坛的建立对加深中非人民间的友谊、巩固中非关系有着不可替代的作用，它开创了一种南南合作的新模式，同时中国人民为非洲发展复兴所做的努力已逐渐被世界所认可。但中非合作过程中出现的一些问题也需要中国认真对待，如腐败、环境破坏、对非投资的本土化等。张春博士认为中非合作论坛的建立开辟了中非之间多边合作的新形式，同时也给一些西方国家带来了新的压力。此外，中非合作论坛对于非洲一体化的进一步向前推进起着很好的促进作用。克里斯·艾尔登认为随着中国在非洲影响力逐步扩大，如何维护中国在非洲利益已逐渐成为学界热议的话题。中非关系的可持续发展需要彼此密切合作。此外，根据在非洲发展的经验，中国也需要对一些问题做进一步的思考，如互不干涉内政原则、中国对外援助的模式与方法等。他也认为中非之间的互利关系在新时期将会得到进一步的深化和拓展，并将逐渐被更多的非洲人所认同。

在发言结束后的自由讨论阶段中，中外学者就诸如环境与气候的变化对非洲未来发展的影响、如何看待国际社会对非洲的援助方式以及未来以及中、非、西方三方合作是否可行等问题展开了激烈的思想交锋。

（二）第二分会场：中非双边关系之一——经济与发展合作

舒运国教授认为中非关系的发展是一个不断扩展的历史过程，受很多历史、政治因素的影响,中非关系已由 20 世纪 50 年代的政治型转为现在的经济型。随着中国经济政策的变革,投资已成为中国在非经济形式的重要成分,且呈不断上升态势,多集中在基础设施领域,旨在通过合作使双方共赢。中国的投资模式受到了非洲人的热烈欢迎和高度评价,但有舆论认为中方投资者忽略社会责任,这是目前中国对非投资遇到的主要问题。张小峰博士认为,中国已成为南非最大的贸易伙伴,金融合作是双方经济关系中的重要部分,其优势主要在于双边贸易的迅速发展,以及双向投资规模的扩大,这有别于其他非洲国家。究其原因,中、南两国之间的全面战略伙伴关系为双方经济合作提供了坚强后盾,使双方得以携手度过 2008 年开始的金融危机。中国对南非经济持乐观态度。但文化、宗教等非经济因素和银行系统与汇率结算机制不同、监控机构缺失等经济因素都制约了双方金融合作的进一步加深。鉴于此,双方可在双边金融合作准则与目标两方面进行有益尝试和探索。安娜·克里斯蒂娜·艾尔夫斯研究员的发言是关于她目前正在进行前期调研的毛里求斯特别经济区(SEZ)问题,其先驱为早在中非合作论坛成立之前就已进驻毛里求斯的中国企业,第三次部长级会议把 SEZ 列为官方政策,以鼓励高层次投资。毛里求斯政府将该区的建立变为官方项目,这对 SEZ 在毛的实现有极大的推动作用。胡锦涛主席对毛里求斯的正式友好访问进一步解决了诸如中方投资短缺等障碍,使SEZ 问题有了很大改观。

阿比尔顿·阿拉奥(Abelton Alao)副研究员认为中尼两国的友好关系、中国的贸易发展和尼日利亚的政治环境改革都为双方合作提供了很多机会。2009 年尼日利亚是中国在非洲的第四大贸易伙伴、第二大商品出口国(仅次于南非),双方广泛的经济合作可见一斑。但在最重要也是最有争议的部门即煤矿业中,中国企业与当地的冲突导致石油工人被绑架事件的发生。此外,中国对尼投资不断增加。但中国在尼银行业的参与却鲜被关注,这是因为尼日利亚的政局不稳、腐败、贿赂等问题。目前,尼银行业正在进行几项重要变革并有了迅猛发展,是中国投资尼银行业的理想契机。

齐鲁夫亚·齐乐施(Qilutya Qileshi)副研究员认为中赞两国有着长期友好关系,中国在赞比亚独立之前就曾给后者很大支持。但目前在赞比亚的反华舆论有所抬头,对中国部分政策和企业行为提出质疑,主要集中在劳工待遇及安全等方面,中国向赞比亚移民率高等也成为批评的焦点。鉴于此,中国需在贷款政策、企业行为和政府引导等方面进行相应改进。

（三）第三分会场：中非双边关系之二——能源、农业及科技合作

张永宏教授首先指出近年来全球范围内碳排放的增加已引起普遍关注的事实，认为中非可在此问题上发挥作用，其途径是低碳发展。中国的低碳发展工业已取得了长足的进步，推动该领域内的双边关系也可进一步加强中非关系。降低碳排放量面临着一系列挑战，如南北技术发展程度不平衡、国内环境及发展问题、人民消费模式等。碳排放是一个牵一发而动全身的复杂问题，发达国家也受到不愿分享低碳技术和人均能量消耗过高等批评。张教授认为低碳发展应该成为中非关系的支柱，中非企业应在技术分享和发展研究方面进行更多合作。

姜忠尽教授指出中国由于人多地少面临着严重的粮食危机，而非洲地广质肥，却有40多个国家不能解决温饱问题，原因有四：粮食增长速度赶不上人口增长速度，重工轻农，重经济作物轻粮食作物，全球变暖带来的气候问题。中非农业合作势在必行。中非农业专家可共同开发双方受益的农业产品，中国也可向非洲农民转让技术。赵琼助理研究员以刚果（金）与中国的农业合作为例，说明了中国作为一个农业大国，有着与非洲国家进行农业合作的基础，并已探索出有益的合作模式，双方可通过优势互补，共同应对粮食危机。

赛尔吉奥·契沙华（Sergio Chishawa）先生的发言主要围绕一个问题展开：中国在莫桑比克农业发展中真的有用吗？他认为，中国曾在2006年中非合作论坛第三次部长级会议上表示要增加对非洲农业的援助，培养非洲农业人才，但由于中国缺乏专门机构，此承诺并未兑现。中非在农业合作上少有作为，重点依然在石油、制造业、基础设施、矿业等工业上。尽管如此，契沙华先生依然承认基础设施的匮乏和落后的确是制约莫桑比克农业发展的重要因素。他和姜忠尽教授都认为应该大力鼓励中国农民和企业大胆投资非洲农业。

学者们一致同意中非农业合作是解决粮食安全问题的有效途径，中国成功的农业发展能为非洲提供借鉴经验。但也有学者指出中非相隔甚远、气候迥异，中国的农业发展模式并不能移植到非洲大陆，实地考察和调研是合作中不可或缺的交流环节。针对投资非洲农业的问题，中国学者认为非洲农业基础设施的落后、政治环境的动荡以及社会治安的混乱等都是中国企业和农民迟疑不前的原因。

（四）第四分会场：中非政治安全事务

王锁劳博士根据他在苏丹（北部和南部）所做的实地调研，列出了中国形成

对苏丹外交政策的外部政治因素：苏丹的南北关系、美国对苏政策、欧盟对苏政策以及非盟立场。同时，国内的政治、经济需求也是中国选择对苏政策的内部政治因素。总体说来，维护苏丹人民的团结和尊严是中国的基本立场，基于此，中国反对苏丹南北双方重开战火但支持南方公投按期举行，赞成用和谈方式解决阿布耶伊僵局，这不仅基于中国在苏丹的重大经济和能源利益，也基于中国和平与发展的基本国策，还基于非洲大多数国家的愿望。

刘乃亚博士探讨了中、非、欧三边合作的可能性。他认为尽管三方有一些共同的认识，但是存在的分歧是合作的障碍。中、非、欧盟尽管面临种种不利的因素，却依然能就和平、安全、贸易等进行协商。同时，三边委员会的现状也让参与各国缺乏安全感，中欧也很难在对非援助问题上找到契合点。因此，目前从表面上看来三边合作的机会很小，如果要进行有意义的合作，信任是各方协商的基础。

伊丽莎白·席迪罗波罗斯女士对三角和三边合作的概念进行了解析。她将三边合作定义为国与国之间在发展问题上进行的战略层次的对话，如联合国安全理事会和世界贸易组织。她认为三边合作不应该局限于经济问题，更应是包含社会生活在内的整体合作，可在四个领域有所作为：安全，基础设施，农业和粮食安全，以及环境退化。三角合作则是发展合作理事会捐助国、受捐助国和第三方之间的关系。她举例说明了南非在冲突后重建领域正是进行了三角合作，而印度—巴西—南非则是三边合作的最佳例证。三边合作是对全球化世界本质的最好应对。

桂劳莫·谋谋尼（Guillaumo Muroni）教授首先对联合国维和行动会议（UNPKO）进行了界定，将其定义为维和、制和、建和的一体化途径，旨在拯救生命、维护人类尊严、恢复世界和平，以及促进社会经济发展。他分析了中国在不同时期的不同维和原则和行动，已由传统的不干涉变为现在的军事干涉，对联合国的态度也有大的转变。他认为中国之所以改变是因为有意在全球事务中承担角色并以慈善形象示众，对新采用的军事干涉手段也慎之又慎，苏丹和津巴布韦是最好的例证。同时，他还用了利比里亚的例子说明中国此举对非洲大陆贡献非小，在联合国驻利比里亚维和部队中军队数量最大，且发展援助、债务免除、培训和基础设施重建等形式都有极大帮助。

在自由讨论阶段，学者们就中国的不干涉政策、中非利益冲突的处理、非盟在解决非洲地区冲突中的作用等问题发表看法，王锁劳教授认为全球化带来的世界格局的变化使权力平衡也发生了转移，中国对联合国维和行动做出了重要的贡献。谋谋尼教授也认为，中国必将继续为和平世界的创建做出努力，但不会将自己的意志强加于任何国家。关于苏丹问题，学者们一致同意中国其实从未对苏丹施加任何压力，只是试图通过和平的外交手段找到可行的解决办法。朱立群教授对中国处理中非利益冲突的问题做出回应，指出求同存异是中国历来的做法。针对非洲的问题，阿拉奥副研究员认为，尽管困难重重、任务艰巨，非洲维和力量仍在竭尽全力解决纷争。最后，学者们一致认为中非在双边层面上已经取得了诸多成就，但合作领域还应拓展至治国理政、和平与安全等全球问题。

（五）第五分会场："拓展中非在治国理政、民间往来及多边主义领域的合作"

刘鸿武教授认为中国三十年来经济改革所取得的成就，与中国传统历史文化的土壤和中国人民坚持实事求是的科学精神密不可分。中国发展经验向世界展示了一种不同于以往的、独特的发展模式，同时也表明中国已从封闭走向开放，并积极融入国际社会。中国经验对于非洲的意义在于，中国三十年的实践证明非洲谋求发展同样需要坚持实事求是的科学精神，探索出一条符合当地实际的发展道路。最后，刘鸿武教授以"浙江模式"为案例，向与会代表分享了中国经济发展的一些经验。

肖玉华博士认为中非合作论坛的建立在一定程度上有力地促进了中非之间民间往来的发展，仅 2009 年，就有超过 500 名非洲学生来华留学，281 名中国年轻学者赴非访学。《中非合作论坛沙姆沙伊赫行动计划》明确提出了一些加强双方学术交流的具体措施。在中非合作论坛的框架下，中非之间的政治上平等互信、经济上合作共赢、文化上交流互鉴的新型战略伙伴关系将会得到进一步的提升与拓展。

刘成富教授作为一名孔子学院海外教学的实践者，以自己的教学经历并结合中国孔子学院发展的实际，向与会学者系统地介绍了中国孔子学院发展的现状。他指出，孔子学院是中国教育模式的一种创新，不仅符合中非人民之间渴望加强彼此认知的需要，更符合构建和谐世界的时代潮流，孔子学院在未来必将会得到更好的发展。

周术情博士认为，随着中非关系的逐步深化与拓展，智库在其间将会发挥越来越重要的作用，成为中非之间增进彼此认知的桥梁。此外，他还以浙江师范大学非洲研究院为例，向与会学者介绍了中国学术机构在促进中非关系良性发展过程中所发挥的特殊作用。

萨努沙·耐杜女士认为中非关系在下一个十年之中将会遇到更多的问题。如何面对并妥善解决这些问题是中非关系保持良性发展的关键,民间组织在其间将会发挥越来越重要的作用,并成为增进中非之间相互认识与了解的纽带。

与会学者还就软权力的衡量、海外资金流入对非政府组织(NGO)发展的限制、中国在非洲公民数量的增加、中国社会的发展现状等问题展开了激烈的思想交锋。与会学者均认为,进一步加深中非之间的认知与了解,是中非关系在未来持续、健康发展的关键因素之一。

(六)第六分会场:"南非与中国的伙伴关系评估"

周玉渊博士从区域间主义理论出发,结合中非关系的实际,认为中非之间共同的历史遭遇加之当下经济相互依赖程度的逐步加深,使得中非关系在未来将会更为密切。中非合作论坛的建立成为中非之间交流互信的机制性纽带,为实现中非之间的良性互动提供了有力的制度保障。

葛尔斯·谢尔顿(Giles Sheldon)教授认为中南关系在未来的十年里将有更为广阔的发展空间,将逐步拓展到经济、文化、卫生、教育等各个领域。2010年中南全面战略伙伴关系的建立为中南关系持续健康的发展提供了有力的保障。此外,中南关系的健康发展还需要双方在南南合作的层面上加强各领域的沟通,确立共同的目标,共同应对诸如气候、环境变化等方面问题。

安娜·英·陈(Anna Ying Chen)副研究员就南非的中国移民问题提出了一些自己的看法。她通过调查研究发现,南非的中国移民在受教育程度、财富占有程度、来源地等方面有着较大的差异。此外,有人对中国移民持负面看法,如认为中国政府是为了转嫁人口压力进而大力向非洲移民等,这些看法最后被证明是与事实背道而驰的。事实上中国移民前往南非更多的是个人行为,也有一部分移民是为了追寻先人的足迹。

斯蒂芬·盖尔伯(Stephen Gerber)教授就中国与南非之间的对外直接投资问题提出了一些自己的看法。他认为,就非洲大陆而言,中国与南非的对外直接投资关系是较为特殊的。这种外资流动是一种双向的互动关系,与二者在国际经济中的地位有着密切的关系。中国在南非的投资已占中国对外投资的1.8%,主要面向制造业与金融业,这种关系在未来的经济发展中将会更为紧密。

安娜·英·陈副研究员在自由讨论阶段向与会者解答了关于南非当地人

对中国新移民的态度,中国移民所组成的民间团体在南非的作用及其与中国驻南非使馆的关系等问题。她认为当地人对于中国移民的态度正在由过去的消极负面向积极的方向转变,中国移民所组成的民间团体在南非现在大约有120个左右,涉及科教文卫各个领域,为中国移民更好地融入当地社会做出了一定的贡献,这些团体与中国驻南非使领馆一直保持的良好的关系。

斯蒂芬·盖尔伯教授就中南经贸关系的紧密度,中国投资者对南非就业的影响以及中国与南非政府为加强中南经贸关系应该采取的措施等问题表达了自己的看法,他认为语言和风俗习惯的差异是中南双方紧密经贸合作的障碍之一。双方政府应该做好引导,合理利用外资,为外资进入本国提供有力的政策支持。此外,不可否认的是,南非的制造业与中国相比缺乏竞争力,中国投资和商品的涌入也使得南非人可以用低廉的价格买到更多的商品,失业率也会因此增加。针对这些问题,盖尔伯教授认为南非应该提高企业的效率,增加产品的科技含量,提高产品的国际竞争力。

分报告二　新世纪第二个十年的中非关系

——中非智库论坛第一届会议综述

姜恒昆 等

中非智库论坛第一届会议于 2011 年 10 月 27 日至 28 日在浙江杭州和金华举行。会议由浙江师范大学主办,中国国际问题研究所、上海国际问题研究院、中国社科院西亚非洲研究所、中国现代国际关系研究院协办,会议得到国家开发银行及中非联合研究交流计划的赞助,外交部、商务部、教育部、浙江省人民政府和中国人民外交学会的指导和大力支持。来自中国、非洲 27 个国家、非盟等地区组织及部分其他国家智库学者、企业家代表和参加第八届中非合作论坛高官会的高官、非洲国家驻华使节等 300 余人出席会议开幕式和研讨活动。

会议的主题是"新世纪第二个十年的中非关系",与会学者专家围绕这一主题下的三个分议题"非洲安全形势与中非在和平安全领域的合作、非洲金融投资环境与中非在金融投资领域的合作、中非人文交流与智库的作用"进行了深入坦诚和热烈的研讨,达成了广泛的共识,并一致通过了《中非智库论坛第一届会议宣言》。其中加纳前总统罗林斯、南非前总统府部长帕哈德、非洲驻华使团团长塔·阿马、外交部副部长翟隽、浙江省人民政府副省长龚正、国家开发银行副行长李吉平等出席开幕式并做了大会发言。

外交部副部长翟隽在杭州开幕的首届中非智库论坛上重申,中国和非洲历来是促进世界和平与发展的积极力量。中国政府坚定秉持一贯的对非政策,同非洲各国一道,坚持政治上平等互信、经济上合作共赢、文化上交流互鉴、国际事务中团结互助,愿为推动中非新型战略伙伴关系发展和世界和平与发展事业做出不懈努力。创建中非智库论坛是中非双方加强学术交往与合作,扩大人文交流的重要举措之一。长期以来,中国和非洲始终相互尊重、真诚相待、互帮互助,是不同文明和谐共处、不同传统相互借鉴、不同文化共同发展的典范。翟隽表示中国和非洲都是国际格局中不断上升的重要力量,中非关系的重要性、战略性和全局性日益突出。中非关系发展既面临难得的机遇，也面临现实的挑战。不久前，中国政府发表了《中国的和平发展》白皮书，重申对内求发展、求和谐，对外求合作、求和平的总体目标。具体而言，就是通过中国人民的艰苦奋斗和改革创新，通过同世界各国长期友好相处、平等互利合作，让中国人民过上更好的日子，并为全人类发展进步做出贡献。

一、中非合作新阶段对智库提出新要求

本届会议以"新世纪第二个十年的中非关系"为主题，回顾了过去十年中非关系的成就，分析了当前中非关系面临的问题和挑战，并展望了未来十年中非关系的发展前景与开拓创新空间。与会代表就三个分议题进行了深入讨论，即非洲安全形势与中非在和平安全领域的合作，非洲金融和投资环境与中非在金融、投资领域的合作，中非人文交流与智库的作用。会议强调，实现和平、安全和稳定，是非洲发展的必要前提。进入新世纪以来，非洲和平、安全局势有了明显改善，但局部地区和国家也出现恶化趋势，面临着新问题和新挑战。在此领域，中非双方应该加强合作，中国应该在非洲和平与安全建设中发挥更积极和主动的作用。会议指出，非洲近年来经济和社会发展取得明显成就，潜力巨大，国际对非金融、投资合作日益增多，但非洲的金融投资环境仍需进一步改善。双方金融机构应该努力扶持中非中小企业的发展，增加非洲就业机会，促进非洲对华出口，让中非合作更好地实现互利双赢并惠及更多非洲民众。

（一）中非合作具有重要意义

1. 中非合作是涉及全球三分之一人口的系统工程

时任国家开发银行副行长李吉平表示，国家开发银行积极配合落实中非合作论坛的各项行动计划，发起设立中非发展基金、独家承办非洲中小企业发展专项贷款、融资推动境外经贸合作区建设、结合非洲国家的国情和实际需要支持了一大批重点项目、积极支持并直接参与中非学术交流。目前国际经济金融形势复杂多变，给中非合作带来了新的挑战和机遇，中非智库论坛应运而生，从中非人民长远利益出发，以求真务实的态度，从战略的高度规划中非关系大计，致力于探索中非互补发展、双赢合作的各种途径，成为中非关系的推动者、智囊团和规划师。中非合作是一项涉及全球约三分之一人口的宏大系统工程，国家开发银行愿与各方一道，承担起历史赋予的使命，为促进中非务实合作、共同发展贡献力量。

2. 中非关系要追求可持续发展

非洲驻华使团团长、多哥驻华大使塔·阿马指出,从 20 世纪 50 年代中国与非洲建立联系以来,双方就产生了"一见钟情"的感觉。中国和非洲国家都是发展中国家,都有相似的发展需求和理想,都在不断谋求政治经济的发展。中国人民在中国共产党的领导下,摆脱了贫困和发展道路上的影响因素,而非洲却在很长的时间内,都满足于宁静的生活状态。现在非洲已经认识到不能再停留于此,因此迫切地渴求发展。联合国"千年发展计划"是以可持续发展为目标的,可持续发展是一种充满活力与生命力的发展方式,能很好地解决发展与自然之间的矛盾。这种发展模式,具体到中国与非洲就是中非合作论坛,是中非双方互动协调,在合作双赢的目标下,追求中非关系的可持续发展。他相信中非智库论坛一定能为开创中非新型战略伙伴关系新局面,提供可贵的策略分析和智力支持。

3. 金砖国家崛起将改变世界格局

南非政府前总统府部长帕哈德认为,全球力量对比正在发生巨大变化,美国经济衰退,欧洲债务危机严重,过去西方主导的国际格局已逐渐改变,巴西、俄罗斯、印度、中国、南非组成的金砖国家必将对全球地缘政治产生深远影响。目前而言,新经济体还缺乏政治上的充分沟通和协调。而事实上,只有成员间更加互通有无、亲密合作,才有可能影响或产生新的国际格局。金砖国家的崛起是机遇,却也有可能影响到全球稳定,因此,我们要在战略制订上找准定位。在越来越开放和相互依存的国际大背景下,金砖国家间要更加明确政治议程,充分发挥各国作用,为实现发达经济体和不发达经济体之间的经济平衡扮演好恰当的角色,做好承担责任的准备。

(二)发展经济是解决非洲和平与安全问题的良方

加纳前总统罗林斯发表讲话认为,发展经济是解决非洲和平与安全问题的良方。当前,非洲大陆面临许多安全问题。1990 年至 1995 年,非洲因为冲突损失了 3000 亿美元,这一数字到现在可能已经翻了一番。他认为,解决非洲和平与安全问题的主要途径是发展经济。事实证明,经济上的不发达使非洲国家很难应对经济和其他外界利益集团的政治军事影响。在这方面,中国显示出了极大的诚意,从 1998 年到 2008 年,中非贸易额从 60 亿美元增长到了 1070 亿美元;在联合国会议等很多重要场合,中国都表达出了鲜明的支持非洲的立场。他希望中国可以一如既往地为非洲提供支持,继续以不干涉内政的方式帮助非洲；希望中国支持非洲建设与社会文化状况相适应的政治体系；希望中非双方在经济领域的合作实现互利共赢。他感谢浙江师范大学主办中非智库论坛，为探讨非洲问题搭建了重要平台，并祝愿论坛取得丰硕成果。

前中国政府非洲事务特别代表、时任浙江师范大学中非商学院院长刘贵今特别介绍了中非商学院的建设情况。中非商学院培养的是从事非洲商务的中国人才，同时也培训非洲人，让他们知道如何更好地在中国做生意。正如许多与会者已经指出的那样，人力资源是社会经济发展的关键因素，这也是我们建立中非商学院的主要原因。他认为，在中非智库论坛第一届会议期间，与会领导、专家、学者围绕"新世纪第二个十年的中非关系"的主题，充分交换意见，达成广泛共识，形成了《第一届中非智库论坛宣言》，该宣言是基于共识而起草的，希望就此将论坛制度化。

时任浙江省人民政府副省长龚正在讲话中指出，浙江作为中国沿海经济比较发达的省份之一，在对非交流合作方面具有一定的比较优势。作为民营经济大省、市场大省、制造业大省，浙江省高度重视与非洲各方开展交流合作，依托活跃的民间力量，在"走出去"方面一直走在全国前列。今后，浙江省将实施更加积极主动的开放战略，加快企业"走出去"步伐，而走进非洲也将成为浙江"走出去"战略的重点之一。因此，加强对非洲文化、社会、政治、经济等领域的务实研究，加大对非洲"中国通"和中国"非洲通"人才的培养力度，加快构建中非交流高端平台，尤其是推进中非智库间常态化交流，成为当务之急。在此背景下，中非智库论坛的创立可谓正逢其时。浙江省将一如既往地关心、支持中非智库论坛的工作，积极将其打造成为中非智库之间交流的国家级平台。

金华市市长徐加爱介绍，金华大力实施对外开放战略，积极融入全球经济，与非洲各国的交流合作不断深化，非洲已成为金华重要的贸易伙伴。与此同时，越来越多的非洲商人和非洲商品不远万里走进金华，走进义乌。2010年非洲入境到义乌的商人达68500多人次，目前常住义乌的非洲商人就有1000多人，非洲商人在义乌设立的常驻贸易机构达370多家。义乌已成为金华对非经贸交流合作的桥头堡和主力军。浙江师范大学是推动金华对非交流合作的重要力量，中非智库论坛为中非合作出台新政策、新举措提供了智力支撑，对推动中非务实合作、促进中非共同发展具有重要意义。今后，金华市将进一步推进与师大的合作、共同致力于中非智库论坛的建设，使之成为中非智库间交流合作的高端平台，推动对非研究、增进中非了解的重要阵地。

(三)推进中非智库间常态化交流是当务之急

1.加强学术交流　为中非关系提供智力支持

时任外交部副部长翟隽表示,"创建中非智库论坛是中非双方加强学术交往与合作,扩大人文交流的重要举措之一,长期以来,中国和非洲始终相互尊重、真诚相待、护板古河渚,是不同文明和谐共处、不同传统相互借鉴、不同文化共同发展的典范"①。他感谢浙江师范大学为筹备此次会议所做的大量工作并指出,温家宝总理在2009年中非合作论坛第四届部长会上倡议实施"中非联合研究交流计划",为中非加强学者、智库交往合作,促进人文交流开启了一扇大门。中非学术交流与合作如何更好地为中非关系提供智力支持、为双方人文交流增添活力,是中非学术界共同面对的重要课题。他强调,一要进一步实施好"中非联合研究交流计划",二要扎实推进智库论坛机制建设,三要为中非关系发展提供更好的智力支持,四要为增进中非友好发挥更大作用。中国和非洲历来是促进世界和平与发展的积极力量,中国政府将坚定秉持上述精神和一贯的对非政策,同非洲各国一道,坚持政治上平等互信、经济上合作共赢、文化上交流互鉴、国际事务中团结互助,为推动中非新型战略伙伴关系发展和世界和平与发展事业做出不懈努力。

2.建设一条联结中非知识精英的思想桥梁

浙江师范大学校长吴锋民介绍了浙江师范大学积极推进国际化战略的举措。学校把区域性与国际化协调发展作为学校的核心战略之一;积极搭建教育对非高端平台,努力建设一流的汉语国际推广基地、一流的非洲人才培养培训中心、一流的对非外交战略智库;注重发挥对非工作综合效益,学校的教育对非工作由小到大、由点到面,已成为一个有影响的特色学术品牌和成果展示窗口,在国内外产生了持续性、综合化的重要影响。随着中非双方新型战略伙伴关系的扎实推进和双边务实合作的全面展开,如何为中非友好合作开辟新途径、充实新内容、注入新活力已成为当务之急。因此,举办中非智库论坛,以新时期中非关系为主题,围绕安全问题、经贸往来、智库交流等话题展开研讨,具有重大的现实意义和深远的历史意义。他认为中非智库论坛的发展目标,是建设成为一条联结中非知识精英的思想桥梁,一个国际上有影响力的高端学术平台。学校将以中非智库论坛的创设为契机,进一步拓展涉非工作领域,进一步做强非

---

①　中国外交部副部长翟隽中非智库论坛首届会议上讲话.(2011-10-27).http://edu.zjol.com.cn/05edu/system/2011/10/27/017948919.shtml.

洲研究品牌,以更加丰硕的成果和更加优异的成绩,不断提高教育对非工作水平,为推动中非关系健康稳定发展做出积极贡献。

3. 让民主之花开遍非洲大陆

埃塞俄比亚国际和平与发展研究所所长奈迦认为,中非智库论坛第一届会议在中非政治、经济、人文交流等方面进行了卓有成效的探讨。非洲的很多问题都与民主有关,非洲人民的权益在很多情况下被边缘化,正因如此,非洲大陆的和平之路就更为艰难。人民是第一位的,我们应当让政府处于人民的监管之下,积极推进问责制度。奈迦指出,非洲在讨论外在殖民地因素带来的影响的同时,也应清醒地意识到自身的问题,要勇敢地对自己负责。奈迦还建议,中非双方除在资源、金融等领域加强合作外,还应积极推进智库、文化、教育等方面的交流与合作,让不同文明间的对话结出丰硕的果实。

二、中非关系潜力巨大同时面临严峻挑战

与会者对新世纪头十年中非关系的快速发展给予高度评价,认为第二个十年中非关系发展潜力巨大,但也面临严峻挑战。

(一)非洲政治与安全方面

大多数与会学者认为,2010 年年底以来的北非中东地区变局对整个非洲政治与安全形势产生了重大影响,非洲政治生态发生了巨大变化。大多数非洲国家现政权对西方国家在北非变局中的黩武干涉与介入表示担忧与反对,认为非洲国家的主权与政权安全正面临着威胁。非洲国家对中国支持维护非洲国家主权与独立表现出很高的期待,多位学者提出,希望中国在政治与安全方面给予非洲国家更多和更有力的支持和积极介入,维护非洲国家的政权安全和主权独立,同时也维护中国在非洲日益增长的利益。中国应扩大参与非洲维和的范围。与会者普遍认为,中国要帮助非洲,不能仅仅停留在经济发展方面。

(二)经济与贸易方面

与会学者认为,日益蔓延的世界经济危机促进了国际经济结构的转型,亚非经济力量的上升正在打破西方主导的世界经济体系。应该加强中国与非洲国家以及发展中国家的经济合作,进一步抗衡和消解西方在世界经济体系中的主导作用。中非合作论坛应出台一些大的战略性的经济合作举措,中国与其购买美国债券,不如拿出一部分自己的巨额外汇储备,加大对非洲的投资,尤其是

加大对非洲国家基础设施、农业与信息产业、资源开发和广义安全领域的援助投入，这对非洲发展和中非合作具有长远的战略意义。

中国与非洲国家贸易不均衡问题引起了与会学者的广泛关注，认为贸易不均衡会对中非长期经贸关系与经济合作关系产生不利影响，应采取措施改变贸易结构，给予除重债穷国和最不发达国家以外的更多非洲国家的多数产品进入中国市场的免税优惠。中国在非洲的经贸区建设过程中应加大对非技术转让和注重对非洲国家自身经济能力的建设，经贸合作区应多吸收一些本土资金与企业入驻。个别非洲学者还认为，在经贸合作区方面，非洲国家的让步太多。

关于中非农业合作，有的学者认为与非洲国家的农业合作应以中小企业为主，大型国有农场不宜介入非洲农业。农业合作方面可以尝试中非欧三方合作。

学者们认为，在金融危机面前，非洲国家中小企业和中国在非中小企业存在巨大的融资困难，中国金融机构应加大对双方中小企业的支持力度。他们对国家开发银行的"中小企业发展基金"表示很感兴趣和期待。也有中国学者认为，中资企业在非洲投资的政治风险有所增加。

(三)人文交流与智库合作方面

大多数与会学者认为，中非之间缺乏了解，加强人文合作与人员交流对中非关系的发展具有重要意义。近年来中非人文交流与合作有所增加，但要进一步加大力度。中国在非洲援建了许多医院与学校，但这些医院中的医生是西方人，学校中的教师是西方志愿者，这实际上不利于中国在非洲的软实力建设，不利于中国文化在非洲的传播。

非洲学者认为对中非关系的负面评价大多来自西方，或来自受西方强大媒体影响的一部分非洲非政府组织和知识分子。会上个别非洲学者对中非关系提出批评时，大多数非洲学者认为其观点不具有代表性，只是一种个人观点。另外，非洲学者提出，中国在非企业与非洲当地劳工的矛盾往往是双方文化差异所致，中国企业主应加强对非洲文化的了解，在非中国人应加强与本地人的交流。中非双方学者认为，中非智库论坛是落实"中非联合研究交流计划"的一项创造性举措，首届会议办得十分及时、必要和成功，应该成为一种定期机制。

三、中非智库论坛首届会议的创新意义

在中非关系发展的这个关键时期，中非智库论坛的搭建具有特殊的意义，其使命也十分重大。近年来，一些非洲国家的思想界和智库组织，开始以自己的方式关注中国发展的经验与得失，寻求与中国学术思想界的交流合作，并在许多场合提出过合作倡议。对非洲国家社会思潮与舆情的变化，中国应该给予积极把握并顺势而为，通过检讨以往对非政策体制和理念中存在的不足，消除障碍，使援非事业有新的突破。其中的一个方面，是应该采取积极稳妥而适当的方式，推进中非智库的交流与合作，通过提供适当的援助，帮助非洲国家建设其思想智库，提升非洲国家思想自主发展的能力。①

学术与思想是当今时代国家间竞争与合作的特殊舞台，而在国际思想竞争与合作的背后，更包含着巨大的国家发展与安全利益。近年来，非洲发展问题和中非合作关系日益成为中国与西方发生观念碰撞与思想交锋的领域。就中国来说，在非洲研究这一最初由西方开创的国际学术思想领域，今日的中国更需以自己的立场和方式重新进行思考，开展创新研究，突破西方话语高墙，坚实有力地建立起属于中国的"思想与学派"知识体系与话语形态。并且通过这一进程，重建东西方之间、南北之间的思想与知识关系，逐渐在非洲呈现中国思想与智慧的价值，推进有中国胸襟气度的非洲研究事业的进步，从而最终在国际非洲研究领域实现东西方话语优势的主客场转换。

非洲是当今世界最后一块欠开发的大陆，在某种意义上也可能是世界留给中国思想与智慧呈现其特殊之创新能力与济世价值的一个特殊的机会。非洲发展问题涉及的理论与实践问题十分复杂而充满挑战，其中孕育着人类知识与理论创新的巨大空间与机会。在此领域，西方虽然先行了一步，但并未垄断非洲问题的全部真理，它依然给作为后来者的中国学者留下许多远未解决的思想挑战、知识难题以及足够广阔的创新空间。事实上，中国与西方国家在非洲发展问题上的思想交锋与价值碰撞，目前才刚刚开始，真正的较量与结果尚取决于今后一个更长期历史时间的发展走向。可以说，中非发展合作独特实践及其背后包含的新的思想意义与价值追求，正是中国学术界可以主动予以拓展的一个新天地，是中国思想界摆脱对西方原创知识与思想的长期依赖趋随状态而创造出自己的跨文化元话语体系并走向世界的一个特殊机会。

全球知识与思想的重新建构进程，是一种人类思想体系的全球再塑造过程。西方国家持续的意识形态新攻势，精心建构了阻遏发展中国家复兴发展的思想高墙，对全球战略格局之变动趋势产生复杂影响。近年来，凸显西方话语

---

① 刘鸿武.从战略高度推进中非智库合作建设.非洲研究，2012(1)：1-6，11-30.

霸权的针对中国发展道路及国际合作模式的种种贬斥话语在西方一些媒体上频繁出现,造成一些非洲国家与中国在思想理念、价值观与意识形态方面差异扩大,疏离感加深,对中国发展与崛起的担忧、猜忌甚至排斥与日俱增。这一切在短期内会对非洲国家的自主发展,对中非合作关系造成直接或间接的损害。在当今的国际关系竞争领域,作为全球最大的发展中国家,中国除了需要重视和维护发展中国家的"经济发展权"外,还需要重视和维护发展中国家的"思想发展权""话语发展权"。对此,中国应该有十分清晰的立场表达,立足于中国角度提供全球性的推进和维护发展中国家发展权益的思想框架、知识产品、话语体系。而这,正需要中非双方的学术界、思想界加强联合与合作,共同努力建构面向新世纪的具有亚非世界以及全球多边特性的知识生产与思想交流平台。非西方世界要通过思想领域的自觉自信及持久艰苦的努力,逐渐建立起属于自己的、能反映人类历史发展普遍经验、满足国家民族发展要求和支持对外平等对话的现代知识形态与话语体系,从而在根本上结束在思想和文化上依赖从属于西方的历史,在现代性的元话语体系中生成真正具有全球人类共同属性的知识体系。[1]

---

[1]　刘鸿武.从战略高度推进中非智库合作建设.非洲研究,2012(1):1-6,11-30.

分报告三　新形势下中非如何维护
与拓展共同利益

——中非智库论坛第二届会议综述

肖玉华　李鹏涛　张　哲

2012 年 10 月 12 至 13 日,由浙江师范大学非洲研究院与埃塞俄比亚亚的斯亚贝巴大学和平安全研究所联合主办的"中非智库论坛第二届会议"在埃塞俄比亚首都亚的斯亚贝巴近郊比绍夫图市成功举行。

一、会议基本情况

本届会议是在外交部非洲司和中非合作论坛中方后续行动委员会秘书处的指导、支持下举行的。经报请外交部中非联合研究交流计划指导委员会同意,本届会议与浙江师范大学非洲研究院承担的中非联合研究交流计划 2012 年研讨会项目"如何在全球体系变革形势下巩固和发展中非共同利益"合并举行。来自中国、非洲大陆 15 个国家、非洲联盟、联合国非洲经济委员会及部分其他国家和地区的 100 多名智库领袖、知名学者、政府高官、企业家、媒体人出席了此次会议。埃塞俄比亚副总理兼教育部长德梅克·梅孔嫩、中国浙江省人民政府副省长郑继伟、联合国非洲经济委员会办公厅主任阿德耶米·迪沛鲁、中国外交部非洲司司长卢沙野、中国驻埃塞俄比亚大使解晓岩、亚的斯亚贝巴大学校长阿德玛苏·赛加耶、浙江师范大学党委书记陈德喜出席开幕式并发表主旨演讲。

本次会议得到了中国外交学会、国家开发银行、中国国际问题研究所、中国社科院西亚非洲研究所、外交学院、北京大学、复旦大学等单位的指导、支持和协办,各单位都派出了相关领导和学者出席会议。

会期共一天半,由主会场和四个分会场组成。会议总主题为"新形势下中非如何维护与拓展共同利益"。在此总主题下,设立了四个分议题:"中非合作提升在治理、和平与安全领域合作的潜力""中国在非洲地区一体化和维和中的角色与地位""非洲的经济与发展——中国提供的机遇"和"中非关系中的挑战：东非和南部非洲案例"。与会的百余位中非学者围绕总主题和分议题，在全体大会和分会场上展开了深入的对话和探讨。会议结束后，主办方还在我国使馆协助下，组织与会中非学者参观了中埃合作东方工业园区、中国援助建设的非洲联盟国际会议中心，并组织了学者联谊露天酒会。这些深入的研讨与实地考察活动，加深了中非双方间的了解，促进了中非学术界的合作。

会前，主办方共收到英文撰写的专题论文及摘要 60 多篇，从中挑选了 40 多篇在会前进行了初步编辑加工，形成本次会议的专题论文集《中非智库论坛第二届会议论文集》，在国内印刷后携带到埃塞俄比亚现场交流，起到了较好的作用。包括非洲和欧美的一些相关媒体也对本次会议内容、各方观点进行了较广泛的报道。会后，本次会议的论文集由英国剑桥大学出版社出版。

总体上看，这是一次成功的与非洲国家著名智库平等合作、直接到非洲大陆举办的会议，为今后举办相关会议积累了重要的经验。

二、会议讨论内容及各方核心观点

(一)关于非洲发展道路及中国经验的借鉴意义

非洲与中国在发展道路、发展经验方面有共识，是否有共同经验与教训可以共享，是本届会议中讨论较多的话题。一些代表认为，目前非洲正处在发展转型的关键时期，虽然有许多挑战，但对非洲社会经济发展前景持乐观态度，认为发展将是非洲国家大势所趋，非洲有着成为紧接中国之后的另一个世界发展中心的可能。但是，从中国的经验来看，非洲发展仍然面临着很多挑战，这在很大程度上取决于非洲国家能否保持政局稳定和政策的连续性，取决于非洲各国的发展战略与政策能否延续。这方面，中国与非洲国家可以开展更多的经验交流。目前非洲国家普遍存在一旦领导人更迭，政策就随之改变的现象，难以推进需要长期奋斗才能实现的目标。

一些代表认为，目前非洲在粮食安全、工业化、人力资源开发、公共卫生条件改善、基础设施建设等方面存在诸多问题和挑战，这些问题都不可能在短期内解决，都需要有一个长期稳定的国内与国际环境。中国在过去三十年保持了政治稳定和连续性，这正是非洲国家所欠缺的。

不过，与会学者还是认为，非洲国家未来的发展道路应更多依托非洲国家的自主发展，中国的发展经验给非洲探索发展道路提供了一个选择的机遇，中非双方应该加强治国理政经验的交流与分享，但中国不会输出自己的发展模式，也不存在适用于非洲国家的"北京共识"。非洲国家众多，不同国家都有各自不同的历史、传统和文化，因此非洲国家不可能有一个统一的发展模式和标准。

（二）关于中非经贸合作领域的共同利益与挑战

与会学者认为，中非经贸合作基于互信和互利，是南南合作的典范，有助于非洲国家发展经济。中国在非洲采取的行动是友好的，还没有哪个国家像中国这样大规模地对非洲进行基础设施投资。

学者们也强调当前中非经贸合作中存在着亟待关注和解决的问题。有学者提出，中非双方应联手合作管理双边贸易，杜绝灰色贸易、劣质产品以及仿冒中国产品等现象；与此同时，应加大对逆差国家的投资力度，使中非贸易持续健康发展。中国对非投资以自然资源和金融、建筑业、制造业为重点，双方的合作是双赢的；但中国在非洲的投资更应多样化，应鼓励中资企业在当地寻求合作伙伴，更多投资于农业和劳动密集型的制造业，为非洲国家创造更多的就业岗位，更好地履行企业社会责任。学者们还呼吁重视非洲经济一体化。中国对非洲基础设施领域的投资应是全方位的，既要有大陆层面的，也要有区域和国家层面的，而且跨国、跨区域的投资应当优先。

对于非方对中国的期望，中方学者认为，中国毕竟是发展中国家，非方不应对中国提出过多的要求，毕竟外力的作用有限，非方应尽可能地改善投资环境，提升自身吸引力，为中资进入创造条件。中国对非投资应规划先行，根据非洲国家的要求，结合中方优势制定一个中长期的发展战略，对重点国家和重点行业进行布局。学者们建议中国加大对于农业、制造业、基础设施建设和服务贸易等领域的投资力度。

（三）关于"不干涉"原则及中国在非洲和平安全建设中的作用

对于这个老生常谈的中国外交中的"不干涉（介入）内政的原则"问题，这次会议上的讨论依然极为热烈，一些有新意的观点与争论有以下几点。

过去较多对中国持批评态度的英国（同时也是美国、南非国籍）学者克里斯·阿尔登认为，中国对非洲的"冲突后重建"的介入正在发生变化，而且由于非洲国家倾向于多边介入维和，中国在这方面的政策将会有更多的变化。他指出,不能把中国的努力看作是与西方竞争或者试图替代西方在非洲冲突后重建的努力。由于西方领导下的冲突后重建计划多数以失败告终,中国的这种做法可能更具有意义。他还认为,中国在客观和深入地介入一些冲突后重建进程,如南苏丹问题。中国可以在此基础上探索在不放弃"不干涉"原则情况下实施新的介入方式。

另一位非洲学者库鲁伊拉·马修斯(Kuruilla Mathews)也认为,确实,中国在 2006 年前是抵制西方在国际维和问题上的自由主义改革的。那时中国的理由是国家主权原则和"不干涉"原则,中国认为没有当事国的邀请,联合国不能介入有关冲突。但是 2006 年以后,中国在非洲维和问题上的作用开始发生变化。在达尔富尔问题上,中国紧密接触喀土穆,中国不再强调传统的一些原则,而是强调中国是一个负责的国家,使用其影响力劝说喀土穆接受联合国维和。这种行为是中国作为联合国安理会常任理事国的历史上第一次,值得注意。他认为,从积极的角度看,中国正在为更多、更深入地介入非洲维和创造条件。

非洲学者拉泽鲁·库巴芬·尼奥斯科(Lazarus Kubasu Nolasco)系统地分析了中国在非洲和平与安全上的作用。他认为,中国有必要继续加强这种作用。非洲对中国的期望很大,因为在维和问题上,非洲的需求很大,但国际上(包括非盟)的供给是不足的,中国完全可以填补这种需要和供给的缺口。

南非学者罗斯·安东尼(Ross Anthony)通过对中国在东非的油气部门——跨国的或者多国的合资企业——的研究认为,有必要重新思考中国的"不干涉"原则。

非洲学者邦尼·阿友德勒(Bonnie Ayodele)在讨论中十分活跃,多次发言。他认为中国对非洲最大的介入是"经济介入"(economic intervention),中国在非洲的发展中国家中寻找朋友显示了中国在经济上的务实主义。同时,中国也在非洲和平与安全事务中扮演了一定角色。他强调,世界已经发生变化,中国需要面对一个变化了的中国、非洲和世界。中国在非洲的经济利益不断遭到非洲不稳定的挑战。

总体上看,与会学者认为,中国的"不干涉"原则对中非双方都有利,中国在非洲和平与安全建设中的作用,要超越传统的西方为中心的"干涉主义"思维模式,中国应以自己的方式在非洲和平与安全中发挥不可或缺的世界大国作用,中国并非不关心治理,治理本就是发展问题的题中应有之义。也有学者强调不应过分夸大中国的作用,这主要是因为:中国不可能放弃"不干涉"原则,其对两个苏丹问题的参与仍将是谨慎的;中国认为联合国和非盟等非洲地区和区域组织是两个苏丹和谈最合适的调停者；中国尚缺乏解决重大国际冲突和危机的经验和自信。

有非方学者认为，"不干涉"原则需要调整变化，非洲问题应由非洲人民解决，中国的干涉会招来很多批评。中方学者认为，随着中国对非经济合作越来越与非洲国家和平与安全发生紧密的利害关系，以及中国国际影响力的增加，中国需要对不干涉内政原则作更多解释和说明，建议用"建设性的干预"（constructive interference）来替代"干涉"和"干预"，以及通过谈判、调解、协商、合作、提供建议和忠告等形式关心非洲国家内部的和平与安全建设。

与会代表谈及了中国在苏丹和北、南苏丹关系问题上的作用，以及对津巴布韦问题的态度。尽管总体上这些观点尚属平衡、客观，但一个不容忽视的倾向是，非方学者们基本上都接受了西方的和平、安全观和人道主义干预原则。这些证明西方这些年的对非软投入并未"打水漂"，他们仍拥有压倒优势的"话语权"。

（四）关于中非关系发展中应注意的平衡性问题

在发展与非洲国家的关系时，应意识到中非相处需要长远战略，要持之以恒，要说到做到；中国应针对不同国家，制定合作规划，选择不同领域开展合作、提供援助；关注非洲重点国家，扩大在非洲影响，同时也要照顾到弱小国家的利益和关切；应在政治上更多的支持非洲，特别是在联合国内部支持非洲问题的解决；应加强中非全方位的交往，中非民众更应加强交往，避免高层外交、精英外交的弊端。

埃及的艾哈迈德·哈加格（Ahmed Hagagg）（埃及非洲学会秘书长、前非盟秘书长助理）探讨了中埃和中国与北非国家的双边关系，认为"阿拉伯之春"对中国与北非的关系并没有根本性的影响，一切会继续推进，由共同利益而非其他继续主导双边关系。他提到了埃及新总统第一个出访的国家是中国。北非各国情况不同，比如利比亚与埃及就不同。不过他也认为，北非是重要的地区，中国不能忽略。"阿拉伯之春"给这个地区带来了深远的变化，中国需要适应新的趋势。

（五）关于中国的非洲研究如何改进和提升问题

近年来中国的非洲研究获得了明显的发展，青年学者逐渐成长，国际交流日益扩大。但与会的一些外方学者强调指出，目前中国和非洲学者大多是借助欧美学界的研究成果来了解对方的情况，应该改变这种状况。想要鼓励和促进更多的中非学者间的互动和交流，智库之间的交流极为重要。

IPSS 的德国顾问（也是 IPSS 的主要资助者）就认为中国对非洲的研究仍然投入不足，这导致中国学者深入非洲调研不够，缺少更全面细致的关于非洲各个国家的历史、文化、宗教、社会方面的知识，对非洲的了解往往大而化之，不注重细节，这从根本上制约了中国在非洲热点问题上发挥关键和领导作用的能力。因此中国应进一步加大对非洲研究及其人才培养的投入，加强对于非洲本身的研究，继续大力支持中国研究机构与非方学者和研究机构间的合作，例如此次智库论坛就为中非之间的相互理解提供了很好的契机。

此外，津巴布韦代表提出，中国虽然支持和平与安全与发展，但似乎对民主、法治和治理不感兴趣。发展与民主哪个居于优先的问题在会上争论也比较多。有些非洲学者主张民主应该优先，特别是要在冲突后实现发展治理，进而实现民主和经济社会发展。

在干涉问题上的争论比较集中，有非洲代表提出中国应该干涉，也有人支持中国不干涉立场。这些争论集中在利比亚和叙利亚等近年来发生政治巨变的非洲国家。

在参观中方援建的东方工业区后，有欧洲（比利时）学者对中国企业有些看法，认为工人年龄偏小，生产条件比较艰苦，工人不戴口罩直接给皮鞋涂上胶水，有害健康。还有学者认为中方公司应当注意社会责任问题。对此也有中方学者提出不同意见，认为所谓公司社会责任主要适用于那些历史悠久、规模庞大的公司。

亚的斯亚贝巴大学和平与安全研究所所长在大会发言中首先肯定了中国对于非洲的贡献，但与此同时也指出中国出口非洲的商品质量较差，和向美欧出口产品质量相比可能存在双重标准。也有其他国家学者在论文中说中国的廉价商品对非洲小企业构成了威胁。

关于对非援助问题，比利时学者指出中国应该向欧美看齐，在援助过程中注重加强非政府组织的作用。

有非洲学者指出，中国在非洲国家的基建方面发挥了积极作用，有些非洲国家不是"重建"，而是"兴建"，例如中国在刚果民主共和国修建学校、道路和医院，效果很好。中国在非洲国家冲突后经济增长方面作用也很大。

三、对今后工作的几点建议

与会中非学者认为，此次会议对于促进中非学者间的交流对话，增进彼此相互了解起到重要作用,希望今后能够继续举办此类会议。对于中非双方今后如何扩大共识,共同拓展和维护共同利益,应对面临的挑战,结合本次会议讨论,我们提出如下建议。

第一,中国确实需要高度重视非洲一体化问题。应该站在 21 世纪的当代高度,面向未来做长期思考,非洲一体化终归是大趋势,应从非洲一体化推进的角度思考非洲给中国带来的机会与挑战。非洲一体化无疑是中国的机会,中国需要把中非关系的重心放到非洲一体化上。只有非洲一体化,非洲才可能成为 21 世纪全球的又一个新兴市场。非洲将借中国的力量推动非洲一体化。反过来说,非洲一体化也是对中国的挑战,中国要分析非洲一体化可能对中国推进与非洲国家原有的双边合作关系造成的消极影响。

第二,确实需要提升中国在非洲地区和平与安全上的作用。过去,尽管我国对非洲维和十分重视,但总的来说,我们尚未像重视经济关系一样重视非洲的总体和平与安全。近年来,非洲内外的国际社会希望和要求中国在非洲地区和平与安全上发挥更大作用的呼声日高,使中国不得不在这方面做出一些新表态,这是一个良好开端。非洲人都知道,中国不会像西方那样干涉非洲的内政,但又担心中国对非洲和平与安全漠不关心。随着各种情况的变化,非洲希望和要求中国对非洲地区和平与安全承担更大的责任。中国作为联合国安理会常任理事国,在大国合作解决非洲问题中的地位与作用十分关键。大国合作是解决非洲问题的主要途径之一。此外,中国可以进一步加强在非洲维和中的作用,在这方面,中国比别的大国做得好。非洲希望中国成为非洲和平的支持者,所以,可以把中国在非洲的作用看作和平支持者,而不仅是维和。

第三,中国政府应采取更为积极的财政税收等政策推进民营企业"走入非洲"的进程,同时应加大对于资源贫乏国家的援助力度和人力资源培训力度。中国可以"以经济促和平",即通过基础设施、经贸投资等领域的合作,来推动像南北苏丹、津巴布韦这样的动荡地区的政治和平进程。

第四,中国在非企业应注意劳工关系和对员工人权的保护,加强与当地非政府组织的合作,中国政府也应该注意到中国企业在对非经济合作中存在的腐败行为,例如虚开发票、透明度不足等问题,中国公司还应注意保护自己员工的人身安全。

第五,建议中国派遣更多精通英语和法语的人才,加强与本土合作方的沟通,从而更好地实现员工的本土化,为非洲培养更多的技术性人才。应该更重视民间组织在中非关系发展中的作用,今后的中非智库论坛可以考虑吸收美国的智库和学者参与。西方国家在这方面的经验值得关注。

四、本次会议的几个特点

(一)中非双方都较为重视,层次较高

无论是从出席的领导还是与会的代表来看,本次会议的规格和层次都较高。非方出席会议的嘉宾有埃塞俄比亚副总理兼教育部长德梅克·梅孔嫩、埃塞俄比亚外交部亚洲和大洋洲司司长阿热加·海卢(Ato Arega Hailu)、联合国非洲经济委员会办公厅主任阿德耶米·迪沛鲁(Renadeyemi Diperu)等;出席会议的中方领导则有浙江省副省长郑继伟、外交部非洲司司长卢沙野、中国驻埃塞俄比亚大使解晓岩等。在与会代表中,埃及非洲协会秘书长哈盖格(Amb Ahmed Haggag)、非洲社会科学研究发展委员会执行副主任伯纳德(Lututala Mumposi Bernarol)、南部非洲文献研究中心菲利斯(Phyllis Johnson)、南非斯坦陵布什大学中国研究中心主任格瑞姆(Sven Grimm)等都是国际上非洲领域非常知名的学者。

(二)与会中非学者的沟通交流较充分

在本次会议的分组研讨中,每一位与会代表都有足够时间发言,相互间的交流对话充分而深入。同时,在大会交流环节,还留了充裕的时间让代表们提问、互动,气氛热烈,真正达到了相互研讨、相互交流的目的,体现了论坛"坦诚对话、凝聚共识"的宗旨。

(三)会议组织较精细有序

会议由浙江师范大学非洲研究院和亚的斯亚贝巴大学和平与安全研究所共同举办。在会议举办过程中两家单位分工明确,相互配合,整个会议组织严密,无论是代表的接送机安排、住宿安排,还是会前的招待酒会、会中的各项议程、会后的考察组织,各个环节都井然有序。

(四)会议成果产生了较广泛的影响

本次会议受到国内外媒体的广泛关注。中国中央电视台综合频道(CCTV-1)和新闻频道(CCTV-13)10 月 13 日黄金时段播出的《朝闻天下》节目详细报道了会议的主办方、主题、时间、地点等内容,外交部非洲司司长卢沙野在接受

记者采访时还专门谈到本次会议在推动中非人文交流合作方面的意义。

《浙江日报》《北京周报》《环球时报》、人民网、新华网、新浪、搜狐等国内重要的报纸网站对此也进行了报道。埃塞俄比亚外交部网站、全非新闻网等也对此次会议进行了报道。据不完全统计，百度搜索引擎有中文报道 50 余则，谷歌搜索引擎的英文报道 10 多则。此外，全球著名视频网站 YOUTUBE 还有关于本次会议开幕式和个人采访的视频。

五、到非洲办会几点体会

(一)办会双方充分沟通、相互尊重、适当妥协是会议成功举办的基本前提

本次会议是非洲研究院第一次在非洲主办高端会议，也是第一次与非洲国家智库单位合办会议。由于双方在文化、理念等方面存在较大差异，在会议筹备过程中，双方在议题确定、人员邀请、经费开支、会议材料制作、代表排序等方面都产生了一些冲突和矛盾。但最后本着坚持底线、充分沟通、适当妥协的原则，基本合理地解决了上述冲突和矛盾。当然，非方对中方办会智库提出的一些原则性条件，也做出了一定的妥协和让步。因此，办会双方充分沟通、相互尊重、适当妥协是会议成功举办的基本前提。

(二)相关方面的支持是会议成功举办的条件保障

外交部非洲司、中非合作论坛中方后续行动委员会作为中非智库论坛的主要支持单位，在会议议题确定、会议地点(国别)落实、重要嘉宾邀请、会议经费资助等方面都给予了大力支持。非洲司司长卢沙野专程前往出席论坛并在开幕式上作重要讲话，尤其是在会前得知原定出席会议的埃塞俄比亚外交部国务部长及联合国非经委主任(联合国副秘书长)因故不能出席会议的紧要关头，非洲司司长卢沙野亲自出面协调，最终埃方确定由副总理出席论坛。因此，论坛的成功举办首先应归功于外交部非洲司的大力支持。

中国驻埃塞俄比亚大使馆对本次会议给予了无私的帮助。在邀请非方嘉宾、接待中方嘉宾和代表等方面，大使馆都做了大量工作。解晓岩大使还亲自出席会议并讲话，会议的成功举办与大使馆的大力支持是分不开的。

(三)合理的会议安排是会议成功举办的重要因素

本次会议出席的代表共 98 人，其中领导和嘉宾代表 25 人，学者和专家代

表73人；中方代表46人，非方及西方代表52人。总体上看，对于一次在国外举办的学术研讨会，本次会议这样的规模是适当的。一方面会场气氛不失隆重、热烈，另一方面会务工作组织也不至于太难。

在时间安排上，本次论坛会期共两天，第一天上午安排开幕式和大会报告，下午安排分组研讨；第二天上午安排大会交流和闭幕式，下午安排附近考察。时间安排紧凑但交流研讨充分。

在会议的选址问题上，虽然最初因现址离埃塞俄比亚首都尚有一个多小时路程而存在争议，但从实际效果看，我们的选址还是正确的。与会代表对会场周边优美的自然环境十分满意，对酒店具有浓郁古朴的非洲特色的设计和装饰风格也赞不绝口。此外，由于会议地点交通不是很方便，一定程度上也确保了与会代表自始至终百分之百的参会率。

本次会议在筹备和举办过程中也存在一些不足之处。如在议题的最终确定上与原设计议题有一定偏离，非方代表遴选与邀请我方的参与度不够等，将在今后办会中加以完善提升。

分报告四 中非关系的提升与中非软实力建设

——中非智库论坛第三届会议综述①

2013 年 10 月 21 日至 22 日,由中非合作论坛中方后续行动委员会指导,浙江师范大学和中国社科院西亚非洲研究所主办的中非智库论坛第三届会议暨"中非智库 10＋10 合作伙伴计划"启动仪式在北京国际饭店隆重举行。

国务委员杨洁篪出席开幕式并发表讲话。外交部副部长翟隽,非方智库代表、南非国际问题研究所所长斯迪诺珀洛斯,中方智库代表、中国社科院副院长李扬,非洲驻华使团长、多哥驻华大使塔·阿马,国家开发银行副行长袁力,中非智库论坛主办方代表、浙江师范大学校长吴锋民等先后在开幕式上致辞。开幕式由中非合作论坛中方后续委秘书长、外交部非洲司司长卢沙野主持。

来自外交部、商务部、中联部、教育部、国家开发银行,中国和 40 多个非洲、欧美国家及国际组织的 280 多位政府官员、智库领袖、著名学者、媒体代表出席了这一中非思想界与知识界的年度盛会。

一、会议基本情况

本届论坛以"中非关系的提升与中非软实力建设"为总主题。经报请中非联合研究交流计划指导委员会同意,本届会议与浙江师范大学非洲研究院承担的中非联合研究交流计划 2013 年研讨会项目"如何推进非洲研究学科建设与人才培养机制创新以适应中非关系发展需要"合并举行,并据此设计了论坛主题与分议题。三个分议题分别是:"中非关系的提升:动力、方向与举措""为了发展的软实力:中非自主价值观构建""中国的非洲研究与非洲的中国研究:合作与创新"。这些议题的设置表明中非智库论坛的研究与讨论更加深入具体,也更具战略性和前瞻性。

---

① 肖玉华、李鹏涛、张哲、姜恒昆、胡美、牛长松、赵俊、马恩瑜、徐薇、王学军、卢凌宇等学术组成员对本文均有贡献。

本届论坛共举行了两场全体大会,六场分论坛会议,共有16位中外学者做了大会主旨报告,60多位中外学者在分会场上做了专题发言。此外,全体大会和分会场上都安排了讨论与互动环节,200多位中外学者面对面进行了热烈交流和讨论,这使得本届论坛的学术对话与思想交流更为充分和深入。

论坛第一次全体大会由浙江师范大学非洲研究院院长刘鸿武教授主持,外交部前副部长吉佩定,尼日利亚国际问题研究所所长阿金特那瓦(Bola A. Akinterinawa),中国社科院西亚非洲研究所研究员杨立华,塞内加尔非洲社会科学研究发展理事会秘书长萨尔(Ebrima Sall),北京大学国际关系学院副院长王逸舟,埃塞俄比亚亚的斯亚贝巴大学和平安全研究所所长柏赫(Mulegeta Gebrehiwot Berhe),中国政府非洲事务首任特别代表、浙江师范大学中非国际商学院院长刘贵今,卢旺达国立大学政治学系主任查尔斯(Charles Kabwete Mulinda)等8位大会主讲嘉宾,围绕中非关系转型提升的动力与方向、中非价值理念与发展软实力建设、中非学术思想交流与智库合作等论题做了深入阐释。

第二次全体大会由中国社科院西亚非洲研究所所长杨光研究员主持,中联部非洲局副局长钟伟云,摩洛哥穆罕默德五世大学非洲研究所所长法拉(Yahia Abou El Farah),浙江师范大学非洲研究院高级研究员、中国政府驻厄立特里亚、卢旺达前大使舒展,肯尼亚非洲经济研究所执行所长森贝特(Lemma Senbet),中国社科院西亚非洲研究所非洲研究室主任贺文萍,喀麦隆国际关系研究所所长塔比(Pierre Emmanuel Tabi),中国农业大学人文与发展学院院长李小云,尼日利亚伊巴丹大学非洲研究院和平与冲突研究项目主任艾伯特(Isaac Olawale Albert)等8位专家分别做了大会报告。

本届论坛的一大亮点是公开发布了由中非双方10+10智库代表共同起草的《中非智库10+10合作伙伴计划倡议书》(全文见附录四)。倡议书系统总结回顾了近年来中非学术交流合作的成果,提出未来中非思想对话、知识创新的新理念、新路径,以及用以指导今后工作的具体合作倡议,受到与会各方热烈响应。

论坛闭幕式由浙江师范大学中非国际商学院院长、中国政府非洲事务首任特别代表刘贵今主持。浙江师范大学非洲研究院院长刘鸿武、塞内加尔非洲社会科学研究发展理事会主席哈拉克(Fatima Harrak)对本届取得的成效做了大会总结,最后由浙江师范大学党委书记陈德喜致闭幕词。

此外,在论坛开幕当天,由外交部副部长翟隽、非洲司司长卢沙野担任顾问，刘鸿武教授担任主编，国内十多家相关机构的学者共同完成的《教育部哲学社会科学发展报告——非洲地区发展报告（2012—2013）》（中国社会科学出版社出版），以及中非学者合作编辑的《中非智库论坛第二届会议论文集——中非学者论中非关系》（英文版）也在会议现场正式发布。大会秘书处于会前收到的50多篇中英文论文或提纲所编辑而成的《中非智库论坛论第三届会议文集》也提交到大会现场交流。上述成果在大会期间的交流，使本届论坛的内容更加丰富，成果更加突出，交流效果也更为明显。

二、会议研讨内容和各方争论的热点及焦点

本届论坛是在中国国家主席习近平 2013 年年初访问非洲、非洲经济发展速度加快、一体化进程取得新进展、区域内政治经济分化日趋明显而中非合作关系也面临一系列转型提升压力的背景下召开的，与会的中非双方学者和来自世界其他国家和地区的学者，围绕着论坛设置的核心主题与分议题，就非洲发展与中非关系中的一些重大问题展开了热烈的讨论与思想交锋，有许多值得关注的新观念与新议题在论坛期间得到不同角度的阐释与说明。

（一）合作构建"中非命运共同体"以共同实现"中国梦"与"非洲梦"，应是未来中非关系转型提升的新动力新方向

首先是如何分析判断当前非洲发展态势，如何评估当前中非关系的基本面并据此来研判未来中非关系转型提升的方向与动力的问题。有学者指出，目前，中非关系正面临着一个可以大有所为的特殊的战略提升机遇期。总体上看，非洲大陆已经进入一个经济相对快速与稳定发展的时期，此轮非洲大陆的经济发展波，有可能延续相当一段时期，并且有可能成为未来二十到三十年中世界最重要的经济增长新大陆与新一轮世界工业化、现代化的中心平台，这也是世界上最后一轮大规模的工业化现代化的浪潮。为此，中国需要有一个大的战略眼光，有一个大的战略视野和创新性的综合举措，紧紧抓住非洲这块大陆逐渐进入相对稳定经济增长的长时段并努力追求工业化、现代化、一体化所产生的对于中国日益强烈的战略性需求，将未来二十年非洲的发展需求与中国的发展目标更有机地结合起来、融合起来，形成一种互为机遇、互为支撑的战略格局，把中非合作关系提升到更具实质意义的新平台上去。

有学者指出，今日的中非关系越来越需要放置到全球战略结构转型与调整的大背景上来把握。回顾过去二三十年世界经济的变迁过程，可以看出，中国

自 20 世纪 80 年代以来已经历了三十年之久的经济高速增长,而非洲在进入 21 世纪以来也获得了超过十年的经济快速增长。而"中国 30 年"与"非洲 10 年"之间不仅关联,而且双方之间正形成一种全新的发展结构关系,即在世界经济发展重心向南方国家、发展中国家倾斜过程中,中非能够利用各自独特的优势,合作建构起一种新型的、具有自主自信自觉的战略意识并保持开放性的协同发展关系。

有学者指出,长远来看,中非双方在各自独立地探索"中国道路"与"非洲道路"的同时,完全有可能也应该通过创新性举措,相互借鉴与交流,建构起一种特殊的中非"命运共同体"与"机遇共同体",在协同创新的合作中,共同实现繁荣富强的"中国梦"与"非洲梦",这也正是未来中非关系转型、提升、发展的新动力、新方向。

有学者指出,当前国际形势正在发生重大而深刻的变化,新兴经济体在世界经济格局中的地位逐渐上升,其中聚集着世界上最多发展中国家的非洲有着最为重要的影响。与此同时,伴随着新一代中国领导人的上台,中国外交出现了新理念与新追求,中非关系随之升级的机遇与空间也在增长。未来中非关系的发展推动力,要从能源和市场,转向更宽广的影响双方未来发展结构与方向的深层次领域。

也有学者指出,中非双方在今后要花力气来切实合作解决一系列基础性问题,例如非洲地区一体化、领事关系变革、中国海上能源运输保护、联合国改革等。中国应该切实考虑是否有必要直接提出接纳非洲进入联合国安理会担任常任理事国的方案,并考虑在支持非洲入常的情况下,中国如何得以在东亚地缘政治的博弈中把握局面。

中非关系的结构性失衡及原因与出路问题,也是本届论坛上中非学者热烈讨论的问题。有学者指出,中非关系整体的不对称是引发非洲国家倡导中非合作关系转型升级的一个重要动力与压力,非洲民众对中非关系的批评是一个重要的方面,中国必须对此有清醒而紧迫的认识及举措。同时,非洲国家在制定发展项目的过程中与中非合作论坛举措和项目之间关联性的缺失,也反映出双方对彼此市场及需求缺乏了解,它表明中非双方经济发展动力与机遇尚缺乏有机对接,命运共同体的建构尚需有实质性战略举措来加以推进和融合。

有学者指出,在中非双方都亟须在国际生产网络中寻求自身定位的关键时期,非洲国家迫切需要中国的技术转移和输出,中国需要提升自身产品的国际竞争力。在帮助非洲国家提高自身工业化能力的同时,非洲大陆各国期待中非合作走向高水平、高质量、多层次的合作，希望借此实现让非洲的资源真正为非洲所用、为非洲谋利的理想。

（二）中非智库之间的交流有助于双方建立以知识为基础的伙伴关系

会议期间，一些中非学者围绕如何提升中非双方在国际思想与知识平台上的地位，如何使中非合作关系在国际舞台上更具主动性与创新性以及利用中国参与非洲和平安全建设和能力建设来使非洲人受益等议题，进行了深入的探讨。

中非专家学者一致呼吁中非合作应从单纯的政治和战略层面扩展到民间以及思想层面的交流，突出民众的广泛参与性和惠民性、基层性。在中非相互学习和借鉴发展经验的同时，中非双方的合作能力建设问题也应当受到更多重视。

论坛期间，一些非洲学者明确提出了中非双方应努力"建构知识的统一战线"的问题，而在此过程中，中非双方的智库机构及学者，有着更重要的地位和任务。

有中方学者指出，相对于务实功利的官僚机构，中非双方的民间智库的优势是相对独立，且更具有战略的前瞻性和政策的想象力。而这种来自民间智库的思想与知识创造，对于开创中非合作的新局面，具有特殊的意义。

有来自非洲的学者认为，"中非智库10＋10合作伙伴计划"以及中非智库论坛的定期举办，大大有助于增进双方学者的对话交流与相互了解，消除西方主导话语的霸权，并有助于中非关系的健康发展。有人指出，中非关系发展一直存在着的"重经贸，轻人文"的缺陷并未从根本上改变。中非双方应有实质性举措来加强人文与思想领域的深度合作，不应当仅停留于歌舞展演、气功美食的交流层面，要鼓励中非双方的学者真正深入对方，开展中长期的调研和融入当地生活的体验研究，切实了解彼此的社会与文化。

关于智库论坛应如何更好推动中非学术界交流合作的问题，学者们认为：首先，应当通过创新性的中非智库间的思想交流，夯实中非合作的人文基础，提供富有时代前瞻性与启示性的思想产品，与非洲国家一起共同建构面向互利共赢的为了发展的"思想软实力"。其次，应积极探讨中非双方如何通过治国理政与发展经验的交流，通过独立自主的发展实践探讨适合各自需要的"中国道路"与"非洲道路"，推进中非双方形成更加自觉自信的互为战略机遇的"命运共同体"。再者，要通过各具体领域的合作研究，将更多的目光投向非洲民生问题，社会问题,促进非洲工业化进程和扩大就业机会,增加普通百姓收入,让中非关系更加造福于中非双方的人民。

(三)非洲各国迫切希望推进本土工业化和一体化,非洲需要援助但更欢迎平等互利的经贸合作和投资合作

非洲投资需求旺盛,前景看好。中非贸易增长潜力巨大。在此背景下中非科技合作有广阔空间。就援助方向而言,在今后一二十年,中非合作应以投资为主导,发挥投资项目的综合效益,带动对非贸易和工程承包的全面发展。在援助中,则应以民生项目为重点,物质援助与智力援助并重,充分发挥援助工具的综合效应。与此同时,中非经贸合作面临着扩大规模和提升质量的艰巨任务。具体而言,首先要优化贸易结构,提升质量,助推中非双方产业结构调整。其次要以投资为导向,带动中非全面经济合作。再次要扩大与非洲在基础设施领域的合作,促进非洲一体化进程。也有中方学者强调,中非应推动签订更多的相关双边法律协定,为中非经贸关系的可持续性发展创造良好的法律环境。

与会非洲学者也理性地认识到,非洲需要靠自己站起来,而非单纯依赖中国的支持,非洲国家对自身国家政府在实现发展中的责任问题有较清醒和深刻的认识,反映在对外投资的态度方面,表现为非洲国家更欢迎外来投资而非仅仅是中国的对非援助。

伴随着中非经贸关系的发展,越来越多的中国人在非洲工作与生活,他们的价值观念、生活方式和经营活动对于中非关系发展产生着越来越大的影响,这一群体在中非关系发展过程中扮演着日益重要的角色。关于非洲中国移民的负面言论在对中国构成压力的同时,也可以成为推进中非关系健康发展的动力和鞭策。

(四)中非双方要重视基于发展需要的软实力建设,都要学会用自己的语言来叙述中国故事和非洲故事

有中方学者指出,中非合作中存在着一些结构性的问题,其中就包括软实力缺失的问题。至少在舆论中,中国在非洲的形象是模糊不清的。中国应该增强在非洲的软实力,要学会用自己的语言来叙说自己的故事。也有学者强调,我们不应当过分强调中方在非洲的软实力,而是应当共同挖掘潜在的能够形成国际影响力的软实力,寻找共同发展的方法。

学者们认为,中国在非软实力建设的成就是巨大的:中国发展模式对非洲

有吸引力。中国模式不完美，但在脱贫、农村发展和中小企业发展等领域的经验，为非洲国家提供了有益的参考；中国对非政策受到欢迎；中国的经贸政策扩大了它在非洲的影响；公共外交促进了相互了解。中非软实力建设所面临的问题主要有：中国自身的问题，特别是企业、公司、公民在进入非洲的过程中出现的无序与混乱；非洲国家在相当程度上接受了西方主导的发展和政治理论，对中非传统关系形成挑战；西方干扰中非关系，并抹黑中国。

关于孔子学院这一中国在非软实力建设中的个案，学者们认为，孔子学院在汉语教学和培训方面成绩显著，也为传播中国的历史文化和价值理念创造了重要的条件，但是孔子学院的发展必须突破纯粹的语言教学，积极推动中非民间交流工作，扩大孔子学院在中非民间交流中的"桥梁"和"纽带"作用。

学者们还强调，建立中非共同价值观不能是空中楼阁，要研究中非在合作中的共同理念、思想，重视具体案例和个案调研。在今后的研究中，要做到将历史与现实相结合来分析中非双方建构共同价值与理想，从当代中非发展合作中总结中非共同价值观的基础。要重视个案研究、实证研究，重视考察与理论思考相结合。

（五）基础研究薄弱和人才短缺依然制约着中非智库发展水平，有必要采取强有力措施推进中国的非洲研究和非洲的中国研究

如何推进非洲研究学科建设与人才培养机制创新以适应中非关系发展需要成为近年来中非学者经常涉及的话题。多位中方学者强调，随着近年来中非关系的快速发展，非洲研究也随之升温。但是其中存在的发展趋势是过分关注中非关系，而忽视了关于非洲社会、历史、宗教和文化等方面的基础研究。中非关系研究并非非洲研究的全部内容。基础研究同样重要，其发展水平制约着我们对于中非关系的认知与研究，也影响到国人对于非洲的认知与了解。非方学者也强调，中国学者到非洲多是从事中非关系相关研究，很少是专门从事基础的非洲研究工作，本届智库论坛将"中国的非洲研究/非洲的中国研究"列为分议题，这是中非学界可喜的进步，仍需要进一步努力。有外方学者建议，中国的非洲研究应当更注重外语学习，更加关注案例研究和基础研究，并与国外机构建立更为广泛的联系。

三、与会学者对进一步提升中非关系的建议

第一，中国应该加大对非洲大学和相关学术机构能力建设的支持。非洲国

家普遍面临着经费、人员和资源不足问题。加强中非学界在出版和学术领域的合作，加强对中国、非洲和中非关系的研究，尤其要特别重视青年人才培养，为其发展创造更多机会。

第二，关于软实力建设，我们应当加强战略谋划，要考虑如何把对非战略较好和全面地予以落实，以解决中非关系中出现的紧迫的问题。我们要以宽广的胸怀和战略视野，把对非外交纳入实现中国和中华民族复兴的框架，积极发展对非外交和公共外交。

第三，关于中国在非投资安全问题。应顺应非洲需求、加快与非洲当地经济社会的融合；应做好预警方案，提升风险防控能力；应实现投资主体多元化，支持民营企业做大做强。

第四，关于非洲的中国人群体。我们应注意加强与非洲当地媒体的交流沟通，适当引导当地媒体客观公正地报道在非的中国新移民群体；应加强对非洲的研究和宣传工作，使得中国民众更加了解和尊重非洲的法律、文化与习俗，学会与当地民众和谐相处。

第五，关于今后的中非经贸领域合作。在今后一二十年时间里，中非合作应以投资为主导，发挥投资项目的综合效益，带动对非贸易和工程承包的全面发展。在援助中，则应以民生项目为重点，物质援助与智力援助并重，充分发挥援助工具的综合效应。

第六，关于中非关系研究和非洲研究。我们今后应当更多鼓励基础研究，尤其是鼓励加强系统性研究和国别案例研究，从而为中非关系研究提供坚实的基础支撑。

四、本届会议的几个突出特点

第一，规模层次，再创新高。会议规模、规格创历史新高，参会嘉宾学者等达280多人。从出席的领导和与会的代表来看，规格和层次都较高。出席会议的中方领导和嘉宾有国务委员杨洁篪，外交部副部长翟隽，国家开发银行副行长袁力，中国社科院副院长李扬，外交部前副部长吉佩定，外交部非洲司司长卢沙野，教育部国际司司长张秀琴，外交部非洲司参赞贺萌，外交部亚非司参赞李凌冰，中联部四局副局长钟伟云、巢卫东，国家开发银行国际合作业务局副局长石纪杨，国家开发银行研究院副院长黄剑辉，国家开发银行规划局副局长王文松，浙江省社会科学界联合会党组书记郑新浦以及多位前驻非大使、国内知名学者等。非方代表有：非洲使团50余人，塞内加尔非洲社会科学研究发展理事会、摩洛哥穆罕默德五世大学非洲研究所、喀麦隆国际关系研究所、尼日利亚国际问题研究所、南非国际问题研究所、南非斯坦陵布什大学中国研究中心、埃塞俄比亚亚的斯亚贝巴大学和平安全研究所、肯尼亚非洲经济研究所等首批"中非智库10＋10合作伙伴计划"非方智库代表，以及外交学院非洲法语国家研修班学员、浙江师范大学中非智库研修班学员等。

第二，主题鲜明，交流充分。会议围绕"中非关系的提升与中非软实力建设"的大主题，以"中非关系的提升：动力、方向与举措""为了发展的软实力：中非自主价值观构建""中国的非洲研究与非洲的中国研究：合作与创新"为议题，组织了三场分论坛，参会学者就此展开了深入研讨和热烈的对话、交流。在分组研讨中，每一位与会代表都有足够的时间发言，相互间的交流对话充分而深入。在大会交流环节，还留了充裕的时间让代表们提问、互动，气氛热烈，真正达到了相互研讨、相互交流的目的，体现了论坛"坦诚对话、凝聚共识"的宗旨。

第三，组织有序，服务周全。本次会议由浙江师范大学和中国社科院西亚非洲研究所在外交部非洲司的具体指导下共同举办，得到国家开发银行和浙江省社科联的大力支持。会前学校成立了筹备委员会，下设秘书组、会务组、学术组和宣传组，多次实地考察会场，专题商议办会细节，校领导也多次就办会工作听取汇报、给予指导。在会议举办过程中，校内外各相关单位分工明确，相互配合，整个会议组织严密，代表的接送机服务、住宿和餐饮安排细致周到，报到、资料发放等服务到位，会场布置庄重大气，同声传译准确生动，会议各项议程的进行都井然有序，受到与会代表的广泛好评。

第四，影响广泛，意义深远。会议取得了预期效果。开幕式前后，国务委员杨洁篪与浙江师范大学党委书记陈德喜、校长吴锋民亲切交谈，并兴致勃勃地参观了我校的宣传展板，对我校对非工作给予高度肯定。《人民日报》、新华社/新华网、《中国日报》、中央电视台、中国国际广播电台、中央人民广播电台、中国新闻社、《光明日报》、《中国教育报》、《中国社会科学报》、《中国与非洲》、《中国国情国力》、《财经国家周刊》、《浙江日报》等20多家主流媒体或学术刊物应邀报道论坛举办盛况。中非智库论坛引起国内外广泛关注，并正式纳入"中非合作论坛"框架内，成为《中非合作论坛第五届部长级会议——北京行动计划》拟定的未来3年中非合作举措之一。同步发布的学术成果受到与会领导、学者的好评。

分报告五　非洲"2063年愿景"下的发展新趋势

——中非智库论坛第四届会议综述

周术情

2015年9月9日至10日,由浙江师范大学、南非外交部、南非马蓬古布韦战略反思研究所共同主办,中非合作论坛中方后续行动委员会、中国驻南非大使馆、国家开发银行支持的"中非智库论坛第四届会议"在南非行政首都比勒陀利亚的南非国际关系与合作部国际会议中心隆重举行。来自中国、南非、喀麦隆、尼日利亚、赞比亚、坦桑尼亚、肯尼亚、埃塞俄比亚和津巴布韦等国的100多名智库领袖、著名学者、政府官员、媒体代表会聚一堂,出席这一中非思想界与知识界的盛会,围绕"非洲'2063年愿景'下的发展新趋势"这一论坛主题进行深入研讨。

一、会议基本情况

此次会议是浙江师范大学时隔五年后再次在南非举办中非合作的高端学术会议,受到中非双方政府与学界的高度重视。来自南非外交部、科技部、财政部、非洲联盟、中国外交部、商务部、中联部、国家开发银行的相关领导出席开幕式。南非外交部副总司长迪塞科、中国驻南非大使馆临时代办李松、浙江师范大学校长蒋国俊、南非马蓬古布韦战略反思研究所执行所长乔·奈特施丹哲、中国外交部非洲司副司长戴兵、国家开发银行国合局田云海主任在开幕式上致辞,开幕式由南非外交部副总司长阿尼尔·苏克拉尔(Anil Sucral)主持。

浙江师范大学校长蒋国俊教授简要地回顾了浙江师范大学非洲研究走过的历程以及取得的成绩,并表达了对会议取得成功的良好祝愿。南非外交部迪塞科副总司长在开幕式上表示,非洲正在发生着巨大的变化,非洲应该加强团结,积极发挥非盟的作用。她还认为,中国也在成为一个强有力的大国,在世界经济增长乏力时,非洲应该与中国站在一起,共同面对各种困难,在竞争的环境中保持合作。中国驻南非使馆临时代办李松先生在致辞中表示,世界无须担心中国的经济发展速度,中非双方在许多领域可以形成互补发展态势,未来中非双方还将探索更多的合作机制,在关键性领域展开合作。南非马蓬古布韦战略反思研究所执行所长乔·奈特施丹哲认为,非洲自然资源在其发展中应该继续发挥重要作用,但是管理资源的方式应该改进。中国与非洲应在非洲能力建设方面进行广泛的合作。中国与非洲的合作不能仅仅追求短期效益,还要考虑双方的长远利益。非洲发展的一个新要求是非洲必须主要依靠自身的力量推动非洲的发展。外交部非洲司副司长戴兵先生在发言中指出,中非同为发展中世界,在当前国际秩序中处于较为不利的环境。中国与非洲应该共同在国际上发出自己的声音,引导国际舆论客观理性地看待中非关系,努力为中非合作营造积极、友善与和谐的氛围。国家开发银行国际合作业务局美非就业部主任田云海表示国家开发银行将利用中非基金支持更多的非洲项目,加强与非洲在产业集群和产业链方面的合作,加强与非洲在海洋经济方面的合作,并将为中非智库提供更多的支持。

开幕式后,教育部长江学者特聘教授、浙江师范大学非洲研究院院长刘鸿武和南非马蓬古布韦战略反思研究所执行主任雅库伯·阿巴·奥马尔(Yakubo Aba Omar)共同主持了本届论坛第一次全体大会。全国政协委员、中国国际交流协会副会长、中共中央对外联络部原副部长艾平,非洲新伙伴关系规划和协调局首席执行官易卜拉欣·马亚基(Ebrahim Mayaki),非洲社会科学研究发展理事会执行秘书长埃布里马·萨勒(Ebrima Salle),中国国际问题研究院副院长郭宪纲等中非学者就论坛主题做了深入阐释。

中国国际交流协会副会长艾平先生追溯了他与非洲人民的交往历程,认为中非双方应互相学习和了解,了解对方的历史与现实;非洲已经发生了巨大的变化,有着美好的未来;中国虽然也同样面临着经济增速放缓的困难,但中国人有信心推进真正的发展;中国与非洲在基础设施建设、资源和技术转移等方面存在广泛的合作空间。非洲社会科学研究发展理事会执行秘书长埃布里马·萨勒认为:国际政治经济形态已经发生了变化,非洲社会也在转型之中,不同的人对非洲的发展持有不同的观点,既有积极方面的,也存在消极方面的。他回顾了1965年以来非洲经济发展的历史。他指出非洲的发展与经济增长紧密相关。中国与非洲的关系也处于转型之中,中国有大量的经验值得非洲借鉴。但是非洲的发展还存在一些问题:非洲无论是经济总量,还是贸易额在世界所占比例均较低,金融服务业的发展滞后,非盟参与不够,基础设施缺乏等。中非合作是非洲发展的关键性议题之一,政策制定者应该紧紧围绕经济与社会变化、可持续发展、气候变化、环境保护等方面制订出具体的发展计划。中国国际问题研究院副院长郭宪纲先生认为,非洲已经进入伟大的复兴阶段,非洲经济发展水平逐步提高,安全环境得以改善。非洲一体化进程、经济结构调整等已取得较大的成就。非洲的复兴离不开安全环境,非洲的总体安全环境已经改善,还需要重视的部分包括:强化区域和次区域组织在安全领域的作用,提升非洲集体干预的能力,维和与谈判并重,建立集体管控机制,预防各种可能的恐怖主义事件。喀麦隆国际关系学院教授史蒂芬•恩格万扎指出,非洲存在巨大的发展机会,经济管理,包括自然资源的管理是关键。他提出了非洲"2063 年愿景"可能面临的七个方面的挑战:第一,如何严格执行既定计划;第二,如何有效地改善非洲的安全环境;第三,如何建立科学有效的统计机制;第四,如何获得足够的资金支持;第五,如何保持政治多元化;第六,如何改善安全环境;第七,如何实现技术创新。非洲国家应充分利用自己的资源优势,共同行动,保持经济的持续健康发展。中国人民大学重阳金融研究院王文先生认为中非合作存在三个基础:中非均处在第二次转型的时期;双方都在追求复兴;双方在金融方面互相需要。他建议:第一,成立中非智库联盟;第二,在金融方面加强信息分享;第三,希望南非可以申办 2018 年 G20 峰会。

二、分论坛学术讨论纪要

此次会议设置了四个分论坛共 12 场讨论,100 多位中外学者分别就"2015年后非洲发展新趋势及非洲与外部世界的关系""非洲'2063 年愿景'规划及其关键举措""中非产能对接合作与非洲'三网一化'建设""中非人文交流互鉴与'乌邦图—儒家思想'对话"等分议题展开坦诚、深入的对话。

(一)第一分论坛:"2015 年后非洲发展新趋势及非洲与外部世界的关系"

第一分论坛主要讨论了非洲与外部世界的关系。塔卡瓦非拉•M. 周(Takavatila. M. Zhou)从"非洲发展新趋势及对世界体系的影响"角度,认为中国对于非洲的帮助和支持,尤其是对非洲基础设施领域给予的关注,有力地推动了非洲地区的发展。但是非洲的发展不仅需要外部力量的帮助,更需要内部在发展模式上的调整,包括提升国家治理政策上的有效性,加强资源的分享与合作。发展模式调整能够推动非洲地区在经济上由简单的原料出口地转变为工业制成品的制造基地。此外,面对诸如文明的冲突、战争的侵袭以及疾病的困扰等问题,非洲国家应该重视和充分利用大学的各项科技资源。中非之间可以在金融、基础设施等方面加强合作,中国和非洲需要加强彼此之间的联系,相互开放更为广阔的市场资源。

杨立华研究员指出非洲和中国的发展和崛起正在成为被国际社会接受和认可的新常态。非洲的发展标志着全球化进程的进一步深入。随着非洲一体化发展的深入,非盟在处理非洲各项事务上所发挥的作用日渐增强。但非洲的发展需要非洲各国和人民保持耐心、自信的心态去面对。非洲"2063 年愿景"对非洲有着重要的价值。推动科技的发展,新兴市场的开拓,深耕国内市场等方面,中非之间有着更为广阔的合作领域。中非之间的互利合作,应该在相互学习发展经验的基础上,加强各领域内、各机构间的合作,探索新的合作模式。此外,尤其应该加强对非洲本土人才的培养。

加思·谢尔顿(Garth Sheldon)教授从非洲发展所面临的困境,非洲发展所需要优先考虑的领域,以及中非合作的现状及存在的问题等几个方面给出了自己的建议。非洲存在战乱、冲突、经济发展乏力、政府治理不善等方面的问题,但是非洲同样也有丰富的资源,非盟与非洲各国一道也致力于构建持续、稳定、有效的未来发展规划。有效吸引外资是推动中国这些年来经济迅速发展的一个重要原因,也是值得非洲国家学习的重要方面。此外,中非之间还可以加强在农业以及旅游业等领域的合作。

佛西·古梅德(Francis Gummed)在谈到 2015 后非洲发展愿景规划时,指出了非洲需要解决的一些难题。他认为,非洲经济的发展过于依赖外部资源,经济改革缺乏动力,医疗健康支出不足等问题,严重限制了非洲地区的社会经济发展。因此非洲各国应该努力致力于减少贫困、推动社会平等。经济和社会政策应该统筹协调发展,因此,非洲需要一个有效的社会经济发展框架。

恩琼加·穆里基塔(Enjonga Murikita)指出,除中国外,美国、欧盟,土耳其、巴西都与非洲国家有着广泛而深入的战略伙伴关系。在冷战时期,因为政治和意识形态等方面的相互需要,中非之间的合作关系日渐紧密。冷战结束以后,尤其是非盟成立以后,非洲以一个整体的面貌来参与国际合作。非洲丰富的资源又吸引了大量的外部投资者进入非洲,非洲与外部世界国家的战略伙伴关系又进入了一个新的发展阶段。

方伟分析了南非与外部世界的关系。他认为,1994 年,新南非诞生以后,南非的对外关系发生了重大的转变。20 年来南非推动对外关系的发展主要着眼于"民主、人权、国际法、和平维护、非洲利益、国际合作"六大关键要点。曼德拉政府时期,南非对民主、人权的尊重和重视得到了国际社会的广泛认可,同时也推动了南非顺利重返世界舞台。姆贝基政府时期,南非政府大力倡导"非洲复兴",聚焦于"非洲利益"尤其是"非洲发展",为南非重新融入非洲大家庭打下坚实的基础。祖马政府时期,南非政府在继承前任政府外交遗产的基础上,努力维护并拓展南非的国家利益,加强国际经济合作,推动南非逐渐成为被国际社会所认可的新兴大国。总体而言,二十年来,新南非的对外关系成果丰硕,并且日渐发展成熟。

(二)第二分论坛:非洲"2063 年愿景"规划及其关键举措

第二分论坛的核心议题为非洲"2063 年愿景"规划及其关键举措。北京大学副教授潘华琼在谈到环地中海地区的安全与移民问题及其对今后十年非洲发展的影响时指出:移民对非洲国家也有益处,环地中海区域的移民活动能够增加撒哈拉以南非洲和北部非洲的往来,能够为非洲国家带来人口红利。在2015 后十年的发展中,非洲政府应该联合欧盟出台相应政策,通过鼓励贸易和其他合法活动来代替非法移民,减少安全问题。与此同时,非洲国家也需要出台相应政策来鼓励移民回国,吸引人才。此外,潘教授还认为,根据中国"丝绸之路"的历史经验,非洲环地中海地区的移民活动,也可能促成一条连接撒哈拉以南非洲和北部非洲的道路,连接两地的市场,促进非洲的发展。

南非安全研究所博士杰基·西里尔斯(Jackie Cyrils)认为,"到 2030 年,非洲所有国家脱离极度贫困"的目标的可实现性不大。但是根据数据分析,他认为非洲各国的极度贫困人口可以在 2030 年以前降低到 15% 以下,在 2045 年降低到 4% 以下。同时,他也指出,一些外部因素,如气候变化,他国的政策与动态也会影响非洲的减贫进程及预测。他还认为,非盟应该根据非洲各国国情制定相应的减贫目标与政策,要解决非洲的贫困问题,非洲各国应该注重结构转型和财富公平分配的问题。

坦桑尼亚达累斯萨拉姆大学教授汉弗莱·莫希(Humphvey Mossy)教授认为,从目前非洲发展的悖论和非洲"千年计划"完成的情况来看,非洲国家需要一个更好的规划。他指出了非洲"2063 年愿景"的希望与挑战。从积极的方面来看,他认为非洲大陆具有较大的资源优势和发展潜力,非洲是一块充满希望的大陆。但是,从历史的经验来看,非洲过去的愿景并非都能得以实现。当前,非洲许多国家贫困问题严重,政府财政赤字加大,领导力不足,非洲要完成目标还将面对较大的挑战。

　　肯尼亚非洲政策研究所所长、首席执行官彼得·卡格万加指出,应该增加有关非洲应该注重减贫还是应该注重财富的增加方面的讨论。非洲"2063年愿景"之所以可以对非洲54个国家通用,是因为非洲国家具有共同点。非洲国家不应该抱怨中国对非洲做了什么,或者没做什么,而是应该探索非洲自己的发展战略。

　　南非全球对话研究所希法·曼德拉·宗蒂(Hifa Mandela Zongti)教授认为,要实现非洲"2063年愿景",非洲国家需要付出实际的行动,需要有效的制度保障。非洲各个国家和区域应该有一致的计划,也需要有充足的人才和相应的智库来规划。非洲也应该积极实行结构转变,发展制造业。此外,非洲国家需要自主的制度发展政策,促进内生性的发展。中国的成功,得益于中国自信、睿智和主导权。非洲国家想要实现"2063年愿景",也应该建立足够的国家自信。

　　浙江师范大学中非国际商学院院长刘贵今先生认为,中非合作论坛可以巩固中非合作关系,加强中非对话。中非需求互补,通过论坛的形式,中非之间可以有更好的贸易往来与文化交流。针对非洲"2063年愿景",刘贵今认为,有的计划是符合实际的,有的计划则不然。落实这些计划,存在一定的挑战。比如,在2017年前,在泛非洲地区建成自贸区;到2020年非洲贸易额翻倍;到2018年,非洲各国间人口和商品可以免费流通等,可能会遇到很多困难。但是,刘贵今认为中国可以帮助非洲。中国提出的中非合作"461"框架,"三网一化"政策都可以帮助非洲发展。中国可以投资非洲基础设施建设,共享本国的成功经验,帮助非洲国家实现美好愿景。此外,刘贵今还提出了自己的一些建议,他认为非洲国家也要积极响应,积极支持中非合作论坛,加强中非合作。中国已经过了"路易斯拐点",劳动力成本过高。中国的产业转型,可以将优秀的制造业带入非洲,实现产业互补。最后,非洲国家也要抓住机会,与中国共同发展。

　　中国现代国际关系研究院非洲所执行主任徐伟忠对非洲2015年之后的发展趋势提出了四点看法。其一,连续20年经济年均增长5%,非洲已成世界经济增长新的一极,但在国际经济不景气的条件下,也正面临由"资源依赖型"增长转向可持续增长的严峻挑战。其二,政治上仍处于探索期,非洲国家与西式民主理念结合出现的"夹生"现象愈发凸显,非洲大陆成为多元政治制度的试验舞台,大部分非洲国家还走在努力探索符合自己国情的政治发展道路上。其三,安全形势总体趋稳,但传染病、恐怖主义等非传统安全问题突出,短期内恐难以根本好转。其四,参与国际议题的意愿和能力提高,外交空间由于欧美和新兴国家在非洲的竞争扩大。但与其他地区相比,非洲多数国家仍将长期面临对其相对不利的国际发展环境。

外交学院教授李旦主要围绕"和平、发展之路上的规范互补与错位合作：中法非三方合作的路径探索"这一主题展开，讨论了中、法、非三边合作的可能性。他认为非洲的市场与资源优势、中国的资金与产能优势、法国的技术与管理优势将在丰富多彩的"错位合作"中得到充分的发挥，为三方人民带来实实在在的利益。

肯尼亚非洲经济研究协会主任莱马·森贝特（Lema Senbet）教授认为，非洲首先要发展自身的能力，要完成非洲"2063年愿景"不仅需要中非的合作，更需要的是非洲独立自主的能力。森贝特强调要发展非洲的金融系统，他认为非洲的金融体系正在不断向前推进，至少有6个非洲国家GDP增长迅速。此外，他还认为这种经济的增长是与政策相关的，金融领域的改革影响了经济的发展。他认为，发展经济是实现非洲"2063年愿景"的重点部分。森贝特通过数据分析，解释了如何解决金融发展的问题，也讲述了金融整合的优势。

(三)第三分论坛：中非产能对接合作与非洲"三网一化"建设

第三分论坛讨论的主题是中非产能对接合作与非洲"三网一化"建设。南部非洲中国与非洲研究所副研究员克莱顿·哈兹韦内·弗胡姆布努（Clayton Hazweine Fuhumbunu）介绍了坦桑铁路以后中非在基础设施方面的合作。他从非洲的角度，建议探索非洲本土创新的融资机制，增强贷款和资金援助谈判，制定清晰的经济获益战略（避免过剩和死亡陷阱），实现合作国家的多元化，为基础设施的建设和维护制订方案和策略（避免"坦赞铁路综合征"）。

约翰内斯堡市政府经济顾问卢克·乔丹（Luke Jordan）指出，基础设施投资的积极效应被认为是毋庸置疑的，它是摆脱长期性经济停滞的出路。尽管如此，权威的数据表明，基础设施成本超支50%的现象很普遍。而且，设施一旦建成，需求的预期几乎是错误的。铁路建设平均需求差额为50%，公路的需求下降超过20%。他认为，这些问题主要是由能力限制、治理不善等引起的，资金通常并不是最重要的限制因素。一些非资金因素如糟糕的项目选择或选址导致较低的收益，或者低的技术能力导致长时间的跨度，部门之间缺少协调导致延迟，审批和政治过程等限制要素的本质是公共部门和私有部门的能力限制。他还对比了中国和大部分非洲国家在基础设施发展的不同路径。

喀麦隆经济、计划与领土整治部高级讲师恩达姆班迪亚·侯都指出，非洲在过去十年里已经取得了显著的增长，但是这种增长的可持续性受到了质疑。

非洲的出口结构有两大特点：向非洲区域外的出口主要以初级产品为主，向非洲区域内出口的初级产品和制造产品相对平衡。他认为需要降低对特定国家出口初级产品的依赖，这可以通过向其他国家获取相关专业知识实现。在实践层面，中等教育是从南北方国家获得技术转移，实现非洲出口多样化的必要条件，而高等教育则是需要重点投入的部门。

厦门大学经济学院教授黄梅波分析了"三网一化"对非洲的重要性，然后利用数据介绍了中国工业的竞争力和资金实力，在此基础上构建了中非产能合作的机制，并分析了中非产能合作为非洲和中国企业创造的机遇。她从政府、商业协会和企业三个层面提供了相应的政策建议：政府层面需要协调各个部门的政策和管理，及时介绍外商投资法律，加强外商投资和跨境商务服务；商业协会需要为非洲国家获取市场环境、产业政策、法律和法规等信息提供便利，建立产业合作和协调机制以避免恶性竞争；公司层面提供投资风险管理，本土化经营以及履行企业社会责任等。

浙江师范大学中非国际商学院博士孙志娜基于对南部非洲发展共同体（SADC）的研究，考察分析共同体成员国之间的内部贸易特征以及限制因素，并在中非合作框架下探讨中国在提高南部非洲发展共同体内部贸易水平中发挥的作用以及可能的合作领域。她的结论是区域经济一体化确实提高了南部非洲发展共同体的内部贸易规模，改善了区域内的贸易结构，但是由于各成员国对贸易协定执行的进度不一致，南部非洲发展共同体与其他非洲区域经济组织的重叠成员问题、南部非洲发展共同体成员国之间的贸易互补性不强、共同体区域内跨境交通基础设施不健全等问题导致的该地区区内贸易在该地区整体贸易中占相对较低的比重的问题依然需要进一步克服。据此，孙志娜博士提出了三个建议：与南部非洲发展共同体建立多边经贸合作的新框架；支持并合作建设南部非洲发展共同体的跨境基础设施；积极参与南部非洲发展共同体地区的工业化进程，加强产业合作。

（四）第四分论坛：中非人文交流互鉴与"乌邦图—儒家思想"对话

第四分论坛侧重中非人文交流。南非马蓬古布韦战略反思研究所主任海斯特·杜·普莱西斯（Hester Du Plesses）分析了中国经济、政治、社会及文化的复杂性，尤其强调儒家思想对中国产生的深远影响，认为非洲可从经济、社会和政治方面建构中国与非洲的交流与互动。海斯特·杜·普莱西斯比较了中国儒家思想与西方思想，认为儒家思想倡导不扩张、仁政和保持低调；但西方思想中往往充斥了侵略和霸权。同时,她还陈述了中国自改革开放以来取得的成绩,也明确说明中国取得成就的路径与西方国家的不同。她认为儒家文化强调人治,而宪政文化强调法治,两种体系差异较大。

湘潭大学教授洪永红分别就中非合作论坛与孔子学院的关系,如何促进孔子学院的发展,为什么以及如何改善孔子学院的硬件等问题进行分析,提出四个有利于孔子学院发展的建议,包括:第一,遵循"建立孔院尊重非洲国家的需要"的原则;第二,遵循传播汉语作为文化交流的主要目的的原则;第三,重视双边的文化交流;第四,关注孔院硬件设施的改善。

南非斯坦陵布什大学中国研究中心博士保罗·滕贝(Paul Tempe)提到,在谈论中非关系时,不能够再泛泛而谈,非洲54个国家都其自身的特征,要从多样化的角度去看待中非关系。中国文化与西方文化存在较大的差异,导致具有不同教育背景的人对同一问题的观点不同,应该寻找更好的方法来弥补这种不足。乌邦图文化与中国儒家文化也有很大的不同。乌邦图文化并非南非主导文化,它本身存在断层,也没有取代西方文化的主导地位;而中国儒家文化则具有明显的主导特征,成为中国人的重要身份认同标志。中非因为有着共同的利益,所以合作是为了满足各自的需求。在不同文化背景下开展的研讨,需要更具体的探讨,因此思维模式的转变更具重要性,对文化和语言有正确的理解有着重要意义。值得注意的是,保罗·滕贝博士还就语言的问题阐述了自己的观点。他结合南非政府计划在南非中小学开设中文课程的案例,指出语言并非殖民主义的表现,而仅仅是一扇窗,从而让人们更好地了解世界。

浙江师范大学非洲研究院副院长陈明昆教授就工业化背景下中非如何开展人力资源合作的问题发表了自己的观点。他指出,工业化发展一定要有合适的稳定的政治、经济、文化环境,一定要探索适合自己国家的道路。非洲的工业化道路,也需要有合适的环境,并形成自己的道路。中国的工业化道路有很多成功经验。他基于中国发展经验,认为非洲要走工业化道路,一定要发展职业化教育。最后他指出中国与非洲可以在四个方面开展合作:第一,鼓励中国涉非企业开展职业教育培训;第二,结合孔子学院,开展技能培训,将技能培训与语言教育结合;第三,在非洲成立相关技术学院,例如护理学院、交通技术学院等;第四,为非洲培训部分技术性教师。

教育部长江学者、浙江师范大学非洲研究院院长刘鸿武教授在评论中提出四点思考:其一,发展是中非合作的重中之重,发展能够解决很多双边和多边合作过程中产生的问题。其二,就GDP而言,中国绝对是个大国。但除了发展问题外,中国面临很重要的一个问题就是社会问题。中国人在越来越富裕的同时,如何提升幸福感成为一个很重要的问题,类似地,在中非合作中,在注重经济合作的同时,如何兼顾社会问题需要重视。其三,中非关系的稳定和可持续发展,需要更好地研究理解的问题包括:如何理解政府和国家的价值观,如何处理个人、家庭和国家的三者的关系。中国成功在于中国走出了自己的特色的道路,积累了特色的经验。中国主张实践理性,不同于西方的概念理性。中国主张的民主,不是目标,而是过程和手段。而在这方面与西方观念的差异,中国是能和非洲达成共识的。其四,马蓬古布韦战略反思研究所的中国项目表明非洲知识精英开始思考更深层次的问题。中国学者也应该对非洲和非洲人有更深层的了解。

浙江师范大学非洲研究院高级研究员,中国驻卢旺达前大使舒展根据自身在非洲的经历指出,各文明均有自身特点,文明的交流互鉴对中非关系的发展具有重要意义。中国在学习非洲、理解非洲、尊重非洲和信任非洲方面尚需更多努力。他指出,现阶段中国人,不管是学者,还是其他人群不愿意扎扎实实地去了解非洲。目前很多中国人尽管在非洲这块大陆上工作,但是并没有扎根在这个大陆上。以至于中国人对于非洲的认识是仅仅通过西方记者和学者的描述,通过二手甚至是三手的资料,直接得出泛泛的结论,但他们所了解的非洲并不是真正的非洲。在此基础上,舒展先生呼吁,如果想真正的了解非洲,就必须要通过在非洲切身的学习、工作或者是生活,扎扎实实地去深入非洲。

南非姆贝基非洲领导研究所博士奎西·扎波翁·普拉(Squish Zabon Pra)指出了非洲存在的许多问题。在价值观方面,中国逐步形成了一套自己的理念。但是非洲还没有一个统一的思想和核心的理念。关于泛非主义,这种意识形态如何在非洲国家间进行统一还值得商榷。他还指出,目前的制度到底谁才是受益者? 国际机构如国际货币基金组织、世界银行等究竟为非洲的发展提供给了多大的帮助? 金融体系是真正为人民提供好处,还是造成垄断,造成剥夺资源? 他认为重建新秩序要考虑多重因素。未来,他国或相关机构与非洲合作的时候,希望能够将好的经验变成产品,不要演变成殖民主义。

浙江师范大学非洲研究院周术情博士(与卢凌宇教授合作)指出非洲经济的发展得益于非洲政治机制及领导结构相对稳定。通过对安哥拉、埃塞俄比亚、莫桑比克和卢旺达四国近 20 年经济快速增长的分析,他们提出了两种假设,即在其他条件相同的情况下,一党统治与非洲国家经济增长速度成正相关关系;在其他条件相同的情况下,具有进取心的领导层与非洲国家经济增长呈正相关关系。经检验，在上述条件之下，非洲一党治理能够保持政治秩序稳定，有利于经济发展；同时，非洲领导阶层的积极进取也能推动经济的发展。

南非斯坦陵布什大学中国研究中心博士罗斯·安东尼(Ross Antony)介绍了其中国项目的部分内容。他指出，由于过去比较关注欧美及非洲本身，非洲对中国缺乏了解。希望未来非洲人应该从非洲的角度看待中国，这将不同于从欧洲角度、美国角度、日本角度看待中国。

教育部长江学者、浙江师范大学非洲研究院院长刘鸿武教授进行了简单的总结。他指出，讨论中涉及了很多中非智库论坛之前未曾涉及的话题，反映了中非思想界交流在不断推进。国外学者对中国的了解已经比较深刻，反映了非洲知识分子在研究西方的同时，也开始更多地关注东方，关注中国，表明了非洲学者的思想独立性在增长，代表非洲发展的希望，与中国思想界有相似的发展路径。文化上的自立以及思想上的自立，是经济、政治最终能真正自立的标志。

分论坛完成之后，举行了第二次全体大会。四个分论坛分别就各自发言讨论情况进行总结。第一分论坛由赞比亚铜带大学高级讲师恩琼加·穆里基塔(Enjonga Murikita)发言。他所在的讨论组关注的核心问题是非洲与外部世界的关系。中非应在基础设施和金融投资领域方面进一步合作，应致力于提高人民的生活水平；努力消除全球化的负面影响，使更多人从现行体系获益。非洲国家需要有足够的耐心、诚信，为非洲"2063 年愿景"努力奋斗。中国应改善中国产品的质量，使双方人民从中非关系中受益。应努力减少非洲大陆的冲突，实现农业转型升级，不断引进外资支持发展；非洲需要开发其丰富的旅游资源，吸引中国游客前往非洲旅游。尽管欧洲也支持非洲的发展，但非洲需要向中国学习，寻找适合自己的发展道路，以避免出现重大错误。

第二分论坛由中国现代国际关系研究院徐伟忠发言。他列举了潘华琼、卡格万加、刘贵今和李旦等学者的发言重点内容，包括减贫、泛非主义、中法非三方合作等。最后指出，近年来非洲处在一个较为稳定的发展阶段，非洲正在正确的道路上行进，但目前还处在转型之中；资源依赖型经济向农业工业驱动型经济转变；政治体制保持稳定有效；安全环境需要改善。总而言之，非洲国家的影响力在扩大，但需要更加努力探索如何利用非洲自身资源促进发展，减少对外部世界的依赖。

第三分论坛由南部非洲中国与非洲研究所克莱顿·哈兹韦内·弗胡姆布努发言。该分论坛重点讨了非洲的"三网一化"建设。他总结了参与讨论的学者的主要观点，最后提出中国在非洲的发展进程中扮演着十分重要的角色。在基础设施建设方面，中国与非洲有更多的合作空间。中非合作将来更应该关注非洲社会的发展，不应过多依赖自然资源开发项目。中国与非洲在诸多方面具有互补的特征。中国可以提供更好的援助方案。

第四分论坛由南非斯坦陵布什中国研究中心保罗·滕贝发言。他总结了其所在小组的讨论内容，包括中非经济文化交往的模式与框架，跨文化交流的各种具体问题，非洲国家在文化认同方面存在的一些问题等。他最后指出，非洲应该更多地了解中国，也应该为中国了解非洲提供更多的机会，在文化上双方要尊重各自的价值关切，交流互鉴。

南非学者萨鲁沙·耐杜（Sarusha Nedu）在总结发言中指出，非洲已经提出了许多发展计划，"2063年愿景"的如愿实现有待于非洲国家出台相应的政策措施。非洲必须找到愿景实现的关键性驱动因素。在大宗商品价格下降，经济增长模式受到挑战，金融危机的潜在威胁等环境之下，非洲应该如何实现真正的发展？国际体系与国际机制对非洲的影响并非只有积极的一面，也存在消极的影响。她提出了几个问题：新的发展是为了非洲的发展，还是由非洲推动的发展？非洲是否仅仅是参与了这一发展进程？"2063年愿景"与过去其他的规划有何区别？非洲在全球价值链中所占的位置是否会真正发生变化？非洲的发展政策及治理能力是否足以承担起所有的责任？

刘鸿武教授进行了学术总结。他指出，中非双方在建构未来的机遇共同体、发展共同体。中非双方应建立知识与思想的共同体，智库在建构中国的非洲知识和非洲的中国知识方面肩负着重要使命。双方思想界可以探讨更广泛的议题。第一，基于过去实践的新发展观，推动新的知识、思想、哲学发展；第二，双方可以探讨新的民主、自由和人权观；第三，探索新的国家观念，民间组织和政府之间的关键结构，实现国家社会的良性互动；第四，讨论建立新的治理结构和秩序，在重大问题上协调一致具体包括：不迷信西方，但要吸收利用和超越西方；充分发挥本土知识、价值观的作用；形成自己的话语优势；互相学习。刘鸿武教授提出了若干建议：其一，争取资金支持，建立研究对方的学术机构；其二，培养专门研究人才，长期跟踪深入研究对方；其三，加强高校合作，提升人才层次；其四，建立非洲专业化的网络，建立博物馆、影视、文献合作项目；其五，支持非洲大学、非政府组织建立中国研究中心，充分利用孔子学院发挥更广泛的作用；其六，联合建立报纸、电视台、电台，扩大文化产业合作。总而言之，中非双方各自拥有自己的传统，拥有各自的优势，双方都面临着复兴重任。双方应相互合作，创造出新的发展机遇，而智库在其中可以发挥更加积极的作用。

　　闭幕式由浙江师范大学非洲研究院高级研究员、中国驻卢旺达前大使舒展主持,南非马蓬古布韦战略反思研究所董事会主席西布西索·维尔－恩科莫(Sibsiso Vier Nkoma),浙江师范大学中非国际商学院院长、首任中国政府非洲事务特别代表刘贵今作为中非双方代表做会议总结。会议期间,南非多家媒体集体采访了蒋国俊校长和刘鸿武院长。在南非期间,刘鸿武院长一行还访问了南非比勒陀利亚大学、开普敦大学、斯坦陵布什大学,就进一步推进双方合作进行沟通对话。

分报告六 中非产能合作与非洲工业化

——中非智库论坛第五届会议综述[①]

张 瑾

2016年4月14日至16日,由浙江师范大学、义乌市政府联合主办的中非智库论坛第五届会议在义乌市幸福湖国际会议中心隆重举行。本届论坛由中非合作论坛中方后续行动委员会作为指导单位,由国家开发银行、浙江省社会科学界联合会作为支持单位。来自中国和埃塞俄比亚、南非、尼日利亚、坦桑尼亚、塞内加尔、卢旺达等40多个非洲国家及部分欧美国家的350多名智库领袖、著名学者、大学校长、政府官员、媒体代表、商界人士出席了这一中非知识界和思想界的年度盛会。参会代表围绕"中非产能合作与非洲工业化"这一主题集思广益、各抒己见,为新形势下加快落实中非合作论坛约翰内斯堡峰会战略举措、继续深化中非友好合作关系贡献思想智慧、积极建言献策。中央电视台、新华社、《人民日报》、中非新闻交流中心记者团等10多家国内外媒体给予了全程关注与充分报道。

一、会议概况

中非智库论坛第五届会议为期3天,分开幕式、第一次全体大会、4个分论坛研讨(共12场)、第二次全体大会、闭幕式、新闻发布会等环节。全体大会、分论坛研讨、新闻发布会上还安排了互动讨论,为参会各界代表提供了面对面深入交流和充分沟通的平台。

埃塞俄比亚总理经济顾问阿尔卡贝·奥克贝·梅蒂库、卢旺达驻华大使查尔斯·卡永加,浙江省副省长梁黎明,中共中央对外联络部原副部长、中国国际交流协会副会长艾平,外交部部长助理钱洪山,外交部非洲司司长林松添、中国

---

① 单敏、吴卡、和丹、肖玉华、张艳茹等协助做了会议记录整理,对本文亦有贡献。

政府非洲事务特别代表钟建华、中共中央对外联络部非洲局局长钟伟云、教育部国际合作与交流司副司长陈盈晖、浙江省社会科学界联合会党组书记郑新浦、国家开发银行研究院副院长徐英九、浙江省人民政府外事侨务办公室副主任虞希华、外交部非洲司论坛办主任李旭航和浙江师范大学党委书记陈德喜、中共义乌市委书记盛秋平等出席开幕式。开幕式由浙江师范大学校长蒋国俊主持。

开幕式后,教育部长江学者特聘教授、浙江师范大学非洲研究院院长刘鸿武主持召开了第一次全体大会。中共中央对外联络部原副部长、中国国际交流协会副会长艾平,外交部非洲司司长林松添,联合国非洲经济委员会社会发展政策司司长塔克伊娃·马努赫(Takeva Manuh),埃塞俄比亚外交部亚澳司司长盖纳图·特修姆·伊鲁(Ganatu Texium Ilu),国家开发银行研究院副院长徐英九,非洲联盟委员会战略规划部"非盟《2063年议程》"协调员雷茨里斯茨·西蒙·马博特(Leitzrisz Simon Mabott),联合国工业和发展组织亲善大使、埃塞俄比亚、卢旺达、塞内加尔政府发展与投资顾问海宇,在义乌非洲人代表苏拉等8位演讲嘉宾依次围绕论坛主题做了精彩的主旨演讲。

本届论坛的主题是"中非产能合作与非洲工业化",共设3个分议题9场讨论,同时设中非经贸专题分论坛。参会代表分别就"中非产业对接和产能合作、加快非洲工业化的机遇、挑战和对策建议""如何有序推进中非产业对接和产能合作、加快非洲工业化进程,包括在合作过程中如何防止企业间恶意竞争,顾及非洲国家利益及环境保护问题""如何既推动中非产能合作、加快工业化进程,又解决好融资问题,不给非洲国家增加债务负担"等分议题展开了深入对话和沟通。

第二次全体大会由中国社会科学院西亚非洲研究所所长杨光主持。中共中央对外联络部非洲局局长钟伟云、中国民生银行研究院院长黄剑辉做主旨演讲;尼日利亚中国研究中心主任查尔斯·奥努奈居,喀麦隆国际关系学院副院长史蒂芬·恩格万扎,卢旺达基加利大学校长、总统高级经济顾问马纳塞·恩许蒂(Manasseh Enshti),浙江师范大学中非国际商学院院长、首任中国政府非洲事务特别代表刘贵今分别代表3个分议题研讨和中非经贸分论坛做研讨情况总结。

闭幕式由浙江师范大学非洲研究院高级研究员、中国驻卢旺达、厄立特里亚前大使舒展主持。教育部长江学者特聘教授、浙江师范大学非洲研究院院长刘鸿武,南非马蓬古布韦战略反思研究所执行所长乔·奈特施丹哲分别做会议学术总结；浙江师范大学校长蒋国俊致闭幕词。

  会前，主办方收录了 40 余篇中外学者撰写的学术论文，编辑整理、汇编成册，作为会议资料发放给参会代表。会议期间，主办方精心布置了浙江师范大学非洲研究学术成果展，发布了浙江师范大学非洲研究院近期学术成果：教育部哲学社会科学研究重大课题攻关项目成果《新时期中非合作关系研究》、教育部哲学社会科学发展报告《非洲地区发展报告（2014—2015）》、国家新闻出版基金重点项目"浙江师范大学非洲研究文库·当代非洲发展系列"2014—2015 年出版的 28 种著作，充分展示了浙江师范大学非洲研究院的丰硕学术成果，扩大了中国非洲研究的国际影响。

二、会议研讨内容和主要观点

（一）开幕式主要观点

  外交部部长助理钱洪山指出，中国和非洲都拥有悠久的历史、灿烂的文明和多彩的文化，长期以来始终相互尊重、相互帮助、平等相待、真诚友好，是不同文明交流互鉴、共同发展的典范。中非传统友好与互利合作为中非关系全面发展提供了强有力的支撑，也为中非学术交流开辟了广阔天地。中非智库论坛致力于加强中非对话、分享中非思想、凝聚中非共识，已成为中非学者交流合作的有效机制，成为中非合作论坛的重要分论坛，为中非智库合作和人文交流注入了新的活力。本届论坛是中非合作论坛约翰内斯堡峰会后的首次分论坛会议，对于中非双方对接合作思路、共同推进峰会成果落实具有重要意义。他希望中非学者、智库把握时代脉搏，更好地服务中非关系发展：一是抓住机遇，加强中非学术研究和交流。希望广大学者抓住机遇、乘势而上，围绕如何深化中非友谊与团结、促进合作与发展进行深入研究，特别是深入研究习近平主席和非洲领导人在峰会上提出的发展中非关系的新思想、新理念和新举措，为促进中非合作发展创作出更多有分量、有影响的学术成果精品，提供理论指引和智力支持，同时也提升中非学者的国际学术地位。二是构建共同话语体系，发出中非声音。希望广大学者不断提高第一视角下的自主研究能力，形成自己的思想理念，建立自己的话语体系，向世界介绍真实的中国、真实的非洲和中非关系，共同讲好"中非故事"，共同发出求和平、谋合作、促发展的"中非合声"，提升中非关系话语权，唱响中非合作主旋律。三是把握时代脉搏，服务中非合作。希望广大学者积极就如何抓住机遇、破解难题、安全有序有效推进中非合作建言献策,深入探索中非合作共赢之道,将研究成果及时转化为促进中非合作的动力,转化为惠及中非人民的实实在在利益。四是积极建言献策,引领中非未来。希望广大学者牢牢把握"合作共赢、共同发展"的时代主题,围绕约翰内斯堡峰会成果的落实,提出更具操作性、可行性、指导性和前瞻性的意见建议,为中非政府和人民提供政策咨询和思想启迪,引领中非全面战略合作伙伴关系不断向前发展。

埃塞俄比亚总理经济顾问阿尔卡贝·奥克贝·梅蒂库表示,非洲正在发生巨大变化,国家愈发稳定,经济不断发展,这一切都得益于中国无私的帮助和支持。在非洲,三分之一的基础设施项目是在中国的支持下完成的。非洲也更加认识到,中国作为经济大国,其发展将会影响世界的发展。在非洲工业化进程中,中国至少可发挥三方面作用:一是加强对非洲国家制造业的投资;二是推动非洲国家基础设施建设,不仅是项目,还包括项目管理和运行;三是传播中国经验,这并不意味着机械复制,非洲应综合考虑国情,自主选择。中非携手合作,必将塑造世界的美好未来,更为非洲人民带来更多好处。

卢旺达驻华大使查尔斯·卡永加表示,当前非洲总体较和平,经济正经历飞速发展,非洲一体化进程愈加迫切,非洲正处于至关重要的发展阶段。在此形势下,2015年12月的约翰内斯堡峰会,中非双方提出要把伙伴关系提升为全面战略伙伴关系,有利于提升非洲发展整体水平,特别是习近平主席提出的"十大合作计划"和"600亿资金支持",给非洲发展注入了新的动力。当前中非双方政府及非政府部门都在讨论如何采取措施落实中非各方面的合作计划,此次中非智库论坛的召开恰逢其时。

浙江师范大学党委书记陈德喜表示,浙江师范大学把握中非关系不断深化的大好形势,主动服务国家外交战略,积极致力于中非交流合作,形成了非洲学术研究、汉语国际推广、涉非人才培养、对非校际交流四大领域良性互动、整体推进的工作格局,在国内高校非洲研究领域拥有多项第一,已逐渐成为非洲问题研究的学术重镇、非洲事务咨询的重要智库、涉非人才培养的重要基地和对非民间外交的重要力量。在多方支持和参与下,2011年浙江师范大学创办了中非智库论坛,5年来论坛已被纳入中非合作论坛框架,并在中国、非洲成功举办了4届会议,形成了一系列有广泛影响的学术成果,被国内外主流媒体誉为国际社会认知中非关系、理解中国对非战略结构与性质的重要平台。本届论坛的举办必将进一步增进中非友谊、达成共识,为深化中非民间友好、推进双边务实合作做出新的贡献。

中共义乌市委书记盛秋平表示，2015 年 12 月 4 日习近平主席在约翰内斯堡出席中非领导和工商界代表高层对话会时，把义乌作为中非贸易的一个典型、作为小商品之都向世界进行推介，显示出义乌在中非交流、对外开放中的重要地位。非洲是义乌小商品贸易的重要伙伴，多年来义乌积极利用市场和国际化优势，在经贸、人文等领域不断深化与非洲的交流合作，推进互利共赢发展。今后义乌还将规划建设非洲特色街区、举办中非投资贸易博览会、筹办中非大学，力争将义乌打造成中非全方位交流合作的基地。中非智库论坛第五届会议为义乌进一步加强与非洲的交流合作提供了良好的高端平台，义乌将以智库交流为纽带，进一步加强与非洲各城市间的商贸、产业、人文等各方面合作。

（二）第一次全体大会主要观点

中共中央对外联络部原副部长、中国国际交流协会副会长艾平结合自身在埃塞俄比亚工作的亲身经历与经验教训，提出四个观点：第一，非洲目前最需要的是在实践中找到自己的发展道路，而非照搬照抄中国经验。第二，找到符合本国国情的发展道路，归根结底还要靠具有非洲特色的、优秀的执政集团，更能形成共识、更能团结人、更能做出必要的艰难决策、更有执行力。第三，对从事对非工作、研究非洲或在非洲寻找机会的人来说，首先要有自信心，其次要对非洲人有信心，再次要谦虚谨慎，国家和世界都在发展，认识是一个永无休止的过程。第四，关于中非产业对接、产能合作和非洲工业化，政府官员应明白"一带一路"倡议的本质是在吃透发展客观规律的基础上，为企业合作改善条件、打破瓶颈，而不是越俎代庖；企业家要下功夫研究非洲国家的国情与战略，找到双方利益汇合点与实现形式。

外交部非洲司司长林松添首先解读了中非合作论坛约翰内斯堡峰会的主要成果和重要意义。他指出，习近平主席在峰会开幕式上发表了题为"开启中非合作共赢、共同发展新时代"的主旨讲话，全面系统地诠释了中国对非政策新思想、新理念，打出了促进中非合作发展的新举措，将中非关系定位提升为政治上平等互信、经济上合作共赢、文明上交流互鉴、安全上守望相助、国际事务中团结协作的全面战略合作伙伴关系，还宣布了未来 3 年重点实施"十大合作计划"，并为此提供 600 亿美元配套资金支持。习主席的讲话不仅对发展中非关系做了全面规划和顶层设计，而且提出了具体合作实施计划和配套资金支持，受到非洲国家和国际社会的一致欢迎和好评。随后，林司长分析了中非合作发展面临的机遇和挑战，认为中非合作迎来了发展战略梯次对接的难得历史性机遇,中非合作发展具有独特的政治优势,且中非合作发展互补性强、潜力巨大,但同时也面临诸多挑战。为此,他提出了落实峰会成果的主要思路和考虑:一是用好50亿美元对非无偿援助和无息贷款,支持所有非洲友好国家着力提升自主发展能力,改善民生。二是坚持以点带面,稳步推进中非产能合作和产业对接,着力打造中非产能合作先行先试示范国家。三是坚持合作共赢,确保中非合作可持续发展。四是坚持点面结合,有序推进中非合作共赢、共同发展。

联合国非洲经济委员会社会发展政策司司长塔克伊娃·马努赫认为,农业是非洲"2063年愿景"的重要内容。第一,非洲国家要调整战略结构,重视农业发展,提高农业生产率,提高农民收入。第二,要通过工业化推动经济发展,提高非洲人民生活水平。第三,要同时关注硬条件和软条件的提高,教育的提高有利于实现工业化目标,非洲需要进一步改善培训体系,培训更多专家和人力资源。此外,加强中非产能合作,应进一步加强双方在农业技术、农业培训方面的合作,制定相关政策框架,提高农民的软技术、软实力。中非农业合作前景广阔,可以在非洲建立区域性示范中心、培训中心,学习中国的先进技术、先进经验,同时充分利用评估监督机制来评估农业合作方面的进展。

埃塞俄比亚外交部亚澳司司长盖纳图·特修姆·伊鲁认为,外部投资对国家发展至关重要,尤其是在高度依赖外国直接投资的发展中国家,外部投资是经济发展和增长的重要引擎,是全球经济融合的重要组成部分,希望中国加强对非洲国家的投资。埃塞俄比亚是非洲经济增长最快的非产油国之一,也是世界经济增长速度最快的国家之一。埃塞俄比亚有5年增长与转型规划,有一系列经济增长和发展目标。中国是在埃塞俄比亚投资项目最多的国家,两国都高度重视发展,双方也签署了一系列合作协议,有利于双方加强产能合作。双方经济结构互补,加强合作是互利共赢的,埃塞俄比亚非常有意愿接受产能的转移。

国家开发银行研究院副院长徐英九介绍了国家开发银行对非产能合作及"三网一化"整体合作情况,着重介绍了融资、融智和融商等方面的工作。他建议中非政府办好工程研究类大学和职业教育,支持人力资源开发;支持中国地方政府结合本省特点,建立产、学、研、银、企、政一体化的服务体系,并前移到目标国别;中国智库要与企业、地方政府合作,走进非洲。他还建议义乌市政府能重点考虑在非洲分地区设立区域性的义乌市场(同步市场或共同市场),形成"市场+后院制作"的市场园区,以对接国家和非洲相关的自贸区建设。

非洲联盟委员会战略规划部"非盟《2063年议程》"协调员雷茨里斯茨·西

蒙·马博特表示,非洲已觉醒,非盟《2063年议程》正是非洲人民广泛协商的结果,是推动非洲经济社会转型的战略框架。"繁荣的非洲"是非洲54国人民共同的愿景,非洲非常希望能被纳入到世界经济发展之中。为此,非盟《2063年议程》制定了具体的计划来推动非洲的发展,比如建立金融机构,完善非洲货币兑换机制,以促进资源流动和融资难的问题;还有7个愿景、12个旗舰项目、1个推动资源流动的计划等。而非盟也应更好地整合资源,成立妇女基金、青年创业基金等,通过这些新的渠道促进非洲的发展。

联合国工业和发展组织亲善大使,埃塞俄比亚、卢旺达、塞内加尔政府发展与投资顾问海宇分享了她在埃塞俄比亚办工厂的经历和心得,认为非洲是中国产业转移的理想区域。她推崇林毅夫教授对梅莱斯总理所说的"范例—推广"的方法来发展制造业。她表示,在非洲做生意会面临一系列挑战,要特别注重质量;非洲的经营环境也与中国有所不同,如管理体系;对非洲投资要了解当地政治、经济、人文等各方面情况;授人以鱼不如授人以渔,相信非洲一定会有光明的前景。

在义乌经商的非洲人代表苏拉分享了他在义乌创业12年的故事,表示在义乌创业成功,归功于义乌良好的投资环境,尤其是义乌市政府建立了商人与政府之间通畅的沟通渠道。他希望非洲各国能像义乌市政府那样建立良好平台,让中国人在非洲成功创业,因为中国与非洲对人类负有共同的使命。他还亲身参与义乌中非经贸的管理工作,在义乌市政府成立的义乌涉外调解人民委员会中担任副主任一职,负责裁决中国人与外国人之间的争议,受到中非双方的肯定和好评。

(三)分议题研讨主要观点

参加分议题研讨的代表普遍认为发展是非洲和中国的第一要义,双方需要进一步加强合作,尤其是中非产能合作可以说是功在当代、利在千秋。具体观点整理如下。

(1)对于非洲国家来说,发展工业生产能力更加重要,因为这将成为非洲整体发展的重要一步。成功的工业化项目应具备多种基础条件,如稳定并强大的宏观经济环境及健全的监督机制;结合工业化经济需求,建设完善的技能培训和教育培训系统;高效、有竞争力、可信赖的现代化基础设施等。非洲要给中方更多优惠政策。中非在工业生产能力方面要建立高端设计,要符合非洲实际,建立针对不同国家的合作方针。中非经济区必须致力于非洲当地的经济发展,要促进非洲的工业化进程，并且改善非洲当地的工业产业链。中国与非洲的工业化合作应有益于社会，有益于中非双方。中非双方要增加金融政策的支持，防范风险对策应在国家层面和企业层面同时进行。中非之间在工业生产能力方面的合作是一个长期的过程。中国可增加对外援助的新工具：如项目援助、技术合作、人力资源合作、卫生援助、紧急人道主义援助、海外志愿项目、农业合作等。双方要制定清晰的战略规划，根据当地状况调整策略。不能只致力于高污染和高产能工业，也要发展劳动力集中型企业。

（2）非洲拥有丰富的自然资源，这是明显的竞争优势，只要发挥其比较和竞争优势，非洲可成为全球经济的主要参与者。非洲国内资源动员（DRM）对非洲国家的工业化发展非常重要，应考虑建立南部非洲发展共同体发展基金（SADC Development Fund），加强南南合作，提供专家分享和交流的平台。

（3）希望非洲以开放的眼光欢迎中国非政府组织，建议政府制定相关法律法规支持非政府组织建立海外办事处，分配 5％～10％ 的外国援助资源给非政府组织。

（4）西方国家总是质疑中国对非投资。事实上，出于某些政治原因，西方夸大了中国对非洲的影响，并且不希望中非之间合作太过密切，中非双方对此要客观理性全面地看待。

（5）中国的"新常态"有两个特点，第一是经济增长降速，第二是经济转型。中国经济的多元化及明确的战略规划可为中非发展提供足够动力。中非双方对发展合作模式的理解不同。现在的趋势应由贸易带动发展的模式转化为以投资带动发展的模式。经济特区的建立是亚洲国家取得经济突出成就的重要因素。但法律制度上的缺陷、战略规划的欠缺、商业氛围的淡薄、基础设施的滞后、管理人才的缺乏等限制因素则直接影响了经济特区的未来生存状况。非洲对于市场的重视程度不足，中方则承担着高风险。中方必须要和非洲当地企业有更密切的交融与合作，必须遵守非洲当地的法律和规则。中国应更多地为非洲国家提供带有中国印记的公共产品。

（6）中非合作覆盖面广、涉及领域多、合作方式多样，中非合作论坛是中非团结与合作的一块响亮招牌。当前的中非合作是互利互惠的、平等的、开放的、包容的、有责任感的，证明了发展中国家的团结合作潜力巨大。非洲国家的社会政治制度质量是决定中非产能合作绩效差异的关键因素，走进非洲企业的动态能力对中非产能合作绩效的提高有非常重要的意义。中非双方在发展过程中面临着同样的时代机遇和挑战，要从彼此的历史、现代化的经验和合作对话中找到自己独特的发展之路,同时要积极发展环境友好型的绿色经济。

(四)第二次全体大会主要观点

中共中央对外联络部非洲局局长钟伟云表示,工业化是非洲发展和振兴的必由之路,非洲工业化之路需非洲人民去实践去探索,中国愿与非洲国家分享中国经验,愿为非洲工业化进程提供资金、技术、人才支持。中非双方要保证合作的顺畅和成功,就涉及理念与政策层面的沟通。中国企业要到非洲国家去投资,要先了解非洲国家的投资环境,包括法律法规和投资政策。非洲国家要吸引中国的投资,也需创造良好的投资环境。中国的发展历程可为非洲国家自主探索符合本国国情的发展道路提供参照,但中国的经验是否适用,要由非洲朋友自己来判断。智库在促进中非经验交流方面负有独特使命,中非智库应把促进中非发展经验交流作为任务,加强中国经验对非洲的适用性研究,同时也将非洲国家的经验介绍到中国来,向中国的企业家和投资者介绍非洲国家的投资环境和政策,从而为企业间的合作提供智力支持。

中国民生银行研究院院长黄剑辉认为,理解非洲才能更好地发展非洲,他从地理、历史和现实三方面分析了非洲的发展框架,提出非洲发展需从提升非洲的核心能力入手,包括制度的变革、教育的引入、基础设施的提升、本土力量与国际力量的互动、改革与开放的结合等。他还认为中国改革开放的核心经验可供非洲借鉴:一是基础设施建设支撑工业化;二是制度必须适应生产力水平,必须不断改革;三是要开放,融入全球化进程。他建议,构建新型的投融资体制和机制,可借鉴中国和新加坡在苏州的工业园区模式,把中国的力量、非洲的力量通过一个平台公司组合起来,把世界银行等国际机构,包括欧美国家的资本、资金,都可纳入平台,进行体系化建设。

尼日利亚中国研究中心主任查尔斯·奥努奈居,喀麦隆国际关系学院副院长史蒂芬·恩格万扎,卢旺达基加利大学校长、总统高级经济顾问马纳塞·恩许蒂,浙江师范大学中非国际商学院院长、首任中国政府非洲事务特别代表刘贵今代表分议题研讨和中非经贸分论坛做研讨情况总结。大家认为,《中非合作论坛约翰内斯堡峰会宣言》《中非合作论坛—约翰内斯堡行动计划(2016—2018年)》提供了非常好的基础指南和合作原则。中非工业化及产能合作必须要在顶层设计、综合规划的基础上进行,这样才能真正提高生产力。中非贸易及跨境电商要谨慎,非洲总体上还没完全准备好跨境电商的发展。中非双方要通力合作,找到更多手段来解决风险和安保问题,避免投资和人员遭受损失。

要融合更多文化方面的问题,鼓励更多中国人适应非洲文化和社会要素,和当地人更多交流互动。因为要保证工业化和产能合作成功,同时做到绿色发展,中非双方就需要更好地互相了解,在文化上进行互动,互相学习。

三、会议基本共识与主要成果

闭幕式上,浙江师范大学非洲研究院院长、教育部长江学者特聘教授刘鸿武,南非马蓬古布韦战略反思研究所执行所长乔·奈特施丹哲对本届论坛的基本观点与主要成果进行了总结。基本内容如下。

第一,中非产能合作具有巨大潜力,有持久的合作基础与强烈动力,非洲国家要真正实现国家独立、民族富强,没有工业化是不行的。在研讨中,许多非洲代表都明确表达了这样的意愿:非洲人民对于实现工业化、产能化发展有极强烈的愿望,这是非洲的梦想,希望中国帮助非洲走向世界化。但非洲工业化不能走当年西方国家的工业化老路,也要区别于中国的工业化,因此要仔细研究非洲究竟需要什么样的工业化发展,什么样的工业化和产能适合于非洲,适合于非洲不同国家的基本情况。2015 年,中国制造业产值已占全球制造业总产值的约 23%,但 54 个非洲国家的制造业产值只占全球制造业的 1.5% 左右。非洲目前的制造业水平只相当于中国浙江省的制造业水平。而非洲有 10 亿人口,因此非洲工业化是时代需要,是一定要向前推进的。

第二,非洲工业化的实现是一个艰巨的历史使命,不可能在短期内完成,非洲的工业化和产能发展必须要循序渐进、持之以恒。参会代表对非洲实现工业化和中非产能合作中可能遇到的障碍、困难和挑战做了全面分析。这些障碍和挑战在短期内难以克服,包括制度的改进、政局的稳定,法律、金融、汇率、海关等相应配套政策的完善。此外,非洲实现工业化还有一个根本性障碍,就是劳动力素质较低。因此,推进中非教育合作应是中非产能合作的前提,特别要加强符合非洲国情的职业教育、技术培训,为非洲的工业化发展储备人才资源。

第三,非洲工业化是一项涉及各方面的系统工程,需综合施治。非洲的工业化不仅是单纯的经济发展问题,同时也是有关国家能力建设、制度完善和教育发展的问题。所以中非产能合作需要有教育、农业、人力资源培训、医疗卫生、健康、科技等各领域的合作相配合,否则产能合作很难持续向前推进。

第四,非洲工业化须分领域行业、分地域区域、分国别来差异化实施,并调动非盟、次区域、单个国家三个层面的积极性。(1)非盟层面,非盟《2063 年议程》虽然是非洲层面的战略规划,但这个规划极其宽泛,涉及未来 50 年,而非洲工业化必须立足当下，有可行的近期目标与行动；(2)次区域层面，推动诸如东非共同体、西非国家经济共同体和南部非洲发展共同体等次区域组织在交通基础设施、互联互通、信息网络合作、教育人才流动等方面的建设，是非洲实现工业化的基本前提；(3)非洲国家层面，目前大多数非洲国家都比较贫穷落后，国内市场一体化也远未完成，许多国家还面临着加强国家治理、完成内部一体化的历史任务。如果国家内部的一体化任务没完成，要实现次区域和整个非洲大陆的工业化是非常困难的。

第五，非洲工业化既要有顶层的设计规划，更要有相关规划的切实落实。长期以来非洲并不缺乏知识和思想，非洲的计划应该说也是完善的，真正缺的是行动与实践，最大的问题是很多规划没真正贯彻落实。因此，行动比规划更重要。目前，非洲工业化确实有很多困难，但就像30多年前中国领导人邓小平讲过的那样，我们要摸着石头过河。所以非洲的工业化没有平坦的道路，必须在实践过程中寻求未来。

第六，中国工业化经验和非洲实践的关系问题。中国有一些工业化的经验与教训，多大程度上适应非洲的情况，如何在非洲本土发挥作用？这需要来自中国和非洲的企业家、智库专家进行更好的沟通与对话。总体上看，中国早期工业化的四个基本经验在原则上可能是适合于非洲的：(1)要高度重视教育和人力资源培训，发展乡村教育与职业教育，这是实现工业化的前提条件，这也是中国的基本经验。(2)要实现工业化发展，农业必须先行发展。粮食安全是非洲实现工业化的根本前提。35年前，中国是先推动农村改革与农业发展，解决吃饭的问题，实现农业富余产品、农业产能化之后，才逐渐实现今天的工业化。(3)面向粮食与食品安全的农业产业化、轻纺与日用消费品工业应该是非洲国家发展工业化的重点领域。同时，这些领域又都是劳动密集型产业，既可解决非洲人的收入、就业问题，也可解决非洲早期工业化的资本积累和市场培育问题。(4)非洲要实现工业化，除了外部援助，还必须注重自力更生、艰苦奋斗，提升国内的基本储蓄率，也要努力培育国民的自主创业意识。

第七，在"中非产能合作"这个特定语境下，中非在合作推动非洲工业化过程中，要特别注意避免一些中国曾走过的弯路和教训。尤其是中国在实现工业化过程中不注重环境保护的经验教训。非洲实现工业化必须走绿色发展、生态发展、环境友好型的发展道路。中国30多年工业化最大的教训是付出了环境代价、生态代价。今天中国要花巨大的力气来弥补这个代价，而许多非洲国家本身的生态系统更为脆弱，其生态环境也更需要重视和保护。许多非洲国家处在撒哈拉沙漠边缘,气候生态比中国更为恶劣。在中国南方这样的地区,恢复生态是相对比较容易的,但在非洲国家,一旦生态破坏,后果将是不可逆转的。所以工业化宁可放慢脚步,也不能以生态破坏为代价。

第八,对于非洲工业化和中非产能合作的前景,简单化的乐观与悲观都是不妥的,需要具体深入研究并在实践中探索前进。非洲面临许多严重挑战与困难,但今天非洲工业化也有特殊优势,因为进入 21 世纪的今天,世界经济发生了结构性变化,信息化、互联网、知识的全球共享已是 30 多年前中国改革开放时所不具备的条件。所以非洲只要利用科技发展、互联网信息时代带来的发展机会,将基础教育和人力资源培训作为优先发展项目,非洲的工业化依然是值得期待的。

第九,希望本届智库论坛结束后,中非双方智库能集中在下面几个问题上开展深入研究。一是中非产能合作的系统性和配套性问题研究,要把非洲工业化和中非产能合作当作一个系统工程,聚集各方面知识背景的专家、学者来共同研讨。二是中非产能合作中的安全问题研究,需要安全领域的专家来研讨产能合作问题。三是人才、教育和大学的功能问题。根据《中非合作论坛—约翰内斯堡行动计划(2016－2018 年)》,中国和非洲要在未来 3 年联合共建 5 所交通大学,相信会为未来中非产能合作提供强有力的智力支持。然而,中国众多的交通类大学基本上还没积极行动起来。中国与非洲国家在交通领域的合作是远远不够的,交通大学怎么建、中非职业教育怎么做、中非技术人才如何培养,到目前为止仍缺乏具体有效的研究和行动方案,未来要加强这方面的研究。四是中非产能合作中的法律问题研究。这个问题非常复杂,本届论坛已有所涉及,但缺乏具体国别、领域和案例研究,我们呼吁中非双方法律专家更多地参与这方面研究。五是需特别注重中非产能合作中的环境和生态问题研究。我们也建议未来的中非产能合作需要更多邀请自然科学、生命科学方面的专家学者参与,研究要深入非洲,对非洲的生态、资源、环境进行个案调研,获得第一手资料。六是还要特别注重中非产能合作中的金融、汇率、海关等方面的研究。

刘鸿武院长还指出,中国和非洲要实现现代化发展,实现政治经济的发展,取决于双方思想的自立。如果思想上不能自立,中非的发展就没有依据。中非智库合作是双方在知识领域的合作,任重道远、前景广阔,希望大家共同努力。乔·奈特施丹哲所长指出,非洲国家应思考在非洲工业化过程中自身的亮点和优势是什么。当中国由出口型经济转向内需型经济时,非洲也必须快速做出反应,进而实现中非贸易转型发展。因此,非洲必须尽快实现由低端制造业向比较高端的制造业转型,从而能成为中国消费需求的供应者。当中非关系上升为全面战略合作伙伴关系后,非洲国家必须认真重新思考并明确自己真正的需求,从而能主动学习中国经验,并有能力主动寻求中国支持和援助,而不是被动的填鸭式的接受中国的援助,因为只有非洲人自己才最了解自己需要什么。与此同时,中非合作既要加强策略性规划与执行,还要进行实时监控和评估。中非合作伙伴关系依赖于中非两种社会文明对这个关系的接受程度,因此政治、文化、经济上的监管必不可少。

浙江师范大学校长蒋国俊在闭幕词中表示将以中非合作论坛约翰内斯堡峰会和本届中非智库论坛的成功举办为契机,全力将中非智库论坛打造为高层次、高质量的学术交流平台和具有广泛社会影响、较高社会声誉的学术品牌,努力为中非友好合作奠定坚实的民意和社会基础。

四、本届论坛特点

中非智库论坛第五届会议是中非合作论坛约翰内斯堡峰会后,在中非合作论坛框架内举办的首次大型学术论坛,对中非双方对接合作思路、共同推进峰会成果落实具有重要意义。本届论坛层次和规模较往届有较大提升和突破,论坛得到了各方的高度重视,尤其是外交部非洲司予以了全程指导和支持。外交部部长助理钱洪山出席开幕式并做重要讲话,非洲司司长林松添在第一次全体会议做主旨演讲,对本届论坛给予充分肯定。本届论坛也是首次由校地合作主办,义乌市政府在会场、人员、经费、考察活动、会议服务等方面提供了大力支持。本届论坛学术议程安排得当,配套的市场考察、教育考察、文化交流等活动也设计得十分接地气,得到中外参会代表的好评。这主要得益于浙江师范大学和义乌市政府的默契合作。义乌是中国的非洲商贸与教育文化之都,非洲是义乌小商品贸易的重要伙伴。多年来,浙江师范大学与义乌市政府保持着战略合作伙伴关系,积极利用义乌商贸市场和国际化优势,在经贸、人文等领域不断深化与非洲的交流合作,推进互利共赢发展。今后,浙江师范大学与义乌市政府还计划合作建设中非智库论坛会议中心、筹办中非大学、创办中非影视交流创作拍摄中心、举办中非投资贸易博览会、设立非洲特色街区等,力争打造中非全方位交流合作基地。

(一)适逢其时,意义深远

2015 年 12 月,中非合作论坛约翰内斯堡峰会成功召开,这是一次具有历史性意义的中非峰会,必将对中非合作产生重大影响。2016 年是巩固和深化中非合作论坛约翰内斯堡峰会各项成果的开局之年,中非双方都在积极行动,落实约翰内斯堡峰会提出的各项战略举措。可以说,目前中非未来合作的新路线图已绘就,需要中非双方采取切实有效的措施去贯彻落实。在此形势下,浙江师范大学与义乌市政府联合主办中非智库论坛第五届会议可谓适逢其时且意义深远:一是本届论坛与约翰内斯堡峰会仅间隔不到半年,是峰会后中非合作论坛框架下举办的第一个大型分论坛活动,体现了中非双方对约翰内斯堡峰会的迅速响应。二是中非合作关系在约翰内斯堡峰会后开始进入新的快车道,本届论坛选择在此关键时期召开,实际上是对峰会成果的一次总结和对中非合作的一次展望。三是约翰内斯堡峰会将中非合作关系提升到了历史新高度,但也面临着一些新的挑战。本届论坛搭建了一个中非双方自由交流沟通的良好平台,使双方的智库领袖、专家学者、政府官员、大学校长、企业家与媒体人可以通过本届论坛进一步展示彼此观点、加深彼此理解、对接彼此思路,做到既乐观看待机遇与形势,又审慎认识困难与挑战,进而在中非合作尤其是中非产能合作与非洲工业化方面达成更多科学理性的共识,为有效落实约翰内斯堡峰会各项战略举措奠定扎实基础。

(二)规模大,层次高,代表性强

本届论坛规模空前,参会代表总人数超过 350 人,且中非双方均有权威专家、知名学者、政府高级官员、重要机构负责人等出席会议,具有较高层次。同时,本届论坛参会代表组成丰富,从国别看,以中国和非洲代表为主,也有来自欧美等其他国家的代表;从类别看,既有智库领袖、知名专家、政府官员,也有大学校长、企业家和媒体人;从资历看,既有多年从事中非合作的、经验丰富的老专家老学者,也有刚进入该领域的、朝气蓬勃的年轻学者,因而本届论坛具有很强的代表性,突出反映了各方面、各层面对中非合作重大问题的关切。

(三)内容丰富,形式多样

本届论坛除了紧凑、高效的学术研讨,主办方还安排了内容丰富、形式多样的配套活动,如安排外交部部长助理钱洪山、非洲司司长林松添、教育部国际合作与交流司副司长陈盈晖一行赴义乌鸡鸣山社区同悦社会工作服务中心,调研义乌境外人员融入社区工作,并听取中共义乌市委书记盛秋平关于义乌积极招引国际平台,切实加强对外经贸交流,特别是加强对非经贸交流和人员往来有关情况的汇报；安排外交部部长助理钱洪山，中共中央对外联络部原副部长、中国国际交流协会副会长艾平，中非新闻交流中心记者团等分别有针对性地参观外交部采购中心、涉外纠纷人民调解委员会、义乌市新农村建设、义乌港等地，了解义乌对非交流与民生情况；安排参会代表分批次参观考察了义乌国际商贸城、义乌进口商品馆、青岩刘淘宝村、科创新区、义乌港以及义乌中学、义乌工商学院等经贸、教育重点区域，全方位展示义乌经济社会发展面貌；配合埃塞俄比亚总理经济顾问阿尔卡贝·奥克贝·梅蒂库在义乌国际商贸城五区举办埃塞俄比亚投资推介会，常驻义乌的埃塞俄比亚外商及义乌市场经营户、义乌本地企业家代表等70余人参加推介会，促进了双方的经贸合作；安排本地政府职能部门、相关企业对接参会企业、学者，开展招商引资和对非贸易研究；安排本地政府职能部门、相关高校对接参会大学校长团，达成多项交流合作初步意向。总之，通过一系列配套活动，参会代表领略了中国基层社会的经济发展状况和最新创业进展，对中国目前良好的发展形势有了更切身的感受，为本届论坛增添了更深层次的意义，获得参会代表的广泛赞许。

(四)注重宣传，影响广泛

本届论坛取得圆满成功也得益于良好的宣传工作。会前，主办方在主会场门前布置了多块宣传展板，详细宣介浙江师范大学、义乌市、国家开发银行等在对非交流与合作领域的工作开展情况和主要成绩，令人一目了然；随代表资料袋发放浙江师范大学非洲研究、义乌经济社会建设与对非交流合作有关资料，令人印象深刻；专门安排举行浙江师范大学非洲研究成果发布，全面展示学校非洲研究实力与成果，提升其国际国内影响力。同时，由于本届论坛规格高、意义重大，吸引了中央电视台、《人民日报》、人民网、新华社、中新社、凤凰网、《中国社会科学报》、中非新闻交流中心记者团等的49名媒体代表参会、采访，有大量报道发布，覆盖了电视、网络、报纸等多种媒介和中文、英文、法文等多种语言，在国内外产生广泛影响。主办方还专门在会议期间举办了两场新闻发布会，外交部非洲司、浙江师范大学、义乌市政府分别从不同角度阐述政策方针、分析时事热点、畅谈中非合作、总结论坛情况、介绍市情校情，并解答媒体提问，营造了政府部门、主办方和媒体之间零距离沟通的良好氛围，受到国内外媒体的一致好评。

五、本届论坛办会体会

在中非智库论坛第五届会议圆满落幕之际，我们总结出如下办会体会：

（一）上级部门重视是成功办会的前提

本届论坛的成功举办离不开外交部、中共中央对外联络部、教育部、浙江省政府等上级部门和国家开发银行、浙江省社会科学界联合会等支持单位的高度重视与大力支持。上述单位不仅为办会提供了各方面支持，还均选派领导出席本届论坛、给予现场指导。尤其是外交部非洲司作为具体指导部门，对本届论坛给予了大量指导和帮助。在筹备初期，外交部非洲司将本届论坛纳入"中非联合研究交流计划"年度研讨会项目立项，并指导设计论坛主题与分议题、积极帮助多方推荐与邀请中外嘉宾、帮助落实办会经费，外交部副部长张明还曾专门听取筹备情况汇报；在会议期间，外交部部长助理钱洪山百忙中拨冗率团莅临，并在开幕式发表重要演讲，外交部非洲司司长林松添在第一次全体大会发表重要演讲，并出席媒体发布会做重要政策解读讲话；外交部网站、非洲司微信公众号均及时刊发论坛举办情况。这都体现了外交部非洲司多年来对中非智库论坛始终如一的重视与支持，更体现了对推进中非人文学术交流的倡导与鼓励，为本届论坛成功举办奠定了基础。

（二）两家主办单位默契配合是成功办会的关键

浙江师范大学与义乌市政府是战略合作伙伴，多年来保持着良好的合作关系。确定联合主办本届论坛后，两家主办单位默契配合，多次对接合作办会事宜。浙江师范大学将本届论坛作为"一把手"工程和建校 60 周年庆典的重大学术活动，由校党委书记陈德喜、校长蒋国俊亲自挂帅，提前 3 个月成立了筹备工作组，召开多次专题会议研究部署筹备工作，陈德喜书记、蒋国俊校长多次对论坛各方面工作作出重要指示。义乌方面也同样多次召开各层面、各战线的筹备动员会、推进会、布置会，市委书记盛秋平指示要发动全市力量，周密部署安排，加大筹备力度，全力办好中非智库论坛。义乌市副市长熊韬多次赴外交部、省政府沟通汇报，并亲赴浙江师范大学现场对接合作事宜。双方负责具体筹备工作的浙江师范大学非洲研究院和义乌市外侨办全程对接、密切配合，全体工作人员极其敬业，经常加班加点、细致设计方案、迅速完成任务。会期临近，双方提前 10 天在义乌集中办公，逐一敲定各项安排、落实各项活动、斟酌各个细节，实现无缝对接。会议期间，浙江师范大学党委书记陈德喜、校长蒋国俊、中共义乌市委书记盛秋平等双方主要领导均亲自出席并致辞、陪同参加各类交流活动。义乌市副市长熊韬还全英文主持新闻发布会、做市情推介、在中非经贸分论坛致辞、主持多项交流活动。正是两家主办单位的默契配合确保了本届论坛的成功举办。

(三)高品质服务是成功办会的保障

本届论坛规模大、规格高，对各项办会服务提出了更高要求。虽然此前浙江师范大学已在中国和非洲成功举办 4 届中非智库论坛，义乌市也在举办大型国际会议方面具有丰富经验，但对于本届论坛的筹备工作双方没有任何松懈，尤其是会议服务工作，双方周到布置、细致安排、力求完美。浙江师范大学选拔 60 名外语好、形象好、表达能力强的学生组成志愿者队伍，义乌市政府投入数十个部门上百人担任联络员，确保每位参会代表均有专门的联络员与之联系沟通、有志愿者为其提供会议服务。针对中非重要嘉宾，主办方还根据其不同行程、不同需求做出个性化安排。会议期间，会场布置庄重大气，全程录像、多语种同传、参观考察等各项安排精确到位，会议食宿、交通等后勤保障体贴周到，联络员和志愿者服务热情细致，给全体参会代表留下深刻印象。值得一提的是，本届论坛筹备时间紧、任务重，且会期与浙江师范大学建校 60 周年庆典活动重合，筹备工作又与义乌正在筹办的世界电子商务大会重叠，导致人力、物力、资源紧张，调配困难等问题，但在两家主办单位的共同努力下都得到了克服，本届论坛各项日程得以如期进行，取得圆满成功。

分报告七　合作共赢，共同发展

——"中非媒体智库研讨会"综述 [①]

浙江师范大学非洲研究院"中非媒体智库研讨会秘书处"

2016 年 8 月 11 日至 12 日，由浙江师范大学非洲研究院、中非发展基金、肯尼亚非洲经济研究所、肯尼亚公共政策与分析研究院、中国驻肯尼亚大使馆合作主办的"中非媒体智库研讨会"在肯尼亚蒙巴萨隆重举行。来自中国、肯尼亚、南非、塞内加尔、卢旺达、尼日利亚、摩洛哥、赞比亚、坦桑尼亚、埃塞俄比亚、津巴布韦、苏丹、莫桑比克、加纳、刚果（金）、埃及等 20 多个国家的重要媒体、智库机构的著名学者、智库领袖、重要媒体代表、商界精英、企业老总、政府高官等共计 150 余人出席了这一盛会。与会人员围绕"合作共赢，共同发展"的会议主题，结合中非务实合作的丰富实践及出现的问题，就如何创新中非双方的知识与思想，充分发挥媒体、智库、知识与思想的特殊作用，进行了深入研讨，提出了一系列有新意的看法、意见与建议。

一、中非媒体智库"融智"恰逢其时、意义重大

与会中非专家表示，在中非合作论坛约堡峰会成果逐步落实、中非关系全面升级的当下，中非媒体与智库"融智"恰逢其时，应该为推进中非务实合作发挥更大作用。

目前，中非合作的广度、高度、深度与热度都前所未有，中非合作论坛约堡峰会成果正在落实，以肯尼亚蒙内铁路、蒙巴萨经济特区为代表的一大批中非务实合作项目正在如火如荼地建设着。与会的肯尼亚交通部长詹姆斯·马查里亚在盘点中国在肯承建的大型项目后表示，与某些国家只要"嘴皮子"不同，

① 本文原载于《非洲研究》2016 年第 2 期，中国社会科学出版社出版。本文由浙江师范大学非洲法律与社会发展研究中心主任吴卡执笔，浙江师范大学非洲研究院王严，浙江师范大学经济与管理学院、中非国际商学院林云，云南大学非洲研究中心杨惠进行了会议记录与整理，特此感谢。

中国与肯尼亚的合作并未停留在概念上，不仅立足于肯尼亚真正的发展需要，而且落实于一个个看得见的项目上。他指出中国工程质量代表了世界最高水平，并期待未来与中国继续深化合作，希望中非媒体与智库为此积极贡献智慧。会前，与会专家参观考察了肯尼亚蒙内铁路、蒙巴萨经济特区等中肯合作在建项目，他们纷纷表示，当前中非合作很务实，双方媒体与智库"融智"既及时又必要。

中非媒体智库"融智"正逢其时。中国公共外交协会会长、原外交部部长李肇星指出，当前是中非关系全面升级的新时期，中非双方合作不仅需要"融资"，也需要"融智"。目前，落实中非合作论坛约堡峰会成果是摆在中非双方面前的重要课题，中非双方的学术界、舆论界应主动担当，为探求中非政府、企业、民间相互促进、相得益彰的发展之道，为不断丰富中非全面战略合作伙伴关系内涵、推动构建以合作共赢为核心的新型国际关系贡献更多智慧和力量。中国驻肯尼亚大使刘显法表示，中非发展战略高度兼容，是天然合作伙伴，中非双方，包括媒体与智库，应该抓住难得的历史机遇"合作共赢、共同发展"。浙江师范大学非洲研究院院长刘鸿武指出，中非合作发展到今天，知识与思想领域的自主自立与相互合作，已日益具有战略性意义。中非合作需要将媒体传播与学术研究相结合，实现优势互补，使媒体报道更具有专业深度与思想高度，而专家研究成果则可依托媒体得到有效的传播。

中非媒体的深度合作可为中非务实合作创造有利的舆论环境，向世界展现中非合作的真实图景。长期以来，一些西方与非洲的媒体总是质疑、歪曲甚至抹黑中非合作，因此媒体报道直接影响中非合作环境的营造。中国国务院新闻办公室原主任赵启正就此指出，中非媒体要重视报道的全面性，要把握中非合作发展的大趋势，要提出新思想、新理念、新举措，获得新的成果。肯尼亚分权与规划部首席秘书塞托提·特罗米则指出，中非要共同努力，创造一种有利的舆论环境。在这方面，媒体要发挥好作用，应该在关键的发展领域向外界提供准确信息，通过中非媒体合作确保高质量的报道。埃及《金字塔报》记者萨米·卡姆哈维认为，西方指责中国与非洲发展经贸投资是想在非洲建立一个"新帝国"，这些指责与事实严重不符，对此非洲媒体应根据中非合作的实际情况予以驳斥，以正视听。

中非智库要加强合作，积极为中非务实合作出谋划策。坦桑尼亚经济与社会研究基金会助理研究员伊恩·苏巴士·桑哈维认为，当前是加强中非智库合作的好时机，中非智库合作要提上优先发展的议事日程，应从单向合作发展到南南合作；为落实中非合作成果，中非智库应该积极为政府献计献策。他还指出，中非智库、媒体合作必须朝正确的方向发展，建设经得起时间考验的、长期有效的合作伙伴关系。南非马蓬古布韦战略反思研究所高级研究员杰弗里·舍胡穆根据非洲工业化的特点，强调了中非智库合作的重要意义。他指出，非洲实现工业化不能光靠外部力量，而是必须依靠非洲自身，贫困不是非洲的命运，非洲必须通过工业化的实现摆脱贫困。在此过程中，中非智库可以共同努力、献计献策，为非洲早日实现工业化、摆脱贫困贡献智慧。

二、非洲国家倚重中国发展经验，积极"向东看"

走一条怎样的发展道路长期困扰着非洲国家，对此，与会中非专家呼吁非洲国家应更加重视中国的发展经验，认为在维护国家主权、提升国家能力并推动经济社会发展方面，中国有许多经验更接近非洲实际，可资非洲借鉴。刚果（金）金沙萨大学非洲战略研究小组组长丹尼尔·马基斯·马纳瓦·恩扎比指出，事实已经证明，西方的发展经验并不适合非洲，而中国为非洲提供了更适合自己实际的经验，因此非洲与中国开展全方面战略合作是正确选择。坦桑尼亚《每日新闻》特约撰稿人加法尔·穆加里斯在会场拿出一本英文版的《习近平谈治国理政》，宣读了其中的一些内容，并表示他每周都要在当地媒体上发表一篇评论中国治国理政经验的文章。刘鸿武指出，中非双方在过去都曾长期依赖于西方的知识与思想，但它们是西方社会与历史的产物，并不能完全解决非西方广大世界的发展问题。今天，中非双方简单依赖学习西方的时代已经结束，中非双方必须立足于自己的社会与历史，从自己的实践中生成自己的理论，以自己的发展为中心，重建自己的知识与思想，做一双适合于自己的"靴子"，能够"穿"在我们的脚上，去走我们自己的路。中国人民大学国际事务研究所所长王义桅认为，中国的现代化是近35年的事，因此中国的经验很鲜活，可以与非洲分享，包括建设基础设施、建立工业园和经济特区等经验。乌干达《新愿景报》记者塔代奥·布万巴莱则表示，西方对非援助机制不合理，经常附加政治条件，并要求签订只对其有利的不公平贸易协定，这样做对解决非洲贫穷落后面貌没有帮助。同时，西方也不愿意帮助非洲发展基础设施与能源等关键支柱产业。这些因素都导致非洲转向中国。

中非媒体应客观、公正、正面报道中国发展经验、中非合作成果。肯尼亚内罗毕外交与国际研究院副主任加里斯彭·克里米·埃凯拉指出，他在2008年认为在肯尼亚建设标准铁路是不可能的事，但通过蒙内铁路，中国正在将不可能变为可能,这显示了中国帮助非洲发展的坚定决心与友好姿态。当前,中国投资在肯尼亚经济发展方面起到了巨大推动作用,但西方对中国对非投资有很多指责,很多非洲民众受西方媒体影响,对中国也有偏见,非洲媒体应当客观公正报道中国投资,让非洲民众了解中国投资的重要性。尼日利亚通讯社总编助理朱利叶斯·伊都乌·伊尼库拉则特别指出新媒体在中非关系发展与推进中的作用,强调为了促进中非关系的发展,新媒体应少做负面报道,积极传播正面信息,并建议通过培训等形式促进中非媒体合作,以推动中非关系的发展。对外经济贸易大学外语学院副院长丁隆指出,国际上有一种声音,认为中国近年来在非洲搞所谓的"新殖民主义",想把非洲变为"中国的第二块大陆"。类似的立论根本站不住脚,要看到,中非关系的实质是互利共赢。中非媒体应客观报道中非合作成果,这样的谣言就会不攻自破。

随着中国在非企业日益增多,不断涌现劳资纠纷、环境污染、不尊重当地风俗、不融入当地社会、公益责任行动缺乏、盲目投资、低价竞争、不考虑可持续发展等不良现象,严重损害了中国企业的整体形象。对此,亚的斯亚贝巴大学和平与安全研究所所长基达内·基罗斯·比特苏和喀麦隆国际关系研究所副所长史蒂芬·恩格万扎指出,中国企业必须与非洲当地企业有更密切合作,必须提高产品质量、加强环境保护、为当地创造更多就业机会,必须更好履行社会责任和遵守非洲当地的法律。同时,非洲国家也要改变观念,厉行节约,不能老举债,要从国家战略层面积极、正面欢迎中国投资。

三、非洲国家应抓住历史机遇,推进中非产能合作

与会专家指出,非洲国家应牢牢抓住中国产业转移这一历史机遇,选择适合的模式、创造有利的环境推进中非产能合作,中非智库对此应切实合作、献计献策。

中国产业转移对非洲是历史机遇,应牢牢抓住,对此应创造中非产能合作的有利环境。浙江师范大学非洲研究院尼日利亚籍研究员迈克尔·伊西祖勒恩以中国劳动密集型企业的迁移历史与经验为例,为非洲推动产业与经济变革提出建议,指出成本上升正迫使中国劳动密集型企业重新选址,这对非洲是一个历史性机遇,应该牢牢抓住,对此非洲应该创造吸引中国企业的有利环境。建立非洲金融体系是肯尼亚非洲经济研究所执行所长莱玛·森贝特发言的重点,他认为中国国家主席习近平在约翰内斯堡峰会中宣布的中非合作十大计划,包括工业、能源、安全等领域,将有助于建立非洲金融体系,他还强调中国不

同层次的私人企业参与中非产能合作的重要性。复旦大学国际关系与公共事务学院院长苏长和指出,中非产能合作的关键是如何让人、财、物、智在区域性有效流动,为此要加强投资、物流、金融的流动性,要重视基础设施的重要性。丁隆认为,中非产能合作和非洲工业化面临诸多挑战,双方应确定优先合作领域。目前,迫切需要改善非洲的基础设施条件,而中国正切实帮助非洲做这一工作。

中非产能合作有不同模式,非洲国家可根据自身实际予以选择,同时应将中非产能合作纳入法制轨道。中非发展基金经营管理部副总经理董堃详细介绍了目前中非发展基金支持中非产能合作的五种主要模式:一是直输优势产能,变中国制造为非洲制造;二是打造工业园区,引导中企集群式走出去;三是改善硬件条件,破解非洲基础设施瓶颈;四是依托非洲资源禀赋,提升非洲深加工能力;五是延伸资源加工业产业链,增加非洲产品附加值。中非产能合作需根据实际情况,采取不同的形式。中国社会科学院西亚非洲研究所教授朱伟东、浙江师范大学非洲法研究中心副主任吴卡指出,"国际合作,法律先行",中非产能合作需纳入法制轨道,以形成有效保护。为此,在加强中非法律交流与合作以形成良好法治环境的同时,中非双方需在司法管辖权的承认、域外调查取证的实施、法院判决的承认与执行等方面加强合作,并加快双边投资协定、引渡条约、民商事或刑事司法协助协定的谈判、签署与批准等工作。

中非产能合作离不开智库的智力支持,中非智库应切实合作、献计献策。苏丹全国大会党智库"苏丹拉卜伊兹研究中心"研究部主任阿巴斯·哈罗恩·易卜拉辛指出,智库可以从三方面来帮助落实约堡峰会成果:一是知识分享,二是能力建设,三是合作培养,中非智库应该为推动中非合作关系持续发展提供多种决策选择,并通过原创性的分析和知识分享来影响非洲国家制订有关十项合作计划的政策。中国人民大学重阳金融研究院执行院长王文指出,目前中非之间还存在许多问题,为此中非智库之间应该真诚合作,对各自政府提出实实在在的有益建议,找到有效的解决方案。

目前,非洲有很多合作伙伴,但中国与这些国家存在重大区别。云南大学非洲研究中心秘书长杨惠以日本对非投资为例,指出了中日对非投资的显著不同。她认为,与中国相比,日本对非投资的总额较少,占本国对外直接投资的比重也很小,而且日本作为发达国家以及G7成员,深受西方国家影响,对非洲有很强的目的性,其对非政策是政治导向和资源导向型的。中国与非洲的合作,无论出发点或合作方式,都比日本更胜一筹。中非合作是基于双方的需要,建立在长期战略伙伴的基础之上的，旨在实现非洲可持续发展。

四、改进中国公共外交与外宣方式，切实提升效果

公共外交是提高中国国家形象和国际影响力、增进中国国家利益的一种重要外交方式。在公共外交中，媒体是一种重要主体。与会中非专家指出，中国公共外交与外宣方式需要改进，应更多面向非洲国家，通过设立中非媒体论坛、开展社交媒体合作、共建联合通讯社等形式，切实提升中国公共外交与外宣效果。

目前中国公共外交与外宣方式须根据实际需要予以改进。王义桅以"一带一路"为例，强调须改进其外宣方式，实现"一带一路"的民心相通。他指出，事实证明，"一带一路"外宣要产生"爱听、听得懂、记得住"的效果，要到什么山上唱什么歌，要打动人须从对方最关心的问题着手，娓娓道来。而且，"一带一路"公共外交要超越国家利益层面，扎实推进民心相通。"一带一路"建设的民心相通之道，不只是加强相互了解，更在于创造共同历史记忆、共同身份、共同未来。中国现代国际关系研究院非洲所副所长黎文涛则根据其个人经历，指出中国公共外交的舆论效果要内外兼顾，但重点在非洲国家。目前，中非媒体与智库对于中非合作有高度共识，部分非洲代表对中非关系的见解不逊于西方知名媒体和智库。但事后部分媒体报道往往流于形式，尤其是非洲方面的观点报道不多，因此有必要深挖会议精华内容和出彩观点，同时中方媒体和网络大 V 应加强与非洲媒体互动，并提升在当地的舆论宣传。

创造共同记忆对实现中非民心互通非常重要。对此，王义桅指出，中国考古学者、艺术人士等要走进"一带一路"沿线国家，帮助他们唤醒丝绸之路历史记忆，塑造共同的回忆；中国历史学家、语言学家应帮助沿线国家阐述其历史，告别西方殖民遗产和中心论情结，塑造共同的丝路历史记忆。黎文涛则指出可修建"郑和中肯友好纪念馆或博物馆"等，在蒙巴萨、马林迪挖掘并恢复中肯交往的历史记忆与遗迹。

中非应创新媒体合作形式与内容，切实提升中国公共外交与外宣效果。埃塞俄比亚政府新闻办副主编扎卡日尔斯·沃尔德马利姆认为有必要通过建立中非媒体合作论坛来落实中非十大合作计划，这一论坛可以将记者定期召集起来。通过主流化途径，发挥媒体在落实中非十大合作计划中的积极作用。他认为，还可以举办定期或不定期的媒体圆桌会议，通过研讨来消除误会和解决问题。喀麦隆《论坛报》资深记者雅克·梅西则认为，中非媒体之间的互动和合作

要有一种紧迫感，应当进一步扩大合作方式、增加合作内容。比如，在稿件互换、联合采访、合作拍片等方面，应当有计划地设计更多项目和议题。环球网副总编石丁则指出，社交媒体领域的合作是中非媒体合作不可或缺的一个环节，目前这方面的合作尚未开展，以后应该积极进行，以满足中非各领域合作的需求。坦桑尼亚《标准报》助理编辑加法尔·Z. 姆加斯利希望通过共建联合通讯社来应对有关中国与非洲的负面报道，比如中非之间如果有联合通讯社的话，那么这次非洲国家有关南海问题的报道就会更真实、可靠和有效。他还特别强调，为了减少媒体中的负面报道，媒体必须要有习近平主席所提倡的"钉子"精神，找出一个正确的点，并不断努力，不断敲打、改进。《东非人报》主编帕姆拉·西托尼强调，非洲"2063 年愿景"的实现，需要中非媒体的合作，为此，中非双方媒体必须创建一个双向的交流平台，加强中非媒体之间的互动和信息共享能力。《人民日报》高级记者丁刚则特别强调了中非媒体人员交流的重要性，他指出，如果中非双方媒体人员之间建立了稳定的交流机制，那么就能够增进双方的了解，对于中非合作中的一些问题的解决，特别是对于扩大我们在全球传播的声音，无疑会起到无可替代的推动作用，从而让"走出非洲"的故事成为历史，让"走进非洲""走进中国"的故事在世界传播开来。

此外，会议期间，主办方精心布置了浙江师范大学非洲研究学术成果展，包括教育部哲学社会科学研究重大课题攻关项目成果《新时期中非合作关系研究》、教育部哲学社会科学发展报告《非洲地区发展报告（2014—2015）》、国家新闻出版基金重点项目"浙江师范大学非洲研究文库"的"当代非洲发展系列"2014—2016 年出版的 30 余种著作，充分展示了浙江师范大学非洲研究的丰硕学术成果，扩大了中国非洲研究的国际影响。主办方还组织参会代表参观考察了从蒙巴萨到内罗毕的蒙内铁路西站、蒙巴萨经济特区等中国在肯尼亚重点投资建设项目，并与项目中方负责人与肯方员工就项目的重大意义、进展情况等进行了亲切友好的会谈交流。

分报告八　摆脱贫困,共同发展

——中非减贫发展高端对话会暨中非智库论坛
第六届会议综述

张　瑾[①]

　　2017年6月21日至22日,在中国外交部非洲司和中国驻非盟使团的支持下,由浙江师范大学非洲研究院和非盟领导力学院共同举办的"中非减贫发展高端对话会暨中非智库论坛第六届会议"在埃塞俄比亚首都亚的斯亚贝巴非盟总部举行。来自中国和埃塞俄比亚等30多个非洲国家及非洲联盟、联合国非洲经济委员会、非洲能力建设基金会等国际组织的智库领袖、著名学者、媒体代表、政府官员、金融界人士等200余人应邀与会。中国外交部部长王毅、非盟委员会主席法基出席论坛开幕式并发表重要演讲,非盟领导力学院总监穆娜、浙江师范大学校长郑孟状代表主办方分别致辞。浙江师范大学非洲研究院院长刘鸿武、非盟领导力学院总监穆娜共同担任大会主席并主持开幕式。会议围绕"摆脱贫困,共同发展"这一核心主题,以交流习近平主席著作《摆脱贫困》一书中阐述的思想理念、实践和中国减贫发展经验为切入点,设置了"中国与非洲的减贫发展政策和实践经验""对接中非合作计划,加快非洲工业化和农业现代化进程"两个平行分组讨论。与会人员就中国减贫发展的主要经验,非洲摆脱贫困、实现自主可持续发展的机遇与挑战,如何因地制宜制定发展政策、探索符合国情的减贫途径,如何发挥劳动力市场、金融机构、社会保障政策在减贫发展中的作用,如何加强中非工业化和农业现代化的合作,如何有效落实中非合作论坛约翰内斯堡峰会成果,克服非洲发展的挑战等具体问题进行了深入、细致、充分的研讨和热烈的交流。

　　外交部部长王毅在开幕式上发表主旨演讲时指出,过去40年,7亿多中国

---

①　单敏、吴卡、和丹、肖玉华、张艳茹等协助做了会议记录整理,对本文亦有贡献。

人摆脱了贫困，为联合国实现减贫千年发展目标做出 70％的贡献，开创了世界发展史上的奇迹。《摆脱贫困》一书阐述的减贫理念、政策举措，至今对中国完成减贫任务具有现实指导意义，对发展中国家推进减贫努力也具有借鉴参考价值。"一花独放不是春，百花齐放春满园"，习近平主席倡导共同构建人类命运共同体，不仅是让中国人过上好日子，也希望世界各国特别是发展中国家人民都能过上美好生活。王毅表达了中方助力非洲实现自主可持续发展的基本立场和意愿：第一，中方愿与非洲朋友毫无保留地分享经验，但绝不会把自己的意志强加于人；第二，中方愿同非方对接发展战略，帮助非洲优先破解基础设施建设滞后、人才不足、资金短缺三大瓶颈，为减贫发展创造有利条件；第三，中方愿为非洲减贫事业营造必要环境，积极支持非洲国家提升国防、维和、维稳、反恐等自主解决非洲问题的能力；第四，中方愿鼓励国际社会支持非洲加快减贫。中国欢迎非洲合作伙伴多元化，呼吁各方摒弃零和游戏的旧思维，树立合作共赢的新理念。

　　非盟委员会主席法基在开幕式上表示，中国的发展经验值得整个世界借鉴，特别是对于非洲这样渴望推进经济和社会发展的地区。1949 年后，中国政府将之前非常贫苦和宿命论的农业人口从思想上转变为"自力更生、用自己双手创造未来的人"，"自力更生"的意识是非洲学习中国发展经验的第一课。他认为，非洲有潜力成为世界的粮仓，创造跨越大陆的世界繁荣。为此，非洲需要充分发展、培养年轻人的劳动、工作技能，尤其是要改善非洲妇女的教育、就业状况；非洲更需要和平安全的环境开展招商引资、教育培训等工作以促进发展、减少贫困，进而将非洲"2063 年愿景"所提出的发展目标变为现实。非盟领导力学院总监穆娜女士在开幕式上代表主办方致辞，她表示全球化给非洲减贫带来了更多机会，非洲发展的时机正在此时。长期以来，非盟领导力学院在非洲"2063 年愿景"规划下，支持成员国研制战略发展计划，搭建非盟一体化战略、领导力、具体分项战略等平台，以促成利益相关方对长期战略目标的认同，提升区域能力，共筑未来。此次会议，将有助于中非双方增进理解，互通互联。

　　浙江师范大学校长郑孟状教授指出，中非双方有着深厚的传统友谊和共同的发展愿景，更保持着全面战略合作伙伴关系。浙江师范大学在办学实践中，主动服务国家外交战略，积极致力中非交流合作，努力为国际社会认知中非关系、理解中国对非战略结构与性质的搭建平台。此次会议有助于非洲人民理解借鉴中国发展经验，寻找适合非洲的发展之路。

　　非盟委员会副主席夸第（Kwesi Quartey）和中国外交部中非合作论坛事务

大使周欲晓共同主持第一次全体会议。全国政协委员、中国翻译协会常务副会长黄友义，埃塞俄比亚总理经济顾问、总理府部际协调人阿尔卡贝分别从中非不同的视角就《摆脱贫困》一书有关减贫发展的思想、理念和政策举措进行了深入解读和理解；中国国务院扶贫办副主任陈志刚，埃塞俄比亚发展研究所主任、前总理经济顾问尼瓦伊·加百利（Newai Gabreal）分别介绍了中国和埃塞俄比亚的减贫发展战略、成功实践和启示。

一、扶贫减贫，理念先行

根据联合国的统计，过去 40 年来，中国已经有 7 亿多人脱贫。过去五年中每年脱贫人口达到 2000 多万，到 2020 年实现全部脱贫。全国政协委员、中国翻译协会常务副会长黄友义通过解读《摆脱贫困》，向大家分享了他第一次参与扶贫的亲历经验。他分析认为，宁德在 29 年内 GDP 增加了 45 倍，就是实现中国梦的过程。其经验在于：找到自身优势，思路脱贫、意识脱贫；因地制宜，谋划发展；要加强指挥，各方协调；敢于担当，勇于负责。贫困地区完全可能依靠自身的努力、政策、长处、优势在特定领域实现"弱鸟先飞"，把脱贫的命运掌握在自己手里。这不仅需要有正确的方向和准确的政策，也应该提出系统的发展脱贫的方法，还要有高水平的服务。要立足本地资源发展加工业，提高附加值。"一带一路"倡议就是希望与各个有关国家一起，通过共商、共建和共享的原则，携手发展，共同富裕。摆在我们面前的是美好的前景，也是巨大的挑战，但我们有理由相信，未来就像习近平主席所说的："只要有信心，黄土变成金。"

埃塞俄比亚总理经济顾问、总理府部际协调人阿尔卡贝非常认同这点，他认为，贫穷绝非宿命，是未来经济转型的契机。同时，对减贫要有长期的心理准备，要致力于更综合的目标，保障和平，提升增长质量。中国国务院扶贫办副主任陈志刚将"消除贫困、改善民生"作为中非的共同目标。虽然减贫在人类的发展史上是个难题，却是值得奋斗的目标，其核心要义就是加快发展，推行特色化地脱贫政策。不仅看贫困地区缺什么，还要看有什么，可以发展什么，还要发挥政府、社会和市场等多方面的协同作用。浙江师范大学非洲研究院院长刘鸿武教授提出，地方贫困但观念不能贫困，20 世纪 80 年代的宁德就如同今天的埃塞俄比亚，将发展视为生死攸关的事情，这是减贫的关键。《人民日报》国际部副主任吴绮敏在参观完亚吉铁路和轻轨项目之后，对埃塞俄比亚的发展表示赞赏，她认为科学的观念，能够振奋精神，指引行动。她聚焦中国减贫发展的财政税收政策，证明了习总书记提出的"滴水穿石""弱鸟先飞"理念之功。南非人文科学研究理事会研究员雅姿妮（Yazini April）将福建宁德减贫和工业化经验对非洲的启示，总结为五个方面：机制化的支持体系、技术发展、注重农业、根据现实发展工业化生产，以及最重要的自力更生的理念和实践。浙江师范大学非洲研究院张瑾博士认为，中国已经形成了比较有特色的绿色减贫策略并取得了一些成绩，这为非洲更好地发展提供了经验案例，在了解自己所需的前提下，非洲可以协同国际合作伙伴实现共同发展。

二、总结经验，务实发展

中非双方代表分享了扶贫的经历和经验。中国全国扶贫宣教中心主任黄承伟介绍了中国的精准扶贫政策和实践经验，包括中国的社会保障经验，即通过精确了解贫困人口的数量和实际情况有针对性地进行帮扶；通过集思广益达成共识；通过政府和基层的政策协调推进扶贫，最终成就"一户也不能少"的中国式扶贫特色。坦桑尼亚经济社会研究基金会的费斯托（Festo Maro）系统总结了非洲扶贫的经验和教训：机会不均等、贫困人口聚集在贫困国家是非洲扶贫存在的问题。经济发展是减贫的必要前提，也是就业和所有非洲未来发展蓝图的基础，健康、社会保障、能力建设、法制化发展、外汇流动等都有经验值得总结。非洲需要探索自主、可持续、切实可行的发展道路，以生产符合非洲人需求的产品。因此，非洲首先要掌握自己的话语权。

联合国非洲经济委员会经济规划部主任巴斯沐唯（Bartholomew Armah）分析了非洲扶贫的趋势、政策及国际合作在其中的角色。他认为，减贫首先要拟定一个完善的计划，非洲需要切实、综合、连贯性和长时段的目标，也需要政府有结构性和财力上的支持。非洲所获得的农业援助有下降趋势，对农产品出口缺乏足够的支持，对妇女的支持力度不够；非洲经济还没有做到多元化，必须通过增加商品和矿业附加值来促进就业，减少贫困。中国社科院西亚非洲研究所所长杨光研究员总结了中国探索发展道路、实现自主可持续发展的主要经验，他指出，发展是基础，安全是保障。目前中国实现了自主发展，政府正在致力于消除发展的不均衡，其中，集约式发展、可持续发展、绿色发展、成本收益核算等因素，将是中国在探索未来发展道路上的主要考量。津巴布韦经济政策分析研究所主任吉布森（Gibson Chigumira）援引非洲之角、利比亚、布隆迪、埃及、刚果（金）等国推动扶贫发展、就业和社会保障的经验，认为不同国家因其人口结构、主要经济驱动力、面对气候变化能力等方面的鸿沟，未来应采取不同扶贫策略进行发展。厦门大学经济学院发展研究所所长黄梅波教授就中国经济特区建设实践经验及对非洲的启示做出分享。她认为，中国经济特区之所以取得成功，得益于中央政府强有力的支持以及地方政府的自主性和主动性、完善的法律法规和制度框架、地方政府及园区管委会高效的执行力和服务水平、技术转移与不断的技术学习和升级、园区明确的目标及健全的监测评估体系。非洲的经济特区未来的发展也应关注上述的几个方面。

喀麦隆国际关系学院副院长史蒂芬·恩格万扎回顾了非洲贫穷的原因，认为非洲国家受制于各种外部力量和外部规划，无法发挥自主性。而非洲的不稳定和战乱，限制了非洲的起飞。他认同中国和亚洲的发展模式，认为政治稳定、制订符合非洲实际的发展规划，并主导这些规划，才可以为减贫和投资发展提供良好的环境。与此同时，应充分听取民意、考虑少数民族的利益、惩治腐败，加强国家治理，这些都是减贫的重要前提。来自浙江师范大学非洲研究院的和丹·奥斯曼·阿布迪（Hodan Osman Abdi）博士认为私有企业和年轻人是未来非洲发展的动力，应使携手繁荣的理念贯彻到他们的心中。埃塞俄比亚总理经济顾问、总理府部际协调人阿尔卡贝认为，廉洁政府加上对成功有热切愿望、愿意为之奋斗的有能力的年轻人，是未来引领非洲前行的主体。

浙江师范大学非洲研究院院长刘鸿武教授充分肯定政府的效力。他认为，发展中国家要发挥好政府作用，因地制宜地制定减贫发展政策。为此，政府必须有推进国家发展意愿，并且务实高效；政府必须以经济建设和民生改善为工作中心，而且代表全体人民，不能在宗教、民族、地域等方面具有排他性；政府必须高度重视教育投入与人才资源开发，重视基础设施投资与建设，努力提升政府办事效率；国家政策必须符合本国国情，必须保持政策连续性，同时长期坚持对外开放。

三、减贫发展，综合施治

科特迪瓦经济与社会研究中心政治经济分析部主任奥尔本·阿霍里（Alban E. Ahoure）以科特迪瓦在 2012 年至 2015 年成功减贫的案例说明，减贫对于重债穷国的非洲国家而言至关重要。非洲国家的贫困人口数量巨大，应追求更高水平的发展，向中国学习减贫经验。埃塞俄比亚总理经济顾问、总理府部际协调人阿尔卡贝认为非洲农业长期被忽视，没有足够的附加值，是造成非洲贫困的重要原因。中国企业在非洲的经营应该重视非洲环境和农业现代化提升，提高产品附加值，通过包容性发展、关注风险防控，来实现最终的双赢。埃塞俄比亚发展研究所主任纳外（Newai Gabreal）博士通过比较东南亚国家和欧洲经验后提出，不同国别的不同文化和历史决定了不同发展情况，劳动力、国家和私人行业之间的关系是重要的结构性因素，资本、社会、技术、领导阶层等都在此中变动。经济和政策的延续性对于发展而言十分重要，而前提是发展农业。中国农业大学李小云教授则理性地看待非洲经济增长率超过 6%，但减贫效果不佳的现实。他认为非洲的发展和减贫脱轨的原因在于农业经济增长率低，同时人口增长率高。非洲要实现更好的发展，必须有超过人口增长率的发展，且提供足够的劳动力需求。浙江师范大学非洲研究院张艳茹博士用非洲渔民减贫的案例说明，非洲海洋经济正在逐步成为带动经济发展的新动力，或可作为新的发展案例予以借鉴。

加纳民主选举援助研究所主任伊曼纽尔·阿科韦特（Emmanuel O. Akwetey）博士探讨了民主治理在减贫工作中的作用，他对《摆脱贫困》一书中论述"弱鸟先飞"、提升官员效率和公务员操守，加强能力建设等，印象深刻，指出应建设"发展型政党"，不仅要关注选举，还要关注领导力建设，提升规划和执行能力，建设专业有德的官僚体系，以推动农业现代化，促使国家摆脱贫困。吴卡用中国减贫中富有成效的法律保障说明，公正、有效的法律体制和坚持减贫实施的律师团体，对于巩固减贫效果而言至关重要。喀麦隆国际关系学院副院长恩格万扎也强调了机制与制度的稳定性，他认为非洲存在政乱与战乱，是西方大国利益冲突的战场，导致非洲自身战略重要性降低，而忽略当地社会与人民现实情况、没有吸引人才的政策、非洲政权合法性问题等，影响了非洲的经济起飞。未来，非洲应多考虑落后地区的利益，推进教育发展，推动政策和管理透明度，减少腐败。

四、中非合作，时代契机

中国外交部中非合作论坛事务周欲晓大使向中非双方学者阐释了中国秉持五大合作发展理念，表达了安全、有序、有效落实中非合作论坛约翰内斯堡峰会成果的决心。他指出，发展是摆脱贫困的关键，而农业现代化与工业现代化是发展的唯一路径，落实中非工业与农业合作，要坚持五大发展理念，即坚持共同发展、坚持集约化发展、坚持绿色发展、坚持安全发展、坚持开放发展。埃塞俄比亚总理经济顾问、总理府部际协调人阿尔卡贝认为，中国作为合作伙伴所提供的相互尊重、"不干涉"原则、不附加条件的援助，为非洲不再只是"资源出口地"做出了重要贡献，是真正的伙伴。时值中国提出"一带一路"倡议，中国人民大学王义桅教授认为，这不仅包括海陆空多个层面的设计，将改变之前非洲被动的全球化，也将使非洲的工业化和农业现代化受益。实践证明，基础设施的投入对发展中国家和发达国家都有好处。"一带一路"倡议关注基础设施建设，因为其是扶贫的重要方面，同时倡议中非双方进行新工业化合作，追求包容性和在互联互通等多领域的合作，这些都是未来发展的重要提升空间。未来中非可以在能源方面合作解决非洲能源短缺问题，也可以加强培训合作解决人力资源问题，同时，在其他领域，如青年、就业、两性方面，开展中非地区与省级合作，都是值得期待的合作领域。联合国非洲经济委员会经济规划部主任巴斯沐唯对中国能为非洲提供的经济转型方面的帮助抱有信心。他认为中非合作论坛提供了中非经济合作的新平台，非洲的转型可以为中国带动出口和投资增长，而相当数量的中国投资将促进非洲在科学、技术、贸易、财政、教育等方面的改善，并最终促进非洲的经济转型。中国社科院西亚非洲研究所杨光所长从学理的角度阐释了中国的发展将会改变外部世界发展理论，将以"安全"和"合作"的方式，提供发展的另一种可能。

刘鸿武教授和穆娜女士共同主持了第二次全体大会，舒展大使和伊曼纽尔·纳多施（Emmanuel Nnadozie）博士分别向大会汇报各平行分组讨论情况。会议分组讨论形成如下意见：第一，明确、务实地制定导向性政策，脚踏实地干工作，因时制宜地制定减贫政策，执政党必须贴近人民，了解基层的情况，从地方到中央，务实、实干，才可以解决民生的问题。第二，减贫是长期过程，只有可持续地发展，才可以减贫，否则返贫率也会很高。第三，中非合作为非洲加快农业、工业发展进程，提升农业生产率，促进增长提供了机会。应先行先试，为非洲带来合理发展。以中国为首推进的基础设施发展，对非洲社会的发展影响深远，一方面降低了交易成本，一方面增加了国际竞争力，而这些都将促进贸易、提升基础设施、水、农业、数字化发展的多种机遇。第四，贫困问题是当前非洲大陆最大的挑战，不平等、气候变化和青年失业等慢性的贫困问题也依然存在，非洲光有经济增长还不够，还需要以可持续方式降低贫困率。非洲应认识到政治的稳定性、安全问题和包容问题、腐败问题等都是根本的发展问题，应推翻随意任用、学院派主义和部族主义。第五，心态、态度的转变非常重要，贫困影响社会自信，但是可以通过发展予以消除。民主有很大的作用，但是不能视为目标本身。只有提升领导力和技能，才可以确保经济变革顺利推行，保证战略得以实现。

最后，中国外交部外交政策咨询委员会委员、中央外办前副主任杜起文大使，非盟委员会副主席夸第分别做大会总结讲话。杜起文大使在做大会总结时高度肯定了此次会议召开的意义。杜大使说，"这次会议再一次证明，中国和非洲不仅是患难与共的好兄弟，也是实现减贫发展道路上的好伙伴"。他表示，通过对话会中非与会代表对中非合作的优先领域和主要方向达成了六个基本共识：第一，分享治国理政经验，增强非洲国家自主探索发展道路的意识和能力。第二，加强人力资源合作开发，帮助非洲国家破解人才不足瓶颈。第三，坚持集约发挥理念，把基础设施建设同产业化发展结合起来，加快非洲工业化进程。第四，创新合作模式，充分调动市场和私营资本的积极性，助力非洲国家解决发展资金短缺问题。第五，加强和平安全合作，维护非洲和平稳定，为中非合作和非洲发展创造安全环境。第六，秉持开放、包容、共赢理念，欢迎非洲合作伙伴多样化，共同为非洲实现自主可持续发展贡献力量。

夸第副主席高度评价中国治国理政的经验和减贫事业的成效。他认为，中国上世纪八十年代末在发展中遇到的问题正是当前非洲发展所面临的问题。中国是非洲减贫发展的榜样，习近平主席在《摆脱贫困》中提出"扶贫先扶志，扶贫必扶智""把经济建设当作最大的政治""弱鸟先飞"以及因地制宜、行动至上、"既要发展经济，又要廉洁政府"等重要思想，对非洲实现减贫发展具有重要借鉴和启示意义。夸第还高度赞赏习近平主席提出的"真实亲诚"对非政策理念，积极评价中非合作论坛约翰内斯堡峰会成果落实取得的成效，认为中非双方在中非合作论坛框架下建立以发展为核心的伙伴关系，有力促进了非洲减贫发展进程。

论坛受到媒体广泛关注。来自中国的中央电视台、新华社、《人民日报》、中国日报、中国国际广播电台以及来自非洲20多个国家的主流媒体的60余位媒体人士全程参加会议，并进行充分报道。《人民日报》以《减贫发展，中非携手前行》《书写一个又一个"第一"》《让我们一起种下思想的种子》为题进行系列深度报道，并做了会议专版。会后，会议主办方组织与会人员赴埃塞俄比亚东方工业园集体考察了部分中埃重大合作项目，并同力帆汽车公司、帝缘陶瓷公司、华坚鞋业等部分中资企业代表座谈，实地感受中非合作对非洲减贫发展的贡献和作用。

分报告九　改革开放与中非关系

——中非智库论坛第七届会议综述[①]

李雪冬　欧玉芳　武　卉　王　严　雷　雯

　　2018 年 7 月 4 日至 5 日,由中非合作论坛中方后续行动委员会秘书处主办,浙江师范大学非洲研究院、国务院参事室国际战略研究中心联合承办的"中非智库论坛第七届会议"在北京钓鱼台国宾馆举行。本次会议作为 2018 年中非合作论坛北京峰会的重要配套活动,围绕"改革开放与中非关系"这一重要议题进行了深入广泛的研讨,会议受到了中非各方的高度重视和广泛关注。来自非洲 44 个国家的驻华使节、52 个非洲国家的政府官员、智库学者、媒体代表,中国外交部、国务院参事室、中非产能合作基金、浙江师范大学等相关单位领导,全国知名智库机构、高等院校的中方学者以及媒体人士共计 380 余人参加会议。

　　外交部部长助理陈晓东、国务院参事室副主任张彦通,非洲驻华使团团长、马达加斯加驻华大使维克托·希科尼纳,国家外汇局副局长陆磊,南非约翰内斯堡大学孔子学院外方院长墨特霍尔德·蒙耶,国务院参事、北京大学新结构经济学研究院院长林毅夫,摩洛哥皇家战略研究院院长穆罕默德·塔乌费克·穆利内出席开幕式并致辞。浙江师范大学党委书记蒋国俊主持开幕式并致欢迎词。与会代表重点围绕"中国改革开放 40 周年与中非关系发展""中非自主探索发展道路的经验与启示""中非智库媒体合作——以增强传播力与话语权为目标"三个议题展开讨论。

一、中国改革开放 40 年发展经验

　　中国 40 年的改革开放,积累了丰富的发展经验。与会学者们将这些经验

---

① 本文原载于《非洲研究》2018 年第 2 期,社科文献出版社,2018.

概括为：坚决拥护与坚持中国共产党的领导；实施渐进式而非激进式的发展和改革；坚持以人民为中心，改革与开放政策始终代表了最广大人民群众的根本利益；统筹推进经济建设、政治建设、文化建设、社会建设和生态文明建设，协调推进全面建成小康社会，全面深化改革，全面依法治国，全面从严治党的战略布局；实时处理好改革、发展与稳定三者的关系等。

国务院参事室副主任方宁认为，中国改革开放发展经验主要有四：一是保持社会稳定，这是中国几千年的社会经验。不论是什么体制，只要是稳定社会就在前进。二是立足国情。特别把握好终极目标和阶段性目标之间的关系，且阶段性目标要切实可行。三是采取渐进式而非激进式的发展和改革。中国的基本经验就是渐进式的，一步一步往前走，总会达到一个很好的效果。四是不局限于一种模式，也不限于一种套路。大政方针是改革开放，发展不同阶段不是一成不变的。有效性是评判中国改革开放的最高价值标准，这是习近平总书记一个重要哲学思想。

张彦通指出，习近平总书记关于新时代中国继续深化改革、坚持对外开放的重要思想，包含着深刻的历史经验和重要的时代内涵。第一，坚持中国共产党对一切工作的领导。改革开放最主要的成果是开创和发展了中国特色社会主义，并进一步证明中国特色社会主义最本质的特征和最大的优势就是中国共产党的领导。第二，坚持以人民为中心。改革开放伟大成就的取得靠的是人民群众大胆的探索和勇敢的实践，为人民服务、实现伟大复兴的中国梦是中国共产党始终不忘的初心和奋斗的目标。第三，坚持五位一体总体布局和四个全面战略布局，即统筹推进经济建设、政治建设、文化建设、社会建设和生态文明建设，协调推进全面建成小康社会，全面深化改革，全面依法治国，全面从严治党的战略布局。第四，坚持创新、协调、绿色、开放、共享的新的发展理念。这是十八大以来中国共产党面对新的挑战和问题，面对经济发展进入新常态等形势总结出的经验和指导思想，起着指挥棒的作用。第五，坚持推动建立新型国际关系，构建人类命运共同体。第六，坚持全面从严治党。

对外经济贸易大学丁志杰校长以"深化中非货币金融合作"为主题，分享了中国货币金融经验：第一是中国一直利用外资政策，发展中国家经济起飞阶段往往面临着储蓄缺口和外汇缺口并存的双缺口，外商投资有效缓解了这一状态。第二是中国不断深化对外开放，40年前中国对外开放以利用外资和出口为主，现在逐渐走向利用外资和对外投资出口和进口并重的对外开放新格局，特别是在十八届三中全会以来，又提出构建开放型经济新体制。第三是把物价稳定作为货币政策最重要的目标，第四是把汇率稳定作为汇率管理的重要目标，第五是建立完善社会主义市场经济体制，在不同时期根据形势权衡市场机制和政府作用的关系。他特别指出，政府的能力是保证经济健康稳定发展的重要基础。

国务院参事、中央财经大学刘桓从中国文化的视角，对中国发展道路进行了总结，他认为，中国文化的核心是和谐；文化精髓是中庸，不偏不倚，不前不后；另一个中国文化精髓是天人合一。

中国国际发展知识中心常务副主任贡森总结了中国方案的特殊性和一般性，他认为：首先，中国将生存权和发展权放在优先和先导地位；其次，在发展路径和方式上，中国与西方国家建立了相似的市场机制；再次，中国工业化以自我积累为主，技术引进为辅，城镇化方面，中国一直强调城市的扩张优先考虑发展生产，在发展生产和创造就业基础上城镇化，再鼓励消费和吸纳人口，不是过度强调城市作为吸纳农村转移劳动力人口的地理单元；最后，中国方案的特点是分配手段，中国的分配一直强调共建基础上的共享，发展过程中更多人获得就业机会，不是优先强调结果均等。

中国人民大学金融学院涂永红与与会者分享了中国金融改革人民币国际化的最新实践。2008年的国际金融危机表明，以美元为主导的一超多元式货币体系存在极大的缺陷，使国际金融环境不稳定，威胁到世界经济的健康发展，所以各个国家都有改革货币体系的要求。这个改革的主要内容，就是国际货币多元化，人民币国际化顺应了这样的要求。

中国国际问题研究院曾爱平重点论述了中国共产党的治国理政经验：一是执政党的使命在于维护国家稳定、发展经济和提高人民的生活水平；二是坚持党际交往的四项原则，即独立、自主、完全平等及互不干涉内政；三是处理好改革、发展与稳定的关系；四是支持非洲国家政党自主选择本国的政策体制和发展道路；五是特别强调执政党的能力建设。

中央党校国际战略研究所罗建波概括中国经验为：第一是精神，即独立自主的精神；第二是能力；第三是工业化。

中国改革开放40年的成功经验表明，要实现发展，需要选择一条适合本国社会、文化与经济特色的道路，并制定稳定的、连续的、一以贯之的政策。

二、中国发展道路对非洲的意义与启示

改革开放是立足中国实际的内生演进，具体道路选择是由中国的历史传

承、文化传统、经济社会发展水平决定的。沿着中国特色社会主义道路,中国的经济、军事、政治、科技、教育、文化、体育、社会等多方面走向全面开放的局面,并取得了举世瞩目的成就。尽管中国的改革开放并非"放之四海而皆准",但相较西方国家的发展理论与实践,中国40年改革开放所积累的丰富经验,对于后发的非洲国家更有参考借鉴价值,因为中国的起点也是世界上最贫穷的国家,中非发展的条件和前提更为接近。

尼日利亚中国研究中心主任查尔斯·奥努奈居认为,改革开放使中国走上了经济现代化的道路,从一个封闭的国家逐渐融入经济全球化进程。中国的发展经验对于非洲国家非常重要。1978年刚刚开始改革开放的时候,中国是世界上最贫穷的国家之一,按照世界银行的标准,当年中国的人均GDP只有156美元,而撒哈拉沙漠以南非洲国家人均GDP是490美元,中国当时的人均GDP甚至不足非洲国家平均数的1/3。改革开放40年以来,中国经济取得了举世瞩目的成就,不仅成为世界第二大经济体,对世界经济发展的贡献率更是多年保持在30%以上。

中国国务院参事、北京大学新结构经济学研究院院长林毅夫在总结中国的发展经验时说,发达国家的理论和经验,必然是以发达国家的条件为前提。非洲国家采用西方的这些理念,但其前提不同;如果前提条件相同,这些国家早就可以发展为发达国家。事实上,非洲的前提条件与中国类似。因此,中国改革开放40年所积累的经验、所形成的理论,对非洲国家以及其他发展中国家会有更大参考借鉴价值。

维克托·希科尼纳大使强调,减贫是非洲国家面临的一个重大挑战,对此,非洲可以在以下两方面向中国学习:第一,将农村人口纳入到发展中,进行全方位统筹的发展,将投资在农村与城市之间进行平衡分配;第二,进一步加强农村的教育,统筹农村与城市的发展。对此,他尤其指出,非洲必须促进农村地区能力建设,尤其应重视电力、视频技术、电视、互联网、饮用水等领域的发展,对公共设施以及乡村设施进行有效管理。

国务院扶贫办友成企业家扶贫基金会汤敏提出,跨境电商可以作为中非合作的抓手,跨境电商把很多的中间环节去掉,可以降低成本,扩大中非之间的贸易交流。推动中非之间的跨境电商合作,需要对年轻人进行培训,孔子学院也可以开设跨境电商课程。

上海对外经贸大学黄梅波教授提出,非洲国家可以借鉴中国工业区的成功经验,并指出政府的积极引导以及对工业区提供各种优惠政策和相应服务很重要。当地政府需提供便捷服务，营造比较适宜的投资环境，建立服务型政府。

浙江师范大学和丹（Hodan）认为，第一要重视农业。在非洲如索马里等国家，农业不受重视，农民是非常受鄙视的职业，很多家庭希望子女学医学，学其他东西，并不重视农业的发展。但是中国的发展其实是基于农业的发展的。第二是教育要先行。人的能力建设和发展对于国家经济发展以及国家整体发展是非常重要的，今天索马里的教育还是非常混乱和滞后的。第三是重视公共卫生与健康。中国对于世界所做出的贡献，不仅仅是减少了贫困人口，更对全世界人口的健康做出了巨大的贡献，在孕产妇死亡率方面和新生儿死亡率方面都做出了巨大的贡献。因此，索马里的发展要保证政治的稳定，要有灵活性，逐步实施和落实政策，要发展人力资源，要有有效的政府治理。

关于如何利用中国经验和中国在非投资促进非洲国家发展，肯尼亚非洲政策研究所所长卡格万加表示：第一，非洲国家应该抓住机遇，中非要共谋推动基础设施发展与产业合作，由此才能推动非洲国家的工业化以及现代化进程。第二，政治的稳定性与连续性是中非基础设施有效合作的基础与保障。为了吸引外资，包括来自中国的投资，非洲国家必须实施具有远见卓识的投资政策，同时提供宏观经济、微观经济以及稳定的政治环境、经济环境，有些优惠措施应该在初期实施，因为初期往往有一些风险需要管理，尤其是腐败、安全问题等。第三，项目的成功取决于非洲政府实施与维护项目的方式。要进行严格的考评，中国应该在后续的运营中进行管理，而且要进行一段时间的后续管理。最后，非洲国家应该提升他们当地员工、技术人员培训的有效性，要留住人才。

总之，中国的改革开放提供了一个比较好的新型发展模式，有助于非洲摆脱所谓的新自由主义发展模式。但是，任何国家均不宜照搬别人的现成经验，而应举一反三，因地制宜探索适合自己国情的发展道路。事实上，非洲也创造了一些比较成功的案例，近年来有一些非洲国家的"本土创制"，同样值得非洲其他国家学习。

三、全面深入发展的中非关系

40 年的改革开放，中国不仅实现了自身的快速发展，更高举和平、发展、合作、共赢的旗帜，致力于构建人类和平与发展的共同未来。在这一进程中，中非关系取得了全面而深入的发展。

外交部部长助理陈晓东重点从经贸合作、安全合作、人文交流三个方面系统分析了中非关系的发展。他指出，中非经贸合作在过去 40 年间实现了跨越式的发展,利益纽带紧密牢固,中国已连续多年保持非洲最大贸易伙伴地位,中国对非投资从无到有,从小到大。中非合作正呈现由政府主导向市场运作转型、商品贸易向产能合作升级、工程承包向投资运营迈进的可喜变化,切实助力非洲可持续发展。40 年来中非人文交流稳步拓展,成为中非友好的源泉活水。中非在国际和地区事务中密切配合,坚定捍卫中非共同利益。中国在联合国安理会等多边场合一直为非洲国家仗义执言。中国坚定支持非洲国家自主解决问题,积极参与非洲的和平与安全事务。

维克托·希科尼纳大使指出,约堡峰会所提出的"十大合作计划",彰显了中国对非洲发展的支持。十大合作计划涵盖了工业化、农业现代化、基础设施、金融服务、绿色发展、投资贸易方便化、减贫等非洲各国普遍面临与关心的问题,提高了非洲人民的福祉与公共健康。中非合作论坛给非洲带来了希望,增强了双方合作的意愿。

国家外汇局副局长陆磊则以中非经济合作为视角,深入分析了中非经济合作取得的新进展。他指出,2015 年中非合作论坛约翰内斯堡峰会以来,中非本着正确的义利观,把推进产能、金融贸易投资便利化合作作为主要抓手,以破解基础设施建设滞后和人才不足两大发展瓶颈作为优先突破口,推动了中非经济金融合作从量的积累迈向质的突破。一是经济金融合作取得了实际成效,二是经济金融合作形式推陈出新。

索马里国立大学校长穆罕默德·艾哈迈德·吉马莱(Mohamed Ahmed Jimale)强调,中国应该助力非洲实现工业化与现代化的发展,由此非洲才能掌握工业化和现代化发展的知识和技能。对于如何实现现代化,首先最重要的是非洲的年轻人必须要获得最新的专业知识、最新的技术,中国应以此为抓手,加强对非洲的人力资源建设投资。

中非产能基金董事长韩红梅在会议总结发言中提出了中非产能合作的机遇和重要性。第一,非洲的大陆自贸区框架协议(CFTA)的签署如同中国改革开放,为非洲经济起飞奠定了市场基础。中国改革开放是成功的制度创新,亲商和鼓励竞争的政策打造了统一的大市场。非洲 49 个国家签署的自贸区框架协议,涵盖 12 亿人口和 3.5 亿万美元 GDP,市场比 40 年前的中国大 40 倍,为非洲大陆经济起飞奠定了重要基础,统一市场也为非洲工业投资创造了有利条件。第二,当前是国际产业转移的机会窗口,中国大量优势产业已经具备为全球提供先进装备和产品的生产能力,非洲劳动力成本低廉、自然资源丰富的特点使得非洲成为中国理想的合作区域,也同时为促进非洲工业化进程,扩大就业和进口起到积极推动作用。第三，中非产能合作是解决非洲起飞阶段国内、外储蓄双缺口困境的重要途径。第四，中非产能合作可以与人民币跨境使用紧密结合。非洲国家可以充分利用中非产能合作机会，通过更多地使用人民币分散商品进口的汇率风险。

非洲债务问题是本届智库论坛讨论的焦点之一，对此，中非专家、学者都提出了各自的见解和主张。外交部部长助理陈晓东表示，一些非洲国家出现的债务问题是多种因素综合作用的结果，是发展中国家面临的共性问题，是发展过程中成长的烦恼，根本解决之道还是要依靠发展。中非合作主动对接非洲国家发展规划，着力培养自主发展能力，在非洲建成大量切实惠及国际民生的项目。中方高度重视非洲债务可持续问题，坚持集约发展，帮助非洲筑巢引凤，本着负责任态度，向非方提供投融资，对非借贷风险总体可控，同时我们还积极鼓励中国企业加大对非直接投资，探讨公司合营等新模式，设身处地帮助非方防范债务风险，减轻减缓债务的压力。

国家外汇局副局长陆磊分享了有效利用外债，保持外债可持续的中国经验。他指出，新兴市场经济的脆弱性多与债务问题有关，从 20 世纪 80 年代拉美和东亚的经验教训看，不审慎的对外举债和低效率使用外债，往往会导致债务困境，甚至是货币危机。改革开放以来，中国政府始终把外债可持续性作为重要调控标准，根据经济发展需要和自身风险承受能力审慎借债和高效用债。首先，经济发展和对外开放必然伴随着外债的增长，外债增长不可怕，关键是要伴随经济发展和收入的可持续性；其次，最优外债规模取决于一个国家的经济增长绩效以及与外债相关的产业增长情况，举债资金应优先用于发展符合本国比较优势的出口创汇行业和高增长行业，要有经济增长点；第三，短期外债风险需要基于宏观审慎视角的有效管控，短期外债对宏观环境非常敏感。

中国进出口银行副行长谢平指出，近期受全球货币趋紧，资源型大宗商品波动等影响，债务可持续问题引起各方广泛关注。然而非洲国家正处在工业化起步阶段，经济社会发展仍需大量的外部资金支持，尤其对来自中国的资金仍有较大的需求，这对如何统筹好促进中非合作和非洲债务可持续的关系提出了挑战。有效应对这些挑战需要双方政府、企业和金融机构共同做出努力，中国政府要做好发展战略和规划对接，增强规划科学性，减少信息不对称，帮助各参与主体准确把握东道国发展需求，加强对项目建设的统筹协调，促进项目联动，使项目建设产生协同效益，集中力量解决非洲国家的急迫需求。金融机构要融资与融质并举，一方面综合衡量合作国迫切需要、项目社会效应、风险状况及收益能力,科学考虑因地制宜,合理设计融资方案,提供多种融资支持。另一方面要发挥自身的经验、人才等优势,更加注重引导企业投向非洲不同发展阶段的优势产业,提升其经济多元化程度和自主发展能力,帮助非洲国家融入世界市场,增加出口创汇,提高其偿债能力。企业层面,要在管理好存量项目使每一个项目都能产生实实在在效益基础上,根据东道国规划和实际发展需要,甄选好新项目并有序推进,也要投资建设运营一体化,在帮助企业延伸价值链提升国际化经营能力的同时,有助于缓解所在国的资金压力,这是企业可以探索的一个新模式。

四、加强媒体智库合作,增强传播力和话语权

如何做实做深中非智库合作,为中非关系提供更大智力支持,同时积极提升中非话语权,讲好"中非故事",是摆在我们面前的重要课题。在国际舆论中不利于中非合作的一些声音,甚至是对中非合作的一些扭曲、歪曲和抹黑,智库必须加以纠正。一些学者指出,中国商品存在质量不达标问题,导致国际社会对于中国的印象有一些负面的批评,在非洲的一些中国活动也遭到西方国家的质疑,甚至有人称其为"新殖民主义"。对此,中非智库和媒体需要发出共同的声音,向世人讲述一个真正的中非关系。提升中非双边关系的形象,需要关键技能和能力建设,也需要制定共同的媒体标准和伦理道德标准,同时还需要和国际最佳实践接轨。在国际媒体舞台上面获得相应的地位,并且获得更大的话语权。

非洲智库学者的舆论引导力和社会影响力对于让世界,特别是非洲人民了解中国,了解中国共产党,了解中国的改革开放具有重要的作用,对于中国进一步坚定信心,把握先进方向,深入推进改革开放也具有十分重要的意义。乍得发展研究与培训中心秘书长梅孔多·巴努戴尔强调了媒体的重要性,指出"除行政司法等其他三种权力之外,媒体是第四种力量"。《人民日报》国际部副主任吴绮敏认为世界话语体系不能缺乏中国和非洲的视角。《光明日报》智库研究与发布中心副主任、智库版主编王斯敏认为智库和媒体基于共同融合发展的逻辑正在进行深度的融合和角色的转化;智库要增强传播能力,媒体要激发智库基因,强化研究和引导能力;真正融媒体性智库建设和智库性媒体发展为一体,实现中非话语权和传播力的全面提升。

外交部部长助理陈晓东指出,近年来中非双方在该领域开展了许多有益的尝试,举办了中非智库论坛等高质量的交流活动,为中非关系的发展营造了积

极的学术氛围,奠定了深厚的民意基础。会议指出,中非智库合作的规模与水平与当前中非关系的快速发展所产生的实际需求还有差距,与中非合作引领国际对非合作的积极势头还不够匹配,特别在当前国际形势深刻调整的背景下,各方围绕国际话语权的争夺更趋激烈,中非关系与合作也面临更加复杂的舆论环境。下一阶段中非智库合作,一是要与时俱进,结合国际形势演变,学习国际智库先进经验,体现中非特色,创新方式方法,为推动建设新型国际关系、构建人类命运共同体,贡献更多的中非智慧。二是要聚焦合作,紧扣中非关系与合作发展的重点,积极建言献策,特别是针对合作过程中面临的困难和挑战,努力提出具有针对性、务实管用的思路和建议。三是要积极发声、理直气壮地唱响中非关系的光明前景,打造行之有效的中非话语体系,同时敢于并善于回应外界对中非合作的不实杂音,正本清源。

浙江师范大学非洲研究院刘鸿武院长说,中非智库论坛八年实践是中非文化思想交流的一个缩影,搭建了智库思想交流的平台,论坛本着"双向、平衡、互动"原则,努力为中非关系可持续发展创造良好的舆论环境和智力支持。维克托·希科尼纳大使特别指出,中非智库论坛已经举行了六届,论坛让中非之间明确了共同的关切,尤其是双方优先考虑的领域。历次智库会议确定了中非合作的诸多起始点、画出了中非合作的路标,帮助彼此进一步审视相关的合作道路以及所采取的措施,为进一步合作奠定了基础。还有学者建议加强中非智库合作的战略性和计划性、思想性学术性、项目化专业化、规范化机制化,合作开展学术研究、人才培养、翻译出版、影视传媒等项目,共同建设中非学术共同体和思想共同体,为推动建设新型国际关系、构建人类命运共同体,贡献更多的中非智慧。

五、进一步加强中非合作的思考

2018 年正值中国改革开放 40 周年,中非合作论坛也刚好走过 18 年,步入成年。站在历史的新起点,面对变幻莫测的国际环境,如何确保中非关系正常开展,中非合作深入进行,是摆在中非双方面前的重大课题。

其一,加强中非军事合作。中国新客智库秘书长朱成虎认为中国与非洲多数国家的关系始于军事合作,早在中华人民共和国成立不久的 20 世纪 50 年代,中国政府和人民就在道义上和政治上支持正在争取民族解放和民族独立的非洲国家。此外,当时中国还为非洲国家的游击队提供人员培训,例如:国防大学前身南京军事学院分别为几十个非洲国家的游击队培养了骨干和中坚力量。

推翻殖民统治之后，多数受训人员成了各自国家军队的栋梁，有的甚至成了国家领导人，这种人员培训开启了中国与多数非洲国家的双边关系。时至今日，中非军事合作已涵盖了防务和军事部门交流、智库交流、军队情报分享、战略磋商机制建立、非洲地区维和、联合训练和演习、武器装备和后勤物质援助、武器和其他军需物品贸易、疾病防控以及军队基础设施建设等多种内容和形式。朱成虎学者认为未来中非军事关系的发展具有广阔的前景，将为中非总体关系的发展做出重要的贡献。他认为一方面中国可以为非洲地区实现和平和安全做贡献，从而共同促进地区的和平和稳定，为非洲的发展共同营造和平环境。另一方面，中国可以为非洲国家提供力所能及的支持，协助非洲国家加强各自军队和国防建设，提高其应对各种挑战和威胁的能力，为各自的经济发展提供基本的保障。

其二，深化中非经贸合作。本次分论坛中，非洲学者们十分关注在中非经贸合作中，中国经济社会如何为非洲赋权，非洲应如何确保双方的双赢合作。坦桑尼亚达累斯萨拉姆大学中国研究中心创始人兼主任汉弗莱·莫希畅谈了中国改革开放 40 年对非洲国家经济和社会发展的启示。他认为在社会经济发展的历史上，非洲与中国的情况非常类似，中国与非洲的一些合作项目符合非洲国家的利益，符合国家层面、地区层面和全球层面的利益；他总结道，作为世界上第二大经济体的中国令 7 亿人脱贫，为仍然处在贫困中的 4 亿非洲人民带来的启示是构建并实施减贫愿景计划、工业化愿景计划、经济发展愿景计划、基础设施愿景发展计划等；他建议非洲国家从中非经贸合作中获益，把合作潜力变成现实：首先要摆脱一些所谓的新自由主义的发展模式，而拥抱新的经济发展模式，加深和升级中非关系，这样非洲国家才可以抓住中非关系的机遇，同时也能够应对中非合作面临的挑战。中国国际贸易学会副会长李铁认为，必须强化市场化、可持续的中非文化贸易合作。他主张用贸易的方式输出文化，包括旅游、广播电视、出版物、体育、高端消费品、工艺品、玩具和动漫等贸易形式来输出中国文化。

其三，促进中非教育合作。毛里塔尼亚阿尤恩科技大学人文科学及阿拉伯语学院院长穆罕默德·艾哈迈德·赛义德（Mohamed Ahmed Seyid）认为，中国对于非洲而言非常重要，尤其是在高等教育合作领域，中非高等教育合作取得了很多好成绩，例如：孔子学院在非洲遍地开花，截至 2012 年已经有 4 万多名非洲留学生通过中国政府奖学金来华留学。江苏大学校长颜晓红回应了非洲留学生蓬勃增长的态势，他报告说江苏大学有 1200 多名来自 45 个非洲国家的学历留学生，占了江苏整个学历留学生规模的近三分之二。江苏大学以"3＋1"模式培养非洲农业机械人才，即非洲本科留学生三年在学校学习，第四年实践。

其四，务实中非农业合作。广东外语外贸大学非洲研究院院长刘继森主张聚集国内有实力的龙头企业充分对接非洲农业国家的需求，走让全产业链走进非洲的路径。布基纳法索外长顾问萨姆巴·巴斯利（Samba Bathily）认为吉布提到达卡的铁路有利于农业减贫，铁路建设合作将带动中非农业合作，因为铁路将为农村地区带来能源，带来更好的农业项目和交通设施。此外，他认为集装箱运输也会为中非农业合作带来机遇。他说因非洲国家工业基础设施不完善，所以70％的非洲国家仍然依赖农业，中非农业合作前景美好。中非共和国非洲发展学会执行主席蒂埃里·邦吉（Thierry Bangui）认为，2015年中国在南非约翰内斯堡举办的中非合作论坛峰会提出的农业现代化合作行动计划使非洲人受益良多。

其五，推进中非人文交流。为人民创造更加美好的生活是中非合作重要的愿景，中非双方智库应积极致力于落实中非合作论坛峰会的宣言，加强双方民间的文化交流。有代表指出，当前的中非人文交流面临诸多的局限性，其内涵过于集中在文化、艺术、教育、体育等传统范围内，未能把科技、文化管理、政府管理、环境和可持续发展等囊括其中，因此建议人文交流推进多层次宽领域的人文合作，深化教育、科技、卫生、文化、旅游、体育等领域的交流，搭建更多的合作平台，开辟更多的合作渠道。同时，在中非间文化交流的人员能力建设方面，建议加大人才培养力度，充分调动对非人文交流中的个人意愿，提升对外文化交流工作人员的专业性与积极性。同时，人文交流是一个长期的过程，需要持续的投入，应当在政策支持与建设设计中进行统一规划，建议对外统一战略，建立统筹性统一机构，完善中非人文交流的顶层设计，补齐中非间人文与民间交流的短板。

其六，重视中非团结。"万隆会议"为核心的中非历史经验，构成了中非间团结的独特基础，这种团结与共识具有延续性，同时又在当下的以"中非合作论坛"为核心的多边主义机制下，得以延续并得到了加强。因此，有代表建议，应当注意到当下全球化当中存在的"黑天鹅"事件、逆全球化趋势，重新审视中非团结的重要意义，共同开发中非间共识，在全球层面的合作话语中，树立以中非团结为典范的国际合作范式。

中非智库论坛第七届会议紧密围绕主题，回顾展望了中国改革开放40周年与中非关系发展，深入研讨了中非自主探索发展道路的经验和启示，分析了中非智库媒体合作的关键问题,既增进了理解,也达成了许多共识,实现了预期目标,为深化务实合作,共同推进中国非洲智库交流取得更加丰硕的成果,促进中国和非洲关系提质升级贡献了智慧和力量,为峰会的胜利召开奠定了良好的学术基础,提供了强有力的思想和智力支持。

分报告十　落实中非合作论坛北京峰会成果，构建中非命运共同体

——中非智库论坛第八届会议综述

牛长松

2019年8月26日至27日，"中非智库论坛第八届会议"在北京钓鱼台国宾馆开幕。本届会议由中非合作论坛中方后续行动委员会秘书处主办，由"中非智库论坛"创建单位浙江师范大学非洲研究院组织承办，中国非洲研究院和中国国际问题研究院协办。来自非洲45个国家的驻华使节、51个非洲国家的政府官员、智库学者、媒体代表和中国外交部、国内知名智库机构代表、企业代表及媒体人士近400人参加了此次会议。在中华人民共和国成立七十周年、中非合作论坛北京峰会成功召开一周年之际，中非双方的智库代表围绕"全面落实中非合作论坛北京峰会成果"这一重要议题展开深入研讨，为全面推动北京峰会成果落实，携手构建更加紧密的中非"命运共同体"建言献策。

8月26日，浙江师范大学党委书记蒋国俊主持论坛开幕式并致欢迎词。外交部部长助理陈晓东、非盟驻华代表奥斯曼大使、中国国际问题研究院常务副院长阮宗泽、卢旺达总统顾问基蒙约、中非产能合作基金执行董事韩红梅、塞内加尔达喀尔大学校长特别顾问恩迪亚耶等分别在开幕式上致辞。开幕式后，400多名来自中非各国参会代表围绕"携手构建更加紧密的中非命运共同体""共建'一带一路'与'非盟《2063年议程》'紧密对接""中非智库媒体交流合作与中非话语权建设"三个议题，分别于26日下午和27日上午展开对话与研讨。27日下午举行了论坛闭幕式，闭幕式由中国非洲研究院常务副院长李新烽主持，分组研讨主持人分别汇报小组讨论情况，浙江师范大学非洲研究院高级研究员格特大使、中国人民大学重阳金融研究院执行院长王文、马里外交和国际合作部战略研究中心主任杜尔大使、中国国际问题研究院秘书长杨易、中国非洲研究院常务副院长李新烽做会议总结发言。浙江师范大学副校长钟依均致

会议闭幕词。

8月25日，非方学者还参观了人民日报社和北京市城市规划馆。当天下午，非洲司副司长李翀会见与会非方学者并举行座谈。

一、中非从来都是命运共同体

2018年中非合作论坛北京峰会上，中国国家主席习近平与非洲各国领导人共同决定中非共建"一带一路"，共同打造"携手共建，责任共担，合作共赢，幸福共享，文化共兴，安全共筑，和谐共生"的中非命运共同体。与会非洲学者普遍认为，中国是非洲最好的合作伙伴，中非之间的确命运与共。自非洲独立以来，中国一直支持和帮助非洲发展，中非合作为双方带来了切实好处。中方始终尊重并平等对待非洲，不干涉非洲内政。这与西方形成鲜明反差，深受非洲国家欢迎。非洲认可中非命运共同体的理念，认为其具有深厚的历史根基和现实支撑。

"与西方不同，中国在对非合作中倾听非洲的声音，尊重非洲的价值观，相信中国有能力推动建设中非命运共同体，为全球化提供新的方案。中非关系始终遵循相互尊重、平等互信和互利共赢的原则，双方都愿意引导全球化的发展方向，重视中非人民对和平、安全和美好生活的向往。"[1]塞内加尔达喀尔大学校长特别顾问恩迪亚耶对中非命运共同体的解释代表了非洲社会广泛的认同。

恩迪亚耶说，非洲不会忘记中国为非洲的民族解放和独立运动提供了巨大的支持，相信中国也不会忘记非洲人民对于中国在联合国恢复合法席位所提供的支持。摩洛哥非洲中国合作与发展协会主席纳赛尔提到，20世纪80年代初，大多数跨国公司离开非洲，甚至中断它们的在非发展计划，中国却像家人一样不离不弃，继续加大对非贸易，不断增加经济援助，帮助非洲渡过难关。布隆迪总统新闻事务首席顾问尼亚米特韦说："作为非洲人，我们非常感谢中国始终给予非洲各国坚定的支持，每当一些势力想要以专断的方式去影响多边机制运行、损害发展中国家人民利益的时候，中国都会挺身而出。"[2]

曾任首位中国政府非洲事务特别代表、中国驻南非前大使刘贵今同样在发言中提到，中非关系对中国构建大国外交理论发挥了不可或缺的作用。中非从来都是命运共同体，中国国际关系的不少理念是以中非关系为蓝本提出并逐渐成形的，因为中非之间具有广泛的共同性，过去有相似的遭遇，现在面临共同的

---

① 恩迪亚耶在中非智库论坛第八届会议中的发言。
② 尼亚米特长在中非智库论坛第八届会议中的发言。

任务，即推动建立公正合理的国际政治经济新秩序以及加强中非之间的经贸合作。

与会的中国人民大学国际关系学院教授王义桅在讲话中强调，中国和非洲是共建"一带一路"的天然合作伙伴，也是天然的人类命运共同体构建的合作伙伴，携手打造责任共担、合作共赢、幸福共享、文化共兴、安全共筑、和谐共生的中非命运共同体，构建人类命运共同体的先导和示范。中非共建"一带一路"可以说是人类命运共同体建设的自信和自觉的体现。他认为，中非通过"一带一路"合作构建人类命运共同体有三个步骤。王义桅说："第一个，就是命运自主。除了我们刚才讲的要实现工业化，更重要的是要走一条符合自身国情的发展道路。第二个，就是命运与共，核心就是互联互通。习近平主席在第二届'一带一路'国际合作高峰论坛上指出，'一带一路'构建全球互联互通的伙伴网络，最终构建人类命运共同体。第三，构建命运共同体。除了非洲之间的命运共同体，还有非洲和中国的命运共同体、广大发展中国家的命运共同体，包括全球南方命运共同体。今天的'一带一路'聚焦于基础设施、互联互通，让世界经济脱虚向实，以人民为中心的发展理念很好地被贯彻实行。"①

与会的毛里塔尼亚学者说，共建中非命运共同体对非洲意味着中非实现持久的和平之路，是共同繁荣之路，也是非洲摆脱贫困之路，更重要的是中国扩大开放的政策带来的机遇之路。

二、"一带一路"对接"非盟《2063 年议程》"

非盟驻华代表奥斯曼大使说，目前非洲多国都与中国签署了共建"一带一路"合作文件。"非盟《2063 年议程》"提出的诸多愿景同为中非合作论坛的成果，许多项目正在对接并取得了初步成效，充分体现了"非盟《2063 年议程》"与"一带一路"倡议高度契合。奥斯曼大使的观点得到与会代表的广泛赞同。赞比亚和科特迪瓦等国的学者都提到，中国的"一带一路"倡议和"非盟《2063 年议程》"几乎同期出台，两者都关注非洲人民的福祉，致力于推动非洲发展。相似的发展目标和政治愿景将有助于"一带一路"倡议紧密对接非洲的政治、经济、社会发展目标。南非全球对话研究所所长穆坦布说，"一带一路"倡议将连接全球许多国家，这一过程会给中国经济带来巨大变革，非洲也需要抓住机会，与中国紧密合作。中国的崛起为非洲提供了另外一种选择，并在投资、贸易及政策

---

① 王义桅在中非智库论坛第八届会议中的发言。

改革等方面带来极大发展空间。中非产能合作基金执行董事韩红梅说，"非盟《2063 年议程》"明确提出，到 2063 年，非洲制造业占 GDP 的比重将要达到 50％以上，当前中国已拥有大量优势产业，具备为非洲提供先进装备和产品的生产能力；与此同时，非洲自然资源丰富，拥有大量潜在就业人口，刚成立的非洲大陆自贸区将构建超过两万亿美元的区域经济体。双方的合作将进一步激发非洲大陆经济潜力，从多方面、多行业、多领域与非洲发展需求对接，共同打造中非命运共同体。

"一带一路"倡议与"非盟《2063 年议程》"的对接，也会有一些不稳定和风险因素。中国海洋大学海洋发展研究院贺鉴副院长谈到近年中非关系虽然发展迅猛，但"一带一路"议程与"非盟《2063 年议程》"的对接仍面临诸多制约因素，中非之间存在的政治、法律和文化差异，非盟成员国存在的各类风险，非洲国家对"一带一路"的疑虑，域外大国的诘难和阻碍，都对双方深化合作带来一定负面影响。"一带一路"倡议要与"非盟《2063 年议程》"实现有效对接，需要推动以下几方面的工作：一、建立多方面的战略对接机制；二、加强中非双多边政治沟通与法规协调；三、提高风险分析与规避能力，有效应对各类风险；四、重点加强中非设施联通、贸易畅通与资金融通；五、加强中非民心相通，塑造良好舆论环境。"一带一路"倡议和"非盟《2063 年议程》"的对接不会一帆风顺，而是不可避免地会遇到来自中非双方和其他域外大国的内部制约因素，唯有中国与非盟审时度势、通力合作，"一带一路"倡议和"非盟《2063 年议程》"的对接之路才会更加顺畅。

就如何实现两者的精准对接，奥斯曼大使建议让双方智库、大学间的合作发挥更大作用。他举例说，在非投资方面，非方可协助中方了解非洲投资环境，共同探索双方都有兴趣的投资领域。刘贵今也说，非洲国家应该承担更主要、更积极的责任。只有非洲国家才最了解非洲。在项目的规划和建议方面，非洲国家应该根据自身需求提出优先顺序，并在充分评估双方实际能力、预期效果后，才能切实为后续方案的规划提供建议。

2018 年以来，44 个非洲国家和非盟委员会同中方签署"一带一路"合作的文件。非洲是共建"一带一路"的历史和自然延伸，"一带一路"倡议破解非洲发展难题，为实现中非共同发展提供新路径，给中非合作全方位发展带来了更多的机遇。与会学者都认为，非洲应该抓住"一带一路"倡议所提供的机遇，结合非洲各国发展战略规划，按照"五通"理念协调好双方长短期政策，实现非洲发展与"一带一路"倡议的对接。瓦加杜古大学的伊德里萨·韦德拉·奥戈

(Idrissa Vedra Ogo)认为，"一带一路"倡议为非洲的发展提供了全新的机遇，非洲各国应该从明确国家战略发展规划，全力改善投资环境，不断加强人才培训等多个方面着手，不断强化自身的筋骨，为全面对接"一带一路"倡议奠定必要的前提和坚实的基础。博瓦尼大学的邦巴·阿卜杜来(Bamba Abdallai)认为，从产生时间和内在发展逻辑来看，"一带一路"倡议与非洲自贸区建设具有高度的相似性，都是发展中国家在 21 世纪第二个十年独立提出的旨在促进自身发展转型升级，改变不合理国际政治经济秩序的行动计划。与此同时，两者具有高度的契合性，"五通"理念为非洲自贸区的稳步建设奠定了必要的基础。中国国际发展知识中心的周太东指出，当前"一带一路"倡议框架下的中非合作面临着西方刻意抹黑、战略围堵、非洲各国政策与标准纷繁复杂、基础设施建设落后、民众参与程度不够等现实挑战的掣肘，双方应该在加强对话协商、探索标准对接、加强舆论引导等方面积极着力，尽快补齐合作中的短板。博茨瓦纳大学的皮特·塞比纳(Pete Sebina)认为，中非"一带一路"合作的特征是互利共赢，中国的参与为非洲发展本土工业、现代旅游业以及开展包括反腐败在内的全面改革，提供了强有力的支持。作为引领南部非洲一体化发展的国际组织，南部非洲发展共同体应该积极推进各成员国积极对接"一带一路"倡议。几内亚国际合作与非洲一体化部的恩法利·凯塔(Entali Keita)指出，中非合作论坛机制的成功，是对中非传统友谊的发扬与拓展，其中的共商共议、互利共赢等原则，为非洲各国探索如何将本国的工业化、现代化战略与"一带一路"倡议对接，提供了有益的指导和借鉴。浙江师范大学的李坤(Osidipe Adekunle)指出，经济发展不平衡、民生凋敝是导致非洲频发冲突的重要根源，"一带一路"倡议为非洲切实实现独立自主的发展提供了必要的支持与保障，经济社会发展、基础设施建设、经济一体化将不断增进非洲人民福祉，逐步根除威胁和平与安全的毒瘤。

赞比亚政策分析研究所的纳库布雅纳·蒙戈巴(Nakubyana Mongoba)认为，"一带一路"倡议不仅为非洲推动工业化发展、基础设施建设、贸易增长指明了方向，而且也提供了现实发展的宝贵机遇，中非双方应按照"五通"理念进一步优化双方的政策对接，使"一带一路"倡议成为承载中非合作的高地。埃及内阁信息与决策中心的加达·卡马尔·马哈茂德(Gada Kamar Mahmoud)指出，政治风险大、经济脆弱、基础设施落后仍然是制约非洲发展的主要障碍，作为陆上丝绸之路与 21 世纪海上丝绸之路的交汇点，埃及积极推动并参与非洲各国集体制定有关基础设施建设、科教卫文发展、和平安全的战略规划，为全面对接

"一带一路"倡议提供了广阔的施政空间。中国人民大学的刘青建认为,中国在"一带一路"倡议框架下实施的对非合作,实现了中国政府主导下的合作规划与非洲发展战略与目标的充分对接,彰显了中国向世界提供公共产品的大国担当,为中国全面深化与"一带一路"沿线国家的合作积累了宝贵的经验,起到了良好的示范作用。

三、构建更加紧密的中非命运共同体需要思想交流与碰撞

中非文明的交流和互鉴、中非思想的交流和碰撞以及中非知识生产及创新对推动中非关系的长期发展以及共同构建中非命运共同体非常重要。浙江师范大学非洲研究院院长刘鸿武指出,中国的思想家和非洲的思想家之间直接的沟通和对话对于构建中非命运共同体非常重要,与会智库学者可以成为搭建这个沟通的主要桥梁。中央党校罗建波教授指出,中非命运共同体的三大支柱是共同利益、共同责任与共享思想。而加强人文交流,构建同为发展中国家的身份依托、构建多元化去中心的世界网格化结构是未来推动中非合作的着力点。外交学院的张翠珍指出,中国、非洲都是区域发展差异较大的经济体,只有通过发展才能解决这个问题,因此中非间互为路径,双方未来的合作应当更加注重对发展经验的学习及对教训的反思,发挥中非间留学生的合作桥梁作用。

与会学者都认为,在构建中非共同体过程中,双方的学术机构,特别是智库能够起到特别的作用。中国和非洲在政治、经济、文化、教育等各个层面尚缺乏了解,互相沟通不够,所以两国智库层面需加强沟通,增加共识,解除相互之间的猜疑和疑惑。

作为发展中经济体的中国和非洲有很多共同关切,在未来国际规则改革和调整过程中,非洲国家和中国应该有更多政策层面的协调,共同反映非洲和中国在内的发展中国家的根本利益和诉求。

针对当前的国际舆论环境总体上西方强、发展中国家弱的局面,中国国际问题研究院常务副院长阮宗泽建议,中非智库应加强针对重大国际和地区问题的共同研究,发出发展中国家共同的声音。他说,中国同非洲国家一样面临国际话语权不足,经常被恶意曲解的难题。通过加强中非对重大国际和地区问题的联合研究,可以更好地提升中非在国际舞台上的话语权,维护发展中国家的利益。

就这一问题,摩洛哥非洲中国合作与发展协会主席纳赛尔(Nasser Bouchiba)特别提到 2019 年 4 月在北京成立的中国非洲研究院。他说,当前国

际关系的主流理论大多由西方发达国家学者设计和撰写,大多数案例和依据来源于发达国家之间或者发达国家与发展中国家的关系,对南南国家之间关系的直接研究几乎是空白,他相信新成立的研究院可以弥补这方面的不足。利比里亚、圣多美和普林西比等国的专家提出,中国和非洲在未来国际规则改革和调整过程中应有更多政策层面的协调,让未来新的国际经贸规则的制定、国际组织的改革能够充分反映发展中国家的根本利益和根本诉求。

一些学者还指出,目前中国和非洲双方在政治、经济、文化、教育等各层面的了解与沟通还很不够。中非在智库层面加强沟通,可以增加共识,解除猜疑和疑惑。在深入了解对方在发展战略、理念、道路、治国理政等方面的经验和考量后,才能更好对接并携手迈向高质量合作;在深刻体会中非双方对当今国际形势的评估和看法,对地区热点问题的政策和立场后,方能在国际舞台上肩并肩站在一起,坚定不移地维护共同利益。

西方国家掌控世界媒体舆论主导权已经是一个长期的现象。西方媒体在专业技术、科技水平、人才资源上都比较强,并且有一套成熟的针对发展中国家的媒体战略。现在看来,如果中国和非洲国家不加强媒体舆论的自主建设,对双方的政治稳定、民族团结、经济发展,以及社会安全,都是非常不利的。面对西方主导的国际舆论和话语环境,中非需合力应对话语权挑战。中央人民广播电台王宗英指出,中非间话语权建设应当拉近共同利益纽带,做好合作对接;应当主动发声,讲好中非合作真实亲诚的故事;应当保持平等视角,进行平衡的报道;应当突出非洲国家的自主性;应当多传播非洲人民的声音。李冬伟指出,提升话语权建设,突破"失语"的困境,应当创新完善普世性发展理念,丰富话语体系内容;应当打造权威话语主流媒体,打通话语传播渠道;应当高度重视国际社交网络打通传播节点的重要作用;应当推进设置全球舆论议程,引导民主关注焦点;应当构建多层次对话交流平台,拓展面对面的人际传播网络。

中国现代国际关系研究院非洲研究所钱立伟在发言中指出,智库的政策影响力、社会影响力和学术影响力三大职能都涉及话语权的问题。中国现处在百年之大变局过程中,话语权发生了转移和变化。提倡中非智库话语权不是为了反对西方,而是要把西方话语权中不合理的成分,特别是涉及非洲、中国的不合理成分去掉。西方话语权统治了世界近百年,完全是从西方角度来论述全球关系,更重要的是在这个过程中去贬低损毁中非关系,造谣生事,对中国话语权、中非话语权构建形成打压,这是不公正不合理的。钱立伟进一步指出对构建中非话语权的三点建议,一是形成双边畅通网络,分类对接。二是从重大国际问题、世界热点问题、中非双方共同关切的问题等点出发。三是中非双方要不断增强自信，将自己的声音传达到全世界。

国际关系学院非洲研究所刘天南从非洲文学和文学出版的角度阐述了如何构建非洲话语权。她指出文学出版是非洲争取话语权非常重要的渠道，要完善出版与提升话语权，一方面非洲国家应加强对出版和书籍发展的政策支持，加强与国际出版合作共享良好的图书流通渠道，另一方面还要大力发展教育，需要构建良好的读者群。

同时，与会学者也注意到了中非话语权建设的新变化，乌干达姆巴拉拉科技大学萨曼达·阿拉维（Samanda Allawi）教授在其主题发言"释放非洲潜力：非洲国家'一带一路'建设效益的实证研究"中指出，当前一些非洲媒体和学者对"一带一路"倡议和中非合作带有疑虑和负面看法，他们称中国与非洲的关系为"债务外交""债务陷阱"或"新殖民主义"。究其原因，一方面是部分研究者具有惰性，不愿意做实证研究；另一方面则是西方媒体的宣传效果。美国之前的对华战略失败了，因此其试图利用舆论攻势对中非关系制造干扰。当前，非洲和中国在国际上的声音相对微弱，面对来自西方舆论的干扰和阻碍，我们要加大发声力度。

复旦大学的沈逸指出，当下全球网络空间的信息流动已经纳入到了国家级的信息网络战的框架之中。面对这样的新情况，新战术，应当有新方法，这些方法包括成立一个新媒体全球网络治理的中非合作研究倡议；建立一个自己的可控的平台，避免失语状况；为应对极端情况下西方进行的中国理念在国际组织传播的词频阻断战术，应进行中非合作的语料库、案例库的建设。苏州大学张继业指出，从美国的视角看中非话语权，可以发现自由主义向保守主义的转变，保守主义以文明的冲突来看到中美关系，来看待中非合作，引导西方民众对中非合作的观感。因此我们要基于南方合作的经验，而非以西方主导的全球化的演进模式来重新把握中非间的话语建构，加强南南合作与南方经验话语的建构。浙江师范大学非洲研究院院长刘鸿武指出，过去几十年中非双方基本上不具备媒体方面和西方抗衡的能力，让我们吃亏很多，非洲许多国家和地区曾因此陷入大规模骚乱以及发展中断的状况。而当下在中非关系进程的关键节点，也会出现一些挑动中非老百姓的对立，煽动种族主义的种种乱象。因此，媒体与智库有必要向青年人传播真实状况，中非双方也有必要加强共建，在西方设置的话语权的高墙下，承担起更多的中非思想与话语独立权利的斗争责任。

四、落实北京峰会成果，推动中非合作提质增效

(一)中非经贸合作

2000 年以来，随着非洲国家的投资环境改善，中国迅速成为非洲最大的合作伙伴，中国和非洲的经济合作是多样化的，其中，贸易，工程承包和直接投资是三个主要方面。合作主体既有国有大型企业，也有民营企业和中小企业。

直接投资近 20 年经历了跨越式的增长，1996 年中国对非洲直接融资有 5600 万美元，相比其他主要国家几乎可以忽略，但是 2000 年以后中国对非投资井喷，基本保持在每年 20 亿~40 亿美元，现在存量已经超过 460 亿美元，是 2000 年近 70 倍。

对于中非经贸合作，很多学者都提出要加大对非洲直接投资的力度。中非发展基金的郝睿指出，为了不断提升中非双方在推进具体项目建设过程中的投融资合作，中国企业可考虑从加强对拟对非投资项目的前期可行性研究，加大对当地既有或新建项目的股权投资，推动政府和市场之间开展密切合作，开展三方合作等途径入手，探索破解制约合作的现实障碍，并推荐"建投营"一体化模式作为可参考的样板。浙江师范大学的段文奇指出，为了切实推进中非经贸文化交流，构建中非友好的桥梁和纽带，应该充分挖掘互联网发展带来的红利，打造包括政府、企业多方参与，线上线下相结合的合作模式，利用大数据统筹项目、人才、服务等资源，搭建中非经贸文化交流的全新平台。中国非洲研究院姚桂梅研究员在"未来中非经贸合作必须关注的五大平衡"的主题发言中，总结了中非共建"一带一路"所要关注和推动的主要工作：首先，先加大对非洲的直接投资力度，平衡投资与贸易、基建承包的关系，推动中非经贸合作转型升级；其次，应加大对非农业合作的投入，助力非洲粮食安全和农业发展问题，使中国对非投资的相关产业平衡发展；第三，应创新投资合作新模式，力求近期收效与远期利益、中国企业与非洲本土企业均获发展的平衡关系；第四，应加强中非之间跨文化交流与互动，以此平抑重经贸、轻人文交流所带来的不利影响；第五，应解放思想，积极探索国际对非合作新方式，以此平衡大国在非洲的关系。

上海对外经贸大学国际发展合作研究院黄梅波院长在"中非合作论坛后中国对非的援助与投资互动机制分析"主题发言中指出，中国对外援助的最终目标是促进南南合作的不断深化和南方国家的共同发展，这种不附加任何政治条件、强调互利双赢和受援国经济增长及减贫作用的对外援助可以界定为"增长

驱动型援助模式"，这一新型援助模式倡导"发展有效性"理念，对伙伴国有着直接的经济促进作用。通过对中非合作论坛视角下的中国对非援助和投资的发展进行分析，中国对非援助和投资的互动关系可归纳为：一是正的"基础设施效应"，二是正的"先导效应"，三是负的"寻租效应"。中非合作论坛所倡导的区域合作机制有助于巩固中非友好关系，帮助非洲国家建立"准政府担保机制"，从而减少出现东道国官员对投资者的"挟持"行为，有效降低投资风险，弱化东道国"寻租效应"，以全面推进非洲各国实现经济、社会、环境的可持续发展。

中非政府治理、采掘业与可持续发展研究中心马万多诺吉·吉尔伯特（Maruandonogi Gilbert）研究员的主题发言为"中国在中非的投资：与'一带一路'倡议和"非盟《2063年议程》"实施相关的机遇和挑战"，其指出"一带一路"倡议尊重非洲各国的意愿，与"非盟《2063年议程》"的对接具有重要意义。当前非洲国家普遍对基础设施建设有迫切需求，很多国家的领导人和人民并非不重视基建，而是确实缺乏资金，"一带一路"正能改善这一问题。中国和非洲还要开展对非洲各地区的具体研究，掌握各个区域和次区域的特点，而不能将研究视角仅限于国家层面，次区域发展将成为推动两大倡议的支柱。

（二）中非智库合作

浙江师范大学非洲研究院王珩指出，在全球智库网络建立的背景下，有必要建立中非智库网络，从重视顶层设、计构建五层级网络、深化合作机制三个层面增强号召力、凝聚力和影响力。湘潭大学中非经贸法律研究院洪永红指出，中非法律研究可以从加强全国性协调、加强中非间条约研究、搜集翻译非洲国家法律法规、相互开放律师市场、成立中非联合仲裁、建立中非法律合作机制等方面更好地为中非智库发展提供支持。津巴布韦学者强调了政策智库在津巴布韦经济社会发展中的重要性。希望中非双方能够在政治磋商、学术、工业化等方面签署协议，发挥津巴布韦应对国家经济社会问题的潜力。

浙江师范大学非洲研究院副院长徐薇介绍了该院的中国非洲人类学研究中心与坦桑尼亚尼雷尔基金会合作推出的坦桑尼亚社会主义乌贾马村落的调研情况，指出了由中国学者与坦桑学者一起合作发起的调查，因为中非间共享的历史以及相似的经历，能够形成与西方不同的新视角与新知识。坦桑尼亚减贫研究所的马勒（Mmari）指出，如何推动经济高速发展以及如何应对经济转型，是中国已经取得的经验以及面临的现实问题，而这些成功的经验，包括中国的农村发展经验都是坦桑尼亚急需学习的，但同时在中国经济转型中非洲如何自处,也是非洲智库以及中非间智库合作需要面临的新的问题,只有加强对于这些问题的中非间知识共享与探讨,才能更为有效地推动中非间合作发展。中国非洲研究院的张永蓬认为,当前的中非合作仍然没有完全摆脱西方理念、范式以及命题的束缚与困扰,债务、环保、用工等领域仍然是西方离间中非双方关系的重灾区,为此中非双方需要继续加强人文交流,用相通的民心化解合作中的误解与分歧。

(三)中非媒体合作

中国传媒大学非洲传媒研究中心张艳秋从媒体概念的角度分析了中非媒体合作中存在的困境。她提出人文媒体的新概念,并指出在中非交流中,除大众媒体之外,不能忽视社交媒体和行走的人肉媒体的作用。她指出,中非媒介的操作层面、研究层面和教育层面的合作还有巨大可为空间。中国日报社中国观察智库刘毅以美国政府针对中国在非孔子学院问题为例,表明目前美国等西方媒体还是在中非国际传播中占据主导作用,舆论引导作用强。中非媒体应当提高敏感度,发挥主动性,避免遭受西方媒体抨击后做出应激式报道。中国国际电视台沈诗伟从媒体报道在中非合作的具体项目和中非合作未来议题设置两个方面指出中非合作项目未来舆论引导方向。他提出,未来关于中国和非洲在合作方面的报道应该放在中美竞争的大环境下,中国和非洲的媒体人或是智库专家需要有更强的独立自主性,增加直接交往,不要透过第三方看对方。中国国际广播电台法语部台学青详细介绍了其单位在非洲法语地区开展的工作和取得的成效。

加纳财政研究所阿杜·奥乌苏·萨科德(Adu Ausou Sark)指出,媒体人要参与到中非联合研究项目中,充分发挥其在中非媒体合作中的作用;用进行语言培训等方式提高媒体人素质;多语言参与,将中非故事最大真实和有效地呈现。《安哥拉日报》记者米格尔·戈梅斯(Miguel Gomes)指出,教育和环境问题是中非媒体合作中的重要议题。非洲国家需要建立一定的能力,用自己的力量更好地去理解中国,开展研究。非洲大陆有 54 个国家,10 多亿人口,是一个多元的大陆,非洲媒体人要从不同的视角发出不同的声音。纳米比亚中非新闻交流中心埃尔维·斯穆拉兰干达(Elvis Smolaranganda)指出,当前中国在非洲投资和发展活动主要由西方和美国媒体进行,中非网络媒体合作可以抗衡西方媒体霸权。肯尼亚日新大学莱维·奥邦尤(Levi Obanyu)全面归纳了非洲人对中非关系的各种看法,并提出营造良好媒体环境、基于过去中非两国的关系去思考如何更有针对性地报道中非足迹的媒体策略。阿尔及利亚学者斯利曼·阿拉吉(Sleiman Aragi)指出,媒体要为经济服务,在国家软实力建设和改善民生方面发挥作用。他提议建立双方合作媒体企业,让中国和非洲更加接近。吉布提科研中心阿登·奥马尔·阿卜迪拉伊(Aden Omar Abdilai)详细介绍了西方媒体视角下的中国与吉布提关系。

中国国际电视台的庞新华针在 2012 年建立的非洲分台所进行的东非动物大迁徙的新媒体报道,同当地媒体电视台的合作,展开的对非盟峰会、尼罗河的生命之河的报道成果进行介绍。新华社杨俊对新华社在非报道中的乌干达的网红产业,马达加斯加袁隆平水稻项目、卢旺达同马云合作的电商项目等内容进行的报道,强调了中国人讲述非洲的故事与非洲人讲述自己的故事的重要性,并对未来的数字网络及手机通信对媒体合作的前景进行了展望。冈比亚国家广播电视台的西塞(Ceesay)指出搭建中非合作广播电台、中非媒体网络平台,共享中非合作内容,加强双方的合作伙伴关系,加强职业人员合作,共同形抵抗虚假新闻的侵害。

(四)中非教育合作

中非合作不能仅限于经贸领域,应深化教育和科技合作。教育是一个国家的未来。帮助非洲发展教育,就是帮助非洲建设更加美好的未来。非洲人口增速过快,教育无法满足民众迫切需求。中国应帮助非洲加快教育体系改革,根据非洲需要优化来华留学生专业设计,加强与非洲来华留学生的后续沟通,让青年一代成为非洲的变革力量。中非智库合作大有可为,智库机制化合作迫在眉睫。应加强学术交流与联合研究,避免会议一结束,交流就中断的局面。中非联合研究也有助于彼此间发展经验的交流。

浙江师范大学非洲研究院的牛长松重点介绍了南非与赞比亚的职业合作教育的两个案例,提出中非教育合作的模式不应只是来华培训,也应重视境外办学,结合非洲本土需求与中国优势,制定长期性的职业培训规划,同时应当加强推进未来的中非间学历学位互认,最后应当结合产业与市场需求,引入企业参与推进中非间职业教育合作。塞舌尔大学的瓦伦丁(Valentin)指出,中非合作给非洲间的互联互通提供了一个平台,非洲各国应当抓住机遇,以此为路径,加强非洲间的合作,加强小规模高校之间的联系。毛里求斯大学拉姆苏(Ramessur)指出,非洲人口的年轻化给教育合作带来了机遇,中国是非洲留学生的第二大目的国家,中国在过去 20 年取得了高等教育推动下的科技创新,取得了很好的经济发展经验，这些正是非洲需要学习的。因此非洲对于这样的合作所需求的是人才能力建设，基础设施建设以及以中非合作为基础的非洲联合多方行动。马拉维大学的纳曼伽来（Namangale）指出马拉维的学生对于技术创新以及创业孵化器方面的合作具有很强的需求，未来应当继续加强中非间的联合教育创新，推动学生互换交流，推动教职人员的培训与培养。达喀尔大学的阿马杜·法利卢·恩迪亚耶（Amadou Farilu Ndiaye）认为，应该将中非科技、教育、文化合作放在重要地位，非洲国家教育发展面临几个方面的挑战，包括教育基础设施不足、学费高、性别不平等、毕业生失业问题等。

联合国教科文组织高等教育创新中心的尧浩根主张，应通过大规模引入信息技术，并且积极推动包括企业在内的多种社会行为体参与，全面构建中非高等教育合作的新局面，为中非"一带一路"合作的深化提供必要的人才支撑。天津职业技术师范大学的翟风杰认为，中非职业教育合作将为非洲提供大量的专业技术人员的储备，将非洲巨大的人口红利有效转化为丰富的人才资源，为非洲开展与中国的产能合作、农业现代化合作提供坚强的保障。广东外语外贸大学的刘继森教授在发言中指出，在中非命运共同体的构建过程中，应秉持"发展道路共商""发展责任共担""发展成果共享"三大原则。中非合作应更多惠及非洲民生问题，切实改善非洲国家广泛存在的粮食安全、医疗、就业等问题。其中来华留学生是一个值得关注的问题，一些非洲留学生学成回国后还是找不到工作，专业不对口问题突出，我们培养留学生的方向应更加重视非洲国家的实际需要。要打造更为坚实的中非命运共同体，中国应当更为了解非洲国家的真实需求，设计可以共赢的商业模式，并搭建能够惠及非洲民生的项目平台。

（五）中非安全合作

中非和平安全合作充分尊重非洲国家主权和领土完整，不干涉非洲国家内政。西方在对非安全合作中经常充当国际警察的角色，而中国在非洲的和平安全介入是基于非洲国家需要，服务于非洲的利益。除人道主义干预等少数情形外，非洲对外部安全干预总体上持反感和排斥态度。马里外交和国际合作部战略研究中心研究员马阿马·杜尔（Moama Dur）先生在发言中指出，现在马里最大的关切之一就是要打击恐怖主义和极端主义。中国维和部队在马里北部有驻扎，马里的一个军事学校也有中方提供支持，提供学位证书帮助培训安保人员。在反恐安全和培养情报人员方面希望得到中国更多的援助。

五、加强中非人文交流，助力中非关系行稳致远

中非关系的长期稳定发展是中国外交最成功的方面之一，体现了其支点效应、创新效应和示范效应。中非双方应实现沟通与理解，讲好各自的故事，做到宏观视野与微观叙事相结合，建构提炼中国人文社会科学的本土经验与理论，提升中国发展经验的世界影响力，为中非加强战略对接、打造更高水平的全面战略合作伙伴关系建言献策，培养中非人文交流强大的人才梯队，为构建更加紧密的中非命运共同体做出积极贡献。

（一）加强中非治国理政经验交流

随着时代发展，"一带一路"国际合作深入推进，中非"产业促进、设施联通、贸易便利、绿色发展、能力建设、健康卫生、人文交流、和平安全"等"八大行动"进一步实施，中非智库的研究领域需要不断拓展。治国理政经验交流将加深双方对彼此政治制度、发展经验和不同国情的理解。中非发展有共性也有差异，但可以共享、借鉴、参照、交流的经验有很多。智库要以政府治理质量为核心，将中非治国理政经验交流的有关实践进行理论升华，中国学派的治理理论无疑将丰富全世界的治理学说，给非洲国家提供更多借鉴的选项，为解决全球性的发展和治理问题贡献智库的原创性思想和话语。中非治理能力合作与交流的目的是增强彼此独立自主发展的能力。非洲国家应加大能力建设，更好对接和充分利用中国在治国理政领域内对非洲的援助项目。中国支持非洲国家自主探索适合自身国情的发展道路，制定国家发展战略规划，加强能力建设，提升治理水平，共同分享改革开放成功做法和经验，在中非合作中不断加强发展思路和理念对接。同时，通过举办中非治国理政论坛，邀请非洲国家执政党访问中国，举办合作论坛、执政党高级官员培训或研修班、青年领袖培训项目等方式加强中非政党之间的交流与合作。

（二）深化中非教育科技合作

教育是国家的未来。帮助非洲发展教育，就是帮助非洲建设更加美好的未来。非洲人口增速过快，教育无法满足民众需求。中国应根据非洲需要优化来华留学生专业设计，提升非洲来华留学生的可持续发展能力，让青年一代成为非洲的变革力量。非洲对职业技术教育有着强烈的合作需求，前景广阔。中非应共同制定基于非洲本土需求和中国本土优势的长远战略性教育合作规划，加

强中非高校之间的联系。① 加快职业教育的学历和学位互认,呼吁企业的多层参与,共同帮助非洲年轻人解决就业问题。中国与南非、赞比亚的教育合作案例表明,要积极探索需求驱动下的中非职业技术教育合作模式,采取输送人才到中国培养和中国在非洲进行境外职业办学的方式,以弥补非洲的职业人才空缺。② 非洲学者尤其强调,中非应着力加强在人力能力、基础设施能力、文化能力等方面的建设,既要有政策帮扶,又要促进校企合作,协同应对高等教育的挑战。要保证教育质量,发展基础设施建设,满足国民的发展需求,对有需要的学生提供奖学金等援助;要加强联合创新,开展教育项目投资和募资,创建合作性的国际教学平台,推动中非学生交流互换;③要挖掘人力资源的发展潜力,发挥年轻人群的重要力量,探索出台并实施"中非高等教育联合研究交流计划"。④同时,文化出版可能成为非洲争取话语权的重要渠道。非洲人需拿起笔杆写非洲,打破西方对非洲的思想偏见。目前非洲文学出版方面存在多方面局限,在与欧洲的竞争当中处于劣势,因此国家需大力发展教育,加强对出版发展的政策支持,加强与国际出版机构的共享交流。⑤ 中非农业合作、公共卫生交流和信息合作、非洲减贫事业、妇女与青年发展等话题也受到智库专家们不同程度的关注。有学者认为,非洲虽然可以被看作是一个整体,但具体到每个非洲国家,情况有所不同。中非合作政策可考虑一国一策,甚至是一国多策,针对不同国别来开展研究,然后结合中国发展经验及优势进行精准对接。

(三)提升中非话语权和软实力

当前中非媒体合作和话语传播机遇与挑战并存。国际社会误解不少,一些西方媒体唱衰中国。中非媒体之间大多通过第三方来相互认识,还没有足够的信息流动,这不利于中非双方构建正确的认知。在这样复杂的形势下,尤其需要讲好中非故事、传播中非好声音。媒体合作是促进民心相通的重要举措,也是中非全面战略合作伙伴关系的重要内容和具体行动。

首先,中非要共同应对西方话语霸权。部分西方媒体占据国际议题设置的顶端,不断给中国和非洲贴标签,甚至制造歪曲事实的舆论攻势,对中非合作、

---

① 来自塞舌尔大学副校长贾斯汀·瓦伦丁题为《携手共进,加强小规模高校之间的联系》发言。
② 来自浙江师范大学非洲研究院牛长松题为《需求驱动下的中非职业技术教育合作:南非、赞比亚案例》发言。
③ 来自马拉维大学讲师吉米·纳曼伽来题为《中国与马拉维等非洲高校的合作性国际化》发言。
④ 来自毛里求斯大学副教授塔鲁娜·沙丽妮·拉姆苏题为《打造中非联合研究交流计划升级版》发言。
⑤ 来自国际关系学院非洲研究所刘天南题为《非洲文学出版与话语权的构建》发言。

中非关系造成不利影响。中国需要跨越这些障碍，构建话语体系，对中非共同关心的且与中非利益直接相关的话题，主动进行讨论。从国际传播或读者角度，寻找共同点，避免误解，促进中非媒体深度交流。中非合作共建"一带一路"道阻且长，有必要推动建立允许自由表达和传播各自观念的公平公正的国际话语体系，构建多层次对话交流平台，提升自身话语权。①

其次，要发挥中非媒体作用。当前中非媒体合作的框架非常宽，涉及不同领域，需要双方进行多元的合作。非洲大陆有 54 个国家，10 多亿人口，是一个多元的大陆，非洲媒体人要从不同视角发出不同的声音。积极引导双方的话语权建设和能力建设，拉紧共同利益纽带，做好中非合作的战略对接；破除中非"失语"困境，主动发声，讲好中非合作"真实亲诚"的故事；保持平等的视角进行平衡报道；多传播非洲人民的声音，突出非洲国家的自主性。要增进中非媒体之间的相互了解，建立具有中非特色的叙事方式。通过互设广播电视站点，扎根中非，宣传中非，促进合作。② 中非媒体人要参与中非联合研究项目，充分发挥在中非媒体合作中的作用；要加强能力建设，重视语言人才培养，提高中非媒体人素质。

再次，要探索智媒融合路径。互联网为智库话语传播提供了新机遇，也带来了新挑战。面对大多数媒体由西方控制、属于非洲人自己的媒体资源缺乏、资金不足等挑战，非洲学者建议依托中非智库论坛等平台解决这些问题。中非有必要建立自己的平台，通过这个平台向全球发布信息，而不是满足于被动应对。非洲最主要的媒体是纸媒，会有信息传播延迟弊端，因此发展网络媒体迫在眉睫。中非媒介的操作层面、研究层面和教育层面的合作有巨大空间，应大力发挥智库媒体融合优势，在合作战略和战略伙伴关系方面发挥积极作用。要发挥中非合作项目的舆论引导作用，增强对项目报道的独立自主。③

中非智库合作没有完成时，只有进行时。中非全面战略协作伙伴关系能走多远、走多长，取决于双方人文交流的密度和深度。落实中非合作论坛北京峰会成果要不忘初心、不断创新，为构建有利于中非双方的国际组织经济新秩序而努力。中非智库应加强针对重大国际和地区问题的共同研究，发出发展中国家共同的声音，服务于"一带一路"建设和中非共同发展。

---

① 来自国防大学国际防务学院李冬伟题为《破除"失语"困境，提升中非合作话语权》发言。

② 来自中央人民广播电台王宗英题为《从媒体视角对加强中非话语权建设的思考》、新华社杨骏题为《增进相互了解，建立自己的叙事方式》、中国国际电视台庞新华题为《在非洲讲好中国故事》发言。

③ 来自中非新闻交流中心创始人埃尔维斯·穆拉兰干达《中非智库媒体交流合作与中非话语权建设》、中央电视台沈诗伟《中非合作项目舆论引导》发言。

结　语　书写中非智库合作新篇章

伴随着经济全球化与信息技术革命,非洲智库将兴起思想和技术创新的浪潮。经济全球化对非洲智库的研究领域提出了新的要求,智库要致力于研究和解决包括恐怖主义、极端主义组织、大规模破坏性武器扩散、网络侵犯、金融震荡等在内的国际国内各方面问题。此外,信息技术的不断进步为非洲智库发展提供了新优势。非洲智库应进行思想和技术的全面创新,提高智库研究质量,保持独立性和正直性。

伴随着思想意识觉醒,非洲智库研究将更加务实多元、独立自主。发展中国家在全球知识、思想、话语建构方面能力较弱,应摆脱西方文化和视角的束缚,实现思想自立和精神独立。非洲智库应积极改革研究内容、创新资源获取方式、提升思想自主性:既要有传统的学术积淀、理论基础,又要有有效针对当前、当地实际情况的政策建议;通过创新的方式获取资金和资源,确保资源多元化;提升智库信息化水平,建立可以共享的非洲国家数据库公共资源;充分利用国际援助资源,增强研究的独立性,提供切实可行的政策建议。

非洲智库将进一步走向开放,中非智库合作与交流将成为"升级版"。2015年12月,中非合作论坛约翰内斯堡峰会提出把中非关系提升为"全面战略合作伙伴关系",峰会后发表的《中国对非政策文件》为中非智库合作与交流提供了新的契机。文件明确提出:倡导积极实施"中非联合研究交流计划"和"中非智库10+10合作伙伴计划";积极支持中非学术研究机构和智库开展课题研究、学术交流、研讨会、著作出版等多种形式的交流与合作,优先支持双方开展治国理政、发展道路、产能合作、文化与法律异同等促进中非友好合作的课题研究与成果分享。2018年中非合作论坛北京峰会为中非智库合作指明了方向。中非双方应成立专门机构支持中非学术界建立长期稳定的合作,鼓励论坛和相关机构开展联合研究,在中非智库论坛框架下建立中非智库合作网络,为中非合作发展提供智力支持。

在中非全面战略合作伙伴关系的新时代,加强中非思想交流与智库合作,恰逢其时,意义深远,使命光荣,任务艰巨。中非智库要在现有基础上与时俱进,加强合作,紧抓第三次智库发展高潮;要结合国际和地区形势演变,紧扣中非关系与合作发展,重点深化对重大现实问题的研究;要积极发声,打造行之有效的中非合作话语体系,共同提升智库国际影响力。① 具体来看,可从以下几个方面入手。

一是强化顶层设计。中非智库合作的规模和水平与当前中非关系的快速发展所产生的实际需求还有差距,与中非合作引领国际对非合作的积极势头还不够匹配。因此,中非应提高对双方智库建设的重视程度,加大建设投入。中方可出台举措帮助建设非洲智库,增强非洲智库的研究能力,深化智库和学者间的交流互通;增强中非智库合作的战略性与计划性,完善智库合作规划,配套建立实施方案,加强机制化合作平台建设,拓展智库合作领域;在做好机制化交流平台的同时,倡导中非智库间自主交流与合作,形成发展合力。

二是深化互动交流。非洲智库应加强对中国和本国国情的研究,引导智库学者积极主动参与中非合作,中方要引导国内涉非研究进行科学规划布局,深化国别、区域和专题问题研究,加强发展理念和发展战略对接,使非洲智库的成果更加有用、有效、有力。中非智库可根据非方实际需求,合作进行非洲国家区域、次区域、国别和专题领域发展规划编制。同时以政府治理质量为核心,将中非治国理政的有关实践进行理论升华,促使双方经验共享、借鉴、交流,为解决全球性的发展和治理问题贡献智库的原创性思想和话语。

三是构建研究网络。中非应在现有中非联合研究交流计划、中国南非人文交流机制等基础上,拓展交流渠道,加强协同创新。双方应致力于创建互联互通的环境,进一步拓展合作领域、路径、内容和方式,突破传统智库研究的范式,发掘更多新型的、符合现实重大需要的研究议题。中非要加强治理能力交流、安全合作、金融合作、影视文化传播合作,建立非洲智库索引(ATTI),建构全方位、立体化的中非智库合作网络,增强长远规划与统筹发展能力,提升中非合作的可持续性和前瞻性。

四是推动智媒融合。中非智库应顺应时代潮流,创建更多传播平台,推动智媒融合,构建富媒体化内容生态,积极主动发声,增强对舆论的引导作用。智

---

① 王珩,王丽君. 非洲智库发展与中非智库合作现状. 中国社会科学报,2020-06-04(2).

库或学者可通过各类媒体，尤其是新媒体，用短小精悍的观点、视频、故事，主动对外讲好中国故事和中非故事。要倡导合作共赢、人类命运共同体理念等中国价值观，为将来中国在引领全球治理新进程中的影响力奠定舆论和组织基础，为全面落实中非合作论坛北京峰会成果，构建更加紧密的中非命运共同体提供更有力的智慧支持。

五是完善机制。加强中非智库合作的机制化与规范化。学术与思想的交流有助于中非以高层的政治性交往为主转向注重民间的人文性交往与高层交往并重的综合、全面、健康、扎实的中非关系。现有的中非智库合作机制与平台还远不能适应需求，应在数量和质量上有所提升，进一步扩大中非智库合作与交流的规模和层次，在中南非高层次人文交流机制基础上推广建立更多的中国与非洲国家人文交流机制。重点推进"中非联合研究交流计划"增强版非洲研究智库专业化建设项目、中国智库"走出去"等项目。① 此外，从事非洲研究、赴非洲调研具有特殊性，国家应出台相应的鼓励措施，适当简化外事等审批程序，提升赴非洲国家留学、调研的补助金额，增加名额等；推行"最多跑一次"改革，改变智库人员出国审批难、回国报销难的局面。同时还要注重建立协同创新机制，整合资源，全方位推进中非智库交流和人文交流机制的建立与完善。

面向时代命题，中非智库将不断加强内涵建设，不断提升思想智慧和能力水平，携手并肩、深入合作，积极构建起中非学术共同体、思想共同体，为新时代中非关系发展奠定坚实的思想和智力基础，为中国与非洲的可持续发展做出更大贡献。

---

① 王珩，于桂章.谱写中非智库合作新篇章.中国社会科学报，2018-09-14(2).

共创中非新型战略伙伴关系的美好未来

——在纪念中非合作论坛成立 10 周年
研讨会开幕式上的演讲①

中华人民共和国副主席习近平

（2010 年 11 月 18 日，比勒陀利亚）

尊敬的沙巴内部长阁下，

尊敬的易卜拉欣副部长阁下，

各位学者，

女士们，先生们，朋友们：

　　今天，有机会出席"纪念中非合作论坛成立 10 周年"研讨会开幕式，我深感荣幸。首先，我谨对研讨会开幕表示热烈祝贺，向所有为推动中南关系和中非关系发展作出贡献的朋友表示诚挚问候和衷心感谢！

　　南非是自然风光秀丽、多元文化独特的"彩虹之国"。8 年前我首次访问南非时，就对南非人民建设美好家园的奋斗精神留下深刻印象。8 年后再次到访，南非给我留下了社会稳定、经济发展、民生改善、外交活跃的崭新印象。特别是南非经受住国际金融危机严峻考验、保持了金融稳定；成功举办第一次在非洲大陆进行的世界杯足球赛；2010 年上海世博会南非馆成功吸引了 410 万名观众。所有这些，既充分展示了南非人民的智慧和力量，又表明南非已成为推动非洲发展的一支重要力量。

　　中南建交 12 年来，双边关系定位从伙伴关系上升为战略伙伴关系，现在又上升为全面战略伙伴关系。双边贸易额从不足 16 亿美元增长到 160 亿美元，

---

① 文章来源：中华人民共和国中央人民政府网，http://www.gov.cn/ldhd/2010-11/19/content_1748530.htm.

双向投资总额从7000万美元增加到70亿美元，分别增长10倍和100倍。中国已成为南非在全球最大的贸易伙伴和出口目的地国。中南都是重要的发展中国家，在国际事务中特别是在二十国集团、气候变化"基础四国"等框架内保持良好合作。我此次访问南非，就深化中南全面战略伙伴关系和其他共同关心的问题，同祖马总统、莫特兰蒂副总统、西苏鲁议长深入交换了意见，达成广泛共识，取得圆满成功。

女士们、先生们：

中南关系是中非友好合作关系的缩影。半个多世纪以来，中非关系经受住国际风云变幻的考验，目前已进入全面发展新阶段。特别是10年前双方创立的中非合作论坛，全方位、实质性推进了中非新型战略伙伴关系发展。

一是政治互信不断增强。论坛成立以来的10年是中非高层交往和人员往来最活跃的10年。论坛历届部长级会议成为中非领导人集体对话的重要平台、共商中非关系发展大计的有效机制。从2000年10月首届部长级会议上江泽民主席提出中非建立"长期稳定、平等互利的新型伙伴关系"，到2006年11月北京峰会上胡锦涛主席和非洲领导人一致同意建立和发展"政治上平等互信、经济上合作共赢、文化上交流互鉴的新型战略伙伴关系"，中非关系层次不断提升、内涵日益丰富。论坛搭建的多层次平等对话机制，促进双方增进了解、扩大共识，推动了中非关系稳步提升。

二是务实合作全面推进。中非合作论坛以共同发展为目标，以深化合作为宗旨，以互利共赢为原则，构筑起全方位立体式合作体系。10年来，中国向非洲提供的无偿援助、无息贷款和优惠贷款大幅增加，合作成果惠及中非双方。双方贸易额由2000年的106亿美元增长至2008年的1068亿美元，年增长率保持在30%以上。今年前三季度，双方贸易额已达937亿美元，同比增长48%。2009年中国对非直接投资14.4亿美元，比2000年增长近6倍。截至2009年底，中国免除35个非洲重债穷国和最不发达国家无息贷款债务300多笔。双方还在基础设施建设、能源、农业、金融、医疗卫生等领域开展了务实高效合作，对中非互利双赢、共同发展起到积极有效的推动作用。

三是交流互鉴日益密切。中非合作论坛尊重中非各自的文化特性，促进了不同文明和谐共存、交流互鉴。10年来，中非教育、科技、文化以及人员交流、人力资源开发等领域合作成果丰硕。中非青年联欢节、中非文化聚焦、中非科技伙伴计划、中非法律论坛、中非联合研究交流计划等合作项目，有力增进了中非人民的相互了解和友谊。南非在落实中非人文交流方面成果尤为突出，目前已有 5 所孔子学院在南非落户。中国对非培训工作加速推进,迄今已为非洲培训近 3 万名各类人才;2009 年非洲在华留学生达到 1.2 万多名,他们是建设和发展非洲的宝贵人才,也是促进中非交流、深化中非友谊的重要力量。

我们还高兴地看到,中非合作论坛不仅为推动非洲一体化进程作出重要贡献,而且促进了一些国家的对非合作,有力提升了非洲的国际地位。

女士们、先生们:

中华人民共和国成立 61 年来,特别是改革开放 32 年来,中国经济实力和综合国力不断增强,人民物质和精神文化生活显著改善,13 亿中国人民的生活水平由温饱不足发展到总体小康。但中国仍然是世界上最大的发展中国家。中国国内生产总值虽然今年有望达到世界第二,但人均水平只相当于发达国家的 1/10 左右,按照联合国标准,中国还有 1.5 亿人口生活在贫困线以下。中国在坚持改革开放、推动科学发展、促进社会和谐、继续改善民生方面的任务依然十分繁重。中国要实现现代化,使全体人民过上安居乐业、富裕幸福的生活,还要长期努力、艰苦奋斗。

中国始终把发展作为执政兴国的第一要务,对内坚持科学发展、和谐发展、协调发展,对外坚持和平发展、开放发展、合作发展。中国始终不渝走和平发展道路,既通过维护世界和平发展自己、又通过自身发展维护世界和平。中国始终不渝奉行互利共赢的开放战略,在持续"引进来"的同时积极"走出去",在加快推进各种形式对外投资合作的同时,力所能及地帮助发展中国家特别是非洲国家增强自主发展能力,加强南南合作、缩小南北差距。

目前,中国是非洲第一大贸易伙伴,非洲是中国第四大海外投资目的地。近年来,中国对非洲经济增长贡献率达 20% 以上。中非密切的经济联系也带动了非洲经济在应对国际金融危机中实现较快复苏和发展。中非合作给非洲带来的好处实实在在,非洲各国政府和人民对此有切身感受,国际舆论也作出了公道公允的评价。我注意到,有些长期从事中非关系研究的发达国家的学者,通过实地考察、实证研究,得出了中非关系的精髓是互利双赢的判断,呼吁国际社会应该实事求是地认识中国在非洲的作用。我们赞赏这种务实的态度和理性的声音。

女士们、先生们:

加强同包括非洲国家在内的发展中国家团结合作,是中国对外政策的基本立足点和出发点。当今世界和平、发展、合作的时代潮流总体上有利于各国发展。中国和非洲人口约占世界总人口的 1/3,是维护世界和平、促进全球发展的重要力量。加强中非团结合作,深化传统友谊,维护共同利益,携手实现联合国千年发展目标,对充实南南合作内涵、推进国际关系民主化、建立更加公正合理的国际政治经济新秩序具有积极意义。

在21世纪第二个10年,中非合作论坛已站在新的历史起点上。我们坚信,只要中非双方同心同德,继续以开放包容的眼光、科学发展的思维、积极务实的态度看待和规划这一论坛,就一定能使中非合作论坛进一步发展壮大,推动中非新型战略伙伴关系更好更快地向前发展。

第一,加强战略规划,使中非合作论坛成为增进中非政治互信的坚实保障。我们要坚持相互尊重、相互信任、相互支持、平等相待,坚持从战略高度谋划和发展中非关系,密切双方在中非合作论坛框架内的对话和协商,就共同关心的全球性问题加强协调和配合,努力增加发展中国家在国际体系中的发言权和代表性,推动双方在世界格局演变中实现更好发展。

第二,深化务实合作,使中非合作论坛成为推动中非共同发展的重要引擎。我们要注重拓宽合作领域,提高合作水平,扩大中非贸易规模,优化贸易结构。同非洲加强基础设施建设合作,积极探讨跨国项目合作。促进非洲商品对华出口,推动对非投资和技术转让,增加非洲民众就业机会,提高非洲国家自主发展能力,进一步造福非洲人民。中国愿在力所能及范围内继续增加对非援助,优化对非援助结构,使援助项目向教育、农业、卫生、减贫等民生领域和节能环保领域倾斜。

第三,密切人文交流,使中非合作论坛成为加深中非传统友谊的感情纽带。我们要扩大政府间教育、科技、文化、旅游等领域交往合作,同时密切政党、地方、民间团体、学术机构、新闻媒体之间联系。在深化合作中,要更加注重加强人文交流,巩固中非友好社会基础。

第四,加强中非合作论坛建设,使论坛进一步成为高效成熟的合作平台。我们要根据国际形势和中非关系发展的新情况、新特点,妥善应对21世纪第二个10年出现的新问题、新挑战,不断探索论坛发展的新思路、新途径。要创新论坛发展理念和合作形式,充分发挥论坛非方成员的积极性、主动性、创造性;加强同非盟和非洲次区域组织的合作,积极探索同国际社会各方开展合作,不断增强论坛的凝聚力和影响力。

女士们、先生们:

中非合作论坛涉及中国和非洲共50个国家、20多亿民众,推动论坛健康稳步顺利发展,是中非双方的共同责任。中方赞赏非洲国家多年来为促进论坛机制不断完善、推动落实论坛成果作出的积极努力。南非作为非洲有影响的大国，一贯重视和支持中非合作论坛的发展。南非提出申办中非合作论坛第六届部长级会议，这是支持论坛发展的又一重要体现。中方对此表示欢迎。

中方愿同包括南非在内的中非合作论坛各成员国携手努力，共创中非新型战略伙伴关系的美好未来！

最后，祝"中非合作论坛成立 10 周年"研讨会圆满成功！

谢谢大家。

中非智库论坛第一届会议宣言(中文)

我们,来自中国和非洲的安哥拉、贝宁、博茨瓦纳、喀麦隆、刚果(金)、刚果(布)、埃及、赤道几内亚、埃塞俄比亚、加纳、肯尼亚、莱索托、毛里求斯、摩洛哥、莫桑比克、纳米比亚、尼日利亚、卢旺达、南非、坦桑尼亚、多哥、突尼斯、乌干达、塞内加尔、塞拉利昂、苏丹、津巴布韦等 27 个国家、非盟等非洲地区组织,及世界上部分其他国家的著名智库的代表,部分企业家和前政要,于 2011 年 10 月 27 日至 28 日,于中国浙江省的杭州和金华,举行了中非智库论坛第一届会议,就新世纪第二个十年的中非关系进行了深入研讨,并达成广泛一致,特发表如下宣言。

我们积极评价中非智库论坛的倡议,认为它召开得及时和必要,应该成为新形势下中非双方智库进行对话和交流的共享平台和固定机制,希望该论坛本着"民间为主,政府参与,坦诚对话,凝聚共识"的宗旨,积极联系非洲和中国的智库机构,以及世界上其他关心中非关系的学者,就非洲政经形势、中非关系及相关领域的议题进行对话、交流和探讨,以增进了解,扩大共识,巩固友谊,建言献策,更好地发挥中非智库在促进双方全面合作中的作用。

我们注意到,进入新世纪以来,作为世界上发展潜力最大的国家和大陆,过去十年,中非在各领域的合作关系快速发展和扩大,引起了世界的兴趣和关注。"中非合作论坛"为此起到不可替代的推进作用。未来的十年,中非合作关系发展前景更为广阔,同时也面临许多新的困难和挑战,有待中非双方学者进行系统的理论思考和深入的实践探索,以使中非合作关系在未来十年更加健康、互利和可持续发展,更好地造福于中非双方人民。

为此,我们在本届会议上,以"新世纪第二个十年的中非关系"为主题,回顾了过去十年中非关系的成就,分析了当前中非关系面临的问题和挑战,并展望了未来十年中非关系的发展前景与开拓创新空间。我们还就三个分议题进行了深入讨论,即非洲安全形势与中非在和平安全领域的合作,非洲金融和投资环境与中非在金融、投资领域的合作,中非人文交流与智库的作用。

会议强调,实现和平、安全和稳定,是非洲发展的必要前提。进入新世纪以来,非洲和平、安全局势有了明显改善,但局部地区和国家也出现恶化趋势,面临着新问题和新挑战。在此领域,中非双方应该加强合作,中国应该在非洲和平与安全建设中发挥更积极和主动的作用。

会议指出,非洲近年来经济和社会发展取得明显成就,潜力巨大,国际对非金融、投资合作日益增多,但非洲的金融投资环境仍需进一步改善。双方金融机构应该努力扶持中非中小企业的发展,增加非洲就业机会,促进非洲对华出口,让中非合作更好地实现互利双赢和惠及更多非洲民众。

我们深信,今天,发展中国家的现代复兴已经有了重大进展,人类也走到了一个新的前景更加光明、挑战也更为严峻的十字路口上。中国与非洲是世界两大文明体系,具有悠久的历史和丰富的文化。因此,中非智库交流更显得重要。中非双方的思想界和学术界,应该共同努力,推进人类不同文明的对话,增进南南共识、南北共识、东西共识,使我们共同生活的世界更加和谐、和平、安全。

我们对中非智库论坛首次会议取得的成果表示满意。该论坛在中非合作论坛框架内,作为中非民间对话的固定机制之一,今后将每年在中国或非洲国家举行。我们对中非合作论坛中方后续行动委员会给予的指导,对浙江省人民政府、国家开发银行、中国外交学会给予的支持,对中国国际问题研究所、上海国际问题研究院、中国社会科学院西亚非洲研究所、中国现代国际关系研究院给予的协助表示感谢,也对会议主办方浙江师范大学及其非洲研究院和中非商学院作为中非智库论坛秘书处为会议成功举办所做的大量的后勤、礼宾和文书工作表示诚挚的谢意。

2011 年 10 月 28 日于中国金华

增强使命感争取话语权把握时代性

共同推进中非学术交流与合作①

——国务委员杨洁篪在中非智库论坛第三届会议暨
"中非智库 10+10 合作伙伴计划"启动仪式上的讲话

（2013 年 10 月 31 日，北京）

四年前，顺应中非关系快速发展的时代要求，中方在中非合作论坛第四届部长级会议上，倡议实施了中非联合研究交流计划。此后，中非双方学者在交流计划框架下，围绕着中非关系中的重大现实问题开展课题研究、研讨会、学术交流、著作出版等四大类百余个项目。中非学者智库交往从少到多，合作由浅入深，中非学术研究队伍不断成长壮大，带动了中非人文交流和民间认识的不断深化。在交流计划的引领下，中非智库论坛得以创立并实现机制化，为中非智库学者间交流搭建了新的平台。去年 7 月，中非合作论坛第五届部长会议决定实施中非智库 10+10 合作伙伴计划，使中非智库交流与合作迈出了新的步伐。

当前国际形势继续发生深刻复杂变化，国际格局正在渐进调整，中国和非洲是这一大变局中不断上升的力量，中非关系正成为国际关系中最具活力的一种关系。我们在为中非关系发展取得成就感到高兴的同时，也必须认识到，中非合作各领域发展尚不均衡，合作中遇到不少"成长的烦恼"，还面临着一些外来干扰和阻力，但这些都阻挡不了中非关系快速发展的势头，中非合作潜力巨大，前景光明。

中非合作既需要融资，也需要融智，中非关系的深入发展，为中非学者开展

---

① 杨洁篪.增强使命感争取话语权把握时代性——共同推进中非学术交流与合作.浙江师范大学报,2013-10-31(5).

学术交流和合作提供了丰厚的土壤,开辟了广阔的天地,我想给下阶段做好中非学术交流与合作谈几点希望:

一是要增强使命感。中非关系大发展,加强对中非关系和涉非、涉华研究,为中非关系发展提供理论指导和智力支撑,作为中非共同复兴,正是时代赋予中非学者的历史重任。中非学界不但要有一丝不苟的治学态度,更要胸怀为万世开太平的远大志向,肯下苦功夫,甘坐冷板凳,争取多出精品,更加有力地指导中非合作实践。

二是要争取话语权。由中国和非洲学者、智库进行的中非关系等方面的研究起步较晚,双方学者对对方历史、文化和社会等方面的了解尚不够深入,往往需要大量借鉴国际上现成的理论体系和研究成果。如何既对前人成果去伪存真,又探索自己的理论体系,建立独特的视角,就成为摆在中非学者面前的重要课题。只有做到这一点,我们才能在中非关系研究中,打破话语垄断,自信地发出中非声音。

三是要把握时代性。学者们的研究应服务中非关系发展的需要,围绕中非关系中的重大理论问题、中非合作中的具体问题及相关基础性问题进行研究。首先是深入研究中非两大古老文明的特长和相通之处,发掘出中非人民能够世代友好并结成命运共同体的源泉所在;其次是继续探索中非合作的互利共赢之道,为深化中非经贸、科技、文教等领域的合作出谋划策,增添中非关系发展的动力;再次是紧跟形势,研究如何破解中非关系中出现的新问题、新矛盾和新挑战,化解中非合作的阻力。当然,双方学者还应有意识地更多向非洲介绍不断变化的中国,向中国介绍不断发展的非洲,向世界介绍真实、完整的中非关系,从而为中非关系发展奠定良好的民意基础,并在国际社会中营造更为客观、友善的舆论环境。

中国和非洲有句同样的谚语,独木不成林,合作既是时代的潮流,也是中非共同发展的愿望,中国愿与非洲一道,共享机遇,共担责任,共赢挑战,携手加强包括人文交流在内的各领域的合作,推动中非新型战略伙伴关系不断向前发展。

中非智库 10＋10 合作伙伴倡议书(中文)

我们,来自中国和非洲 16 家智库的代表,于 2013 年 10 月 22 日在北京出席了"中非智库论坛第三届会议"开幕式暨"中非智库 10＋10 合作伙伴计划"启动仪式,总结中非学术交流合作成果,共同规划未来合作前景。

我们满意地看到,过去三年来,"中非联合研究交流计划"顺利实施,有效推动了中非学者智库交往与合作,提升了中非关系研究水平,促进了中非人文交流,巩固了中非友好民间基础,为中非关系持续健康发展提供了有力的智力支持。

我们注意到,在"中非联合研究交流计划"的引领和带动下,中非智库论坛已成功举行了 3 届会议,成为推动中非智库进行研讨对话、加强信息交流与共享、扩大共识的平台和建立更紧密联系的桥梁。

我们高度评价《中非合作论坛——北京行动计划(2013 年至 2015 年)》决定今后三年资助中非双方学术机构和学者实施 100 个学术研究、交流合作项目,并倡议实施"中非智库 10＋10 合作伙伴计划",以鼓励中非智库建立长期稳定合作关系,进一步深化双方智库学者交流与合作。

我们认为,"中非智库 10＋10 合作伙伴计划"的实施开创了中非学术交流合作新模式,打造了中非智库互动新平台,并将以其开放的精神吸引更多的中非智库和学术机构,以及世界上其他地区关注中非关系的智库学者,就非洲和平与发展及中非关系等问题进行坦诚、平等、深入的对话交流与研究。

我们感谢中国国家领导人出席"中非智库论坛第三届会议"开幕式暨"中非智库 10＋10 合作伙伴计划"启动仪式,并会见中非双方智库代表。这充分体现了中国政府对中非学术交流与合作的高度重视和支持。我们欢迎和鼓励中国和非洲国家更多政府部门、金融机构和企业支持中非学术研究与交流活动、充分利用各自资源和优势为深化中非人文交流提供切实帮助。

我们认为,加强中非学者智库间的交流与合作是中非关系快速发展的必然要求。进入新世纪以来,中非各领域合作快速发展,成果丰硕。展望未来,中非关系发展前景更加广阔,也面临诸多新挑战、新问题,有待中非智库学者进行系统的理论思考和深入的实践探索,以使未来的中非关系继续在真诚友好、平等相待、互利共赢、相互借鉴的基础上持续健康发展。

我们认为,加强中非学者智库间的交流与合作是中非实现各自复兴的现实需要。历史上,中国与非洲都对世界文明的进步与发展作出过巨大的贡献,形成了各自丰富的知识传统与思想遗产。当前,中非都在努力追求各自的梦想、探索自己的发展道路,中非学者智库可以加强交流,互学互鉴,开展更广泛的治国理政和经济社会发展经验交流,从对方的经验中汲取智慧,共同探讨如何促进发展、保持稳定、实现复兴。

我们认为,加强中非学者智库间的交流与合作,有助于提高发展中国家在国际事务中的话语权。随着整体实力的上升,发展中国家在国际舞台上需要发出自己的声音。中非学者智库应立足中非双方的实际需要,通过共同的讨论交流,形成自己的原创性思想体系、知识产品和话语形态,塑造和维护好自己的话语权,以此来不断拓展非洲和发展中国家的自身利益。

我们认为,加强中非学者智库间的交流与合作,有利于促进世界不同文明间的对话。文明的冲突并非历史的宿命。新形势下,中非思想知识界应共同努力,推进中非及全球不同文明之间的对话,增进南南共识、南北对话、东西互通,使我们共同生活的世界更加和谐、和平、安全。

我们注意到,随着中非关系快速发展,特别是在"中非联合研究交流计划"的支持和带动下,中国对非研究和非洲对华研究都显著升温,这与中国和非洲在全球战略和发展中的地位和作用日益重要密不可分。中非智库学者应站在中非关系发展的思想前沿,以求真务实精神,积极为增进中非人民相互理解、扩大务实合作、促进中非关系发展建言献策,同时双方应扩大交流,加强机制建设,增加资源投入,为研究工作的深入开展提供保障。为此,我们倡议中非智库学者应在以下几方面做出更多努力:

——根据中国、非洲和世界发展的实际,全面客观地认识当代中国、非洲的发展和外部世界,创立新概念新范畴新表述。重点围绕如何实现中非互利共赢、共同发展,中非关系中的重大理论问题,中非务实合作中的具体问题及相关基础性问题进行研究。

——丰富中非学术交流合作模式,加强创新,通过交流、互访、研讨以及深入开展联合研究,共同出版一批高质量的论文、报告或专著等方式,形成研究特色和优势,对中非合作的深入发展提供切实的智力支持;提高中非双方学者智库研究水平和在国际学术界的影响力,为中非关系发展营造积极、客观的舆论氛围和外部环境。

——中非智库学者要建立、完善合作机制,加强交流互鉴,实现优势互补。要打造一支专业程度高、研究能力强、愿意长期研究中国和非洲的学术队伍,要特别重视青年人才培养,为其发展创造更多机会。

——中非智库、院校要在人员和资源配置等方面加大对各自涉非、涉华研究的支持力度,建设好相关图书资料中心、博物馆、网络数据库等设施,并加强学者间信息交流与共享。

我们相信,"中非智库10+10合作伙伴计划"的实施,必将推动中非思想知识界建立起更富有成效的长期合作关系,为中非关系的发展作出更大的贡献。

2013 年 10 月 22 日于北京

携手摆脱贫困实现共同发展

——王毅外长在中非减贫发展高端对话会暨中非智库论坛开幕式上的主旨讲话

（2017 年 6 月 21 日，亚的斯亚贝巴）

尊敬的非盟委员会主席法基阁下，

尊敬的各位专家、媒体朋友，

女士们、先生们：

很高兴来到象征中非友谊的非盟会议中心，出席中非减贫发展高端对话会暨中非智库论坛开幕式。我谨代表中方对会议的成功召开表示祝贺，对非盟委员会的精心安排表示感谢，对各位的出席表示欢迎。

这是我就任中国外长后第 12 次到访非洲，共访问了 31 个非洲国家，亲身感受到非洲发展的崭新景象，亲眼见证了中非合作的蓬勃发展，亲身体会到中非友好深入人心。中方始终认为，21 世纪不仅是亚洲的世纪，也是非洲的世纪，更是发展中国家的世纪。

环顾当今世界，各种不确定和不稳定因素明显增加，和平与发展问题依然突出。非洲有近 4 亿人民生活在贫困线以下，中国还有 4000 多万人口需要脱贫。中非双方携手摆脱贫困、实现共同发展，是我们这一代人对子孙后代承担的责任，是中非人民为之奋斗的共同目标，也是人类社会进步发展的必然要求。

过去 40 年，在中国共产党领导下，中国政府和人民坚持改革开放，闯出了一条成功发展之路，让 7 亿多中国人摆脱了贫困，为联合国实现减贫千年发展目标作出了 70% 贡献，也在世界发展史上开创了一个奇迹。如今，习近平主席倡导共同构建人类命运共同体，就是不仅要让中国人民过上好日子，也希望世界各国特别是发展中国家人民都能过上美好生活。

"一花独放不是春，百花齐放春满园"。习近平主席要求我们，对待非洲要秉持真实亲诚的政策理念和正确义利观，要把非洲国家的需要作为我们努力的方向。把中国的发展同非洲的发展紧密结合起来，实现中非双方的共同发展和共同繁荣。今天，我与法基主席共同出席本次对话会，就是要同中非双方的智库、专家、媒体代表们一道，交流发展经验，对接合作思路，为非洲减贫发展建言献策，为中非互利合作谋划蓝图。希望大家积极互动，畅所欲言，提出符合非洲实际，并且切实可行的建议和方案。

女士们、先生们、朋友们，

《摆脱贫困》一书收录了习近平主席当年在中国福建省宁德地区工作期间对当地减贫发展的重要思考与实践。1988 年习近平作为地委书记初到宁德时当地人均 GDP 仅 198 美元，去年已超过了 8000 美元。可以说，这本书讲的是宁德作为贫困地区探索扶贫道路，发挥自身优势，制订科学规划，实现减贫发展的成功实践。书中的有关思想理念与政策举措，既是宁德地区实现减贫发展的关键所在，也是中国改革开放成功实践的经验总结，其中"扶贫先扶志，扶贫必扶智"、"把经济建设当作最大的政治"、"弱鸟先飞"以及因地制宜、行动至上、"既要发展经济，又要廉洁政府"等重要思想，至今对中国完成减贫任务仍具有现实指导意义，对发展中国家推进减贫努力也具有借鉴参考价值。

根据非洲领导人的愿望和要求，中方组织编辑了《摆脱贫困》英、法文版，去年底正式发行。《习近平谈治国理政》和《摆脱贫困》这两本书在很多国家都受到广泛欢迎和好评。相信在座的各位非洲朋友也一定会从中获益。

女士们、先生们，

以习近平同志为核心的党中央作出了庄严承诺，到 2020 年中国共产党成立一百周年之际，中国将全面建成小康社会，而全面消除贫困是建成小康社会的重要前提之一。我们对完成这一预期目标充满信心。无论是宁德脱贫致富，还是在中国范围内推进减贫事业，都给我们留下了很多经验和启示，其中重要的是"四个坚持"：

一是坚持发挥自身优势。中国是拥有 13 亿多人口的发展中大国，我们搞脱贫发展没有先例可循。鉴此，我们注重发挥中国共产党领导的政治优势，注重运用中国特色社会主义的制度优势，注重学习国外先进的经验但又绝不照搬，逐步走出了一条有中国特色、通过发展实现减贫的成功之路。

二是坚持发展为根本。我们认为，发展是解决一切问题的"总钥匙"。中国共产党和各级政府始终把经济建设作为中心工作，把发展作为执政兴国的第一要务，聚精会神搞建设，一心一意谋发展，团结带领中国人民用几十年的时间把中国建设成为世界第二大经济体,为实现摆脱贫困打下了坚实物质基础。

三是坚持因地制宜。习近平主席当年在宁德工作时深入基层调研,发掘当地比较优势,提出着力打造特色农业和加工制造业两个支柱产业,为当地脱贫致富找准了"脉搏",开对了"药方"。中国幅员辽阔,各地千差万别、各具优势。我们因地制宜制定发展规划,有的放矢推进脱贫工作,共同成就了中国的整体发展进步。

四是坚持开放合作。中国始终开门搞建设,主动适应全球化潮流,抓住国际产业调整和转移的历史机遇,积极参与多种类型的国际合作,更新发展理念、完善法律法规,出台优惠政策,不仅使中国成为投资兴业的热土,实现了经济的高速增长,也使中国的减贫事业在发展大潮中得到迅速推进,取得历史性成就。

女士们,先生们,朋友们,

当前,中非合作发展正迎来历史性机遇。2015 年 12 月,中非合作论坛约翰内斯堡峰会取得巨大成功,开启了中非合作共赢、共同发展的新时代。习近平主席在峰会上宣布未来三年中非重点实施"十大合作计划",其中就有"减贫发展合作计划",积极响应了非洲国家的迫切需求。上个月,"一带一路"国际合作高峰论坛在北京成功举行,习近平主席倡导和平合作、开放包容、互学互鉴、互利共赢的丝路精神,促进共同发展和繁荣,构建人类命运共同体。这一宏大构想又为中非合作注入了新的动力,开辟了新的前景。中非人民历来是命运和利益共同体。我们愿借共建"一带一路"东风,把中非"十大合作计划"同非盟《2063 年议程》更好对接起来,通过深化互利合作,助力非洲实现自主可持续发展,早日彻底摆脱贫困。

第一,中方愿同非方加强治国理政经验交流,厘清减贫发展思路,找准中非各自优势和合作方向,共同探讨符合非洲各国需要的非洲减贫方略。我们愿与非洲朋友毫无保留地分享经验,但绝不会把自己的意志强加于人。

第二,中方愿同非方对接发展战略,践行集约发展理念,坚持以项目经济社会效益为导向,帮助非洲优先破解基础设施建设滞后、人才不足、资金短缺三大瓶颈,为减贫发展创造有利条件。同时要防止盲目投融资给非洲带来债务风险和财政负担,确保非洲的减贫事业具备可持续性。

第三,中方愿为非洲减贫事业营造必要环境。稳定是减贫和发展的前提,我们愿积极支持非洲国家提升国防、维和、维稳、反恐等自主解决非洲问题的能力,帮助非洲在一个稳定的环境中集中精力推进减贫事业,尤其是重点解决与非洲民众关系最密切的就业、温饱和健康三大民生问题。

第四，中方愿鼓励国际社会支持非洲加快减贫。我们欢迎非洲合作伙伴多元化，呼吁各方摒弃零和游戏的旧思维，树立合作共赢的新理念。发达国家尤应进一步加大对非洲减贫事业的关注和投入，切实履行做出的承诺，共同助力非洲实现持久和平与发展繁荣。

女士们、先生们、朋友们，

当前，中国和非洲都站在发展振兴的新起点上，中非双方有信心、有能力也有智慧通过加强团结合作，彻底摆脱贫困、实现共同发展，携手迎接更加美好的未来。

最后，再次祝本次会议取得圆满成功。

《参考消息》编发的
《美媒:中国借智库论坛强化在非软实力》^①全文

美媒称,9月初,100多名来自中国和非洲的智库学者和政府官员齐聚南非的比勒陀利亚,参加由南非政府举办的中非智库论坛第四届会议。此次会议的主题是"非盟《2063年议程》下的发展新趋势",主要讨论中非关系的未来以及即将于今年12月在南非举行的中非合作论坛峰会。中非智库论坛是中国扩大在非洲的软实力以及寻求在学术层面的影响力的一个很好实例。

美国布鲁金斯学会网站10月1日报道称,中非智库论坛是中国加强其在非洲软实力努力的最近一次尝试,该论坛试图影响非洲学术精英和舆论领袖的观点。作为中非合作论坛的一个分论坛,中非智库论坛2011年由中国倡议举办,为中非学者的对话和交流创建了一个平台。不出意料,该论坛的资金支持来自中国,由中国国家开发银行出资。中国国家开发银行是在非洲开展业务最活跃的金融机构之一。中国将该论坛视为一个民间对话机制以及一个学术和民间团体领袖交流的高端平台。它的目标是明确的:搭建对话平台,培育合作以及鼓励中非学者进行学术交流,以打造一个有共同知识和理念的共同体。

中非智库论坛实质上旨在通过双方的直接交流,摒弃西方价值观的干扰,从而塑造非洲精英的认知以及对中国的理解。中国希望能够通过这种学术合作改变或扭转对中国在非洲大陆活动的不友好描述。在这一框架下,中非智库论坛的主题相对而言是一致的。该论坛还寻求塑造中非的经济及政治合作。在今年的论坛会议上,讨论的焦点主要集中在2015年以后的非洲发展趋势以及中国如何与非洲国家合作以增加其对非洲工业的投入。特别是,中方与会者利用这一机会宣传中国的"一带一路"战略,并讨论了双边投资及贸易合作。

---

① 美媒:中国借智库论坛强化在非软实力.参考消息,2015-10-15.

　　由于计划如此宏大，中国会取得多大的成功尚待观察。现实是，该论坛强化了哈佛大学教授约瑟夫·奈最近对中国软实力的评估：中国更喜欢与政府合作并将之作为软实力的来源，而不是与个人、私营行业或民间团体合作。尽管中非智库论坛似乎强调与智库而不是与政府合作，但其最终目的还是在于影响非洲精英，而不是基层的普通大众。尽管影响非洲精英的意见是重要的，而且由于中国拥有巨大的资源，影响他们的意见相对而言也是容易的，但对中国而言，塑造非洲基层社区和普通民众对中国的意见是一项更具挑战性的任务。

名家点赞

中非借中非减贫发展高端对话会暨中非智库论坛第六届会议分享智慧和经验。中国的发展经验值得全世界借鉴，特别是对于非洲这样渴望推进经济和社会发展的地区。"自力更生"的意识是非洲学习中国发展经验的第一课。

——2017 年 6 月，非盟委员会主席法基（Moussa Faki Mahamat）在中非减贫发展高端对话会暨中非智库论坛第六届会议上的致辞

中国在支持非洲政治、贸易等方面发展都显示出了极大的诚意，同时非中智库论坛为探讨非洲问题搭建了重要平台，并祝愿论坛取得丰硕成果。

——2011 年 10 月，加纳前总统罗林斯（Jerry John Rawlings）在中非智库论坛第一届会议上的讲话

虽然这次学习的时间不是很长，但我受益匪浅，尤其对中国高等教育的改革印象深刻。

——2005 年 8 月，中非共和国总统福斯坦－阿尔尚热·图瓦德拉（Faustin-Archange Touadéra）参加浙江师范大学主办的为期 20 天的"非洲法语国家大学校长研修班"时的总结

很高兴受邀请参加浙江师范大学举办的中非智库论坛会议。本次中非智库论坛一定能为开创非中新型战略伙伴关系新局面，提供可贵的策略分析和智力支持。

——2011 年 10 月，非洲驻华使团团长、多哥驻华大使塔·阿马（Nolana Ta Ama）在中非智库论坛第一届会议上的讲话

"一带一路"的合作不应局限于政府之间的合作，还应该开拓更多的研究中

心以及大学之间的合作。非盟以及非洲各个国家各自发展计划与中非智库论坛的目标相一致,中非智库论坛可以扮演更重要的角色,发挥更大的作用,通过中非智库的合作网络、中非智库论坛、中非智库 10＋10 合作伙伴计划等,扩大双方智库合作范围。中非必须就"一带一路"展开联合学术研究,建立各种中非联合研究机构,鼓励促进中国的企业界、学术界交流合作,以提升人文交流的质量与高度。

——2019 年 8 月,非盟驻华代表拉赫曼塔拉·默罕默德·奥斯曼(Rahamtalla Mohamed Osman Elnor)在中非智库论坛第八届会议上的讲话

非洲正在发生巨大变化,国家愈发稳定,经济不断发展,这一切都得益于中国无私的帮助和支持。在非洲,1/3 的基础设施项目是在中国的支持下完成的。非洲也更加认识到,中国作为经济大国,其发展将会影响世界的发展。在非洲工业化进程中,中国至少可以发挥三个方面的作用:一是加强对非洲国家制造业的投资;二是推动非洲国家基础设施建设,不仅是项目,还包括项目管理和运行;三是传播中国经验,这并不意味着机械复制,非洲应综合考虑国情,自主选择。非中携手合作,必将塑造世界的美好未来,更为非洲人民带来更多好处。

——2016 年 4 月,埃塞俄比亚总理经济顾问阿尔卡贝·奥克贝·梅蒂库(Arkebe Oqubay Metiku)在中非智库论坛第五届会议上的讲话

会议关注非洲和平与安全,非洲大陆国家意识到和平与安全的重要性,意识到这是实现非洲发展的基本条件,我希望中非智库论坛会议成为一个交换意见和观念的论坛,推动互相理解,巩固彼此友谊,加深非中双方的理解和沟通。

——2012 年 10 月,埃塞俄比亚副总理兼教育部长德梅克·梅孔嫩(Demeke Mekonnen)在中非智库论坛第二届会议上的讲话

祝贺第四届非中智库论坛的召开! 智库论坛是非中合作论坛框架下的一项重要活动,将为 2015 年年底召开的中非合作论坛峰会发挥预热作用。非中关系是当今国际关系的重要组成部分,非中发展战略相通,双方在政治、经贸、文化等领域的合作日益密切。我希望与会学者能为推动非洲快速发展、深化非中互利合作积极建言献策,同时积极对外发声,宣介非洲、中国和非中关系。

——2015 年 9 月,南非国际关系与合作部副总司长迪塞科(Mxakatho Diseko)在中非智库论坛第四届会议上的讲话

中国和埃塞俄比亚应全面加强双边合作，感谢浙江师范大学非洲研究院创办中非智库论坛，它将是重要的学术交流平台。亚的斯亚贝巴大学自 2011 年已经开展中文教育课程，今后将继续推动中国文化教育。

——2012 年 10 月，亚的斯亚贝巴大学校长阿德玛苏·赛加耶（Admasu Tsegaye）在中非智库论坛第二届会议上发言

近年来，中非经济合作快速增长，尽管对非贸易仅占中国对外投资总量的 5％，但有着重要的战略意义。非洲国家应充分利用这一机会发展非洲社会经济，推动非洲治理与和平安全建设。

——2012 年 10 月，联合国非洲经济委员会办公厅主任阿德耶米·迪沛鲁（Adeyemi Dipeolu）在中非智库论坛第二届会议上的讲话

中国与非洲通过智库进行交流能够产生许多的益处……发现双方智库间的比较优势，提升专家学者们的职业道德素质以及为研究人员提供展示其研究成果的机会。

——2017 年 6 月，埃塞俄比亚外交关系战略研究院学者梅拉库·穆鲁阿勒姆（Melaku Mulualem）在中非减贫发展高端对话会暨中非智库论坛第六届会议上的发言

非洲与中国具有重要且独特的关系，这种关系正在不断地促进非中各种机构之间的交流，也丰富着非中交流的形式和内容。非中交往让我们达成了基本的共识：我们都反对殖民主义，我们都尊重双方的文明和历史，并不断努力创造属于自己的历史，中非交往和中非关系发展重新定义了过去非洲与西方殖民者之间的不平等关系，这既是非中交往的结果，也是非中合作和非中关系发展的基石。

——2015 年 9 月，南非马蓬古布韦战略反思研究所执行所长乔·奈特施丹哲（Joel Netshitenzhe）在中非智库论坛第五届会议上作为合作主办智库做主旨发言

中非合作既需要融资，也需要融智，中非关系的深入发展为中非学者开展学术交流和合作提供了丰厚的土壤，开辟了广阔的天地。中国和非洲有句同样

的谚语，"独木不成林"，合作既是时代的潮流，也是中非共同发展的愿望，中国愿与非洲一道，共享机遇，共担责任，共赢挑战，携手加强包括人文交流在内的各领域的合作，推动中非新型战略伙伴关系不断向前发展。

——2013年10月，国务委员杨洁篪在中非智库论坛第三届会议暨"中非智库10＋10合作伙伴计划"启动仪式上的讲话

浙江师范大学创建中非智库论坛是中非双方加强学术交往与合作，扩大人文交流的重要举措之一，也为中非加强学者、智库交往合作，促进人文交流开启了一扇大门。论坛已经成功举行两届会议，并实现机制化，第三届会议围绕中非关系的提升与中非软实力建设这一主题，再次掀起头脑风暴，为中非关系建言献策。

——2011年10月，外交部副部长翟隽在中非智库论坛第一届会议上的讲话

浙师大在推动中非民心相通实践中，定位非常清晰，工作很扎实，可以说是持续发力、久久为功、亮点纷呈。

——2017年教育部副部长田学军在国务院新闻办"一带一路"沿线国家民心相通情况发布会上回答记者提问时的介绍

近年来，中非关系快速发展，中非智库之间的交流与合作受到中非双方的重视，中非智库论坛成立以来，围绕"民间为主，政府参与，坦诚对话，凝聚共识"的宗旨开展工作，产生了良好的社会影响。

——2013年10月，中国社会科学院副院长李扬中非智库论坛第三届会议暨"中非智库10＋10合作伙伴计划"启动仪式上的讲话

中非智库论坛在国际经济金融形势复杂多变的情势下应运而生，并从战略的高度规划中非关系大计，致力于探索中非互补发展、双赢合作的各种途径，成为中非关系的推动者、智囊团和规划师。

——2011年10月，国家开发银行副行长李吉平在中非智库论坛第一届会议上的讲话

中非合作的长远发展离不开资金的支持，更离不开智力的支持。国开行通

过多种形式参与和支持中非人文学术交流，向中非文化产业企业、传媒项目提供融资支持，主动对非洲国家、地区及产业进行规划研究，利用开行融资优势推动规划实施。

——2013年10月，国家开发银行副行长袁力中非智库论坛第三届会议暨"中非智库10＋10合作伙伴计划"启动仪式上的致辞

展望未来，在中非关系与合作蓬勃发展的广阔舞台上，中非智库合作充满机遇，大有可为。希望并相信中非智库论坛将越办越好，发出更加响亮的"中非声音"。

——2018年7月，外交部部长助理陈晓东在中非智库论坛第七届会议上的致辞

不断加强对非洲文化、社会、政治、经济等领域的务实研究，加大对非洲"中国通"和中国"非洲通"人才的培养力度，加快构建中非交流高端平台，尤其是推进中非智库间常态化交流，与各方一道将其打造成为中非智库之间交流的国家级平台。

——2011年10月，浙江省人民政府副省长龚正在中非智库论坛第一届会议上的讲话

后 记

一年前的今天,2019年8月26日,中非智库论坛第八届会议在北京钓鱼台国宾馆隆重举行。八次会议加上论坛"前传"——"中非合作论坛成立十周年学术研讨会"和论坛"兄弟版"——中非媒体智库研讨会,正所谓"十年十论坛、十年磨一剑"。十年来浙江师范大学非洲研究院在多方指导与支持下为中非民间公共外交打造了高端平台,为中非学术智库交流合作做出了不懈努力,功莫大焉。

中非智库论坛是我2013年9月进入非洲研究院后接手的第一项重要工作。当年10月"中非智库论坛第三届会议暨中非智库10+10合作伙伴计划启动仪式"即将在北京召开,非洲研究院院长刘鸿武和前任党总支书记徐今雅带领我和同事们投入到紧张的筹备工作中。会议期间,我近距离地感受思想对话的淋漓酣畅、文化交融的独特魅力,深深地被思想的力量所打动。这一年,也是习近平担任国家主席后首访非洲之年,还被称为"中国智库元年"。此后,我便与"中非""智库""合作"等关键词结下了不解之缘,参与到每一届会议、每一次活动中去深入观察、探索、思考中非智库发展的理论与实践问题。今年是中非合作论坛成立二十周年,也是中非智库论坛成立的第十年,借此机会总结论坛工作、展望未来愿景,可谓正逢其时。

中非智库论坛的创立和发展离不开国家领导人和部委的关心支持。我们牢记时任国家副主席习近平对"建设非洲研究智库,培养非洲研究人才"的殷殷嘱托,牢记国务院副总理刘延东、国务委员杨洁篪、外交部部长王毅的嘱托。时任教育部副部长郝平每到一地就为非洲研究院做宣传;教育部副部长田学军在国新办新闻发布会上花大量篇幅深情讲述"非洲研究院故事";外交部副部长张明多次亲切会见并悉心指导;外交部非洲司前任司长卢沙野主持中非智库论坛和为"非洲博物馆"剪彩;林松添、戴兵司长莅临智库论坛并做重要讲话。感谢历任中非合作论坛办主任及同仁们对中非联合研究交流计划重点项目中非智库论坛给予大力支持,也感谢中联部、商务部对非洲研究智库的悉心培育。

中非智库论坛的发展与建设离不开领军人物。浙江师范大学非洲研究院创始院长、教育部第一位国际政治界的长江学者特聘教授刘鸿武先生对智库有非同一般的战略前瞻与远见卓识。他从多年以前就开始探索智库建设并致力于推动中非智库合作,他创立的"中国非洲学"学科体系使这家智库有了深厚的学术底蕴;2019 年的新著《非洲学发凡——实践与思考六十问》对智库建设理论与实践做了系统阐述;他提出的"学科智库一体两面观"和"五位一体"学科与智库互动建设路径已初见成效,被国家哲学社会科学办公室评为区域国别学科建设的"独创性成果"。

中非智库论坛的成长离不开良好的土壤氛围和生长环境。感谢浙江省委宣传部、省外办、省社联、省教育厅对论坛的关心与重视。感谢浙江师范大学历任校领导的关心与爱护! 难忘李鲁书记、梅新林校长在建院之初立下"全国一流,国际知名"的智库建设目标;难忘陈德喜书记对"非洲学"学位点、学科建设的倾力支持;学院走廊至今展有吴锋民校长的非洲摄影作品,他把"非洲情怀"带到了履新的浙江理工大学而在毛里求斯建立了孔子学院;难忘蒋国俊书记、郑孟状校长在党委会、协同创新推进会上的铿锵话语:非洲研究作为我校特色品牌,建设力度只能加强不能减弱,必须加快建设非洲研究专业智库!

中非智库论坛的举办离不开协同单位的鼎力支持。国家开发银行、中非发展基金、金华市政府、义乌市政府倾力相助;国务院政研室、中国外文局、中国社科院西亚非洲研究所、中国国际问题研究院、中国现代国际关系研究院、上海国际问题研究院、南京大学非洲研究所、云南大学非洲研究中心等智库大力支持;学校办公室、科学研究院、外事处、人事处、汉办等职能部门全力相助;法政学院、教师教育学院、外国语学院、体育学院、美术学院、文化创意与传播学院、地理与环境科学学院、工学院、职业技术教育学院、国际文化与教育学院、中非国际商学院等兄弟单位积极协作。可以说,中非智库论坛是浙江师范大学集中力量办大事优势的生动体现。正是这种通力合作让"非洲发展与中非合作"协同创新中心的认定水到渠成。

中非智库论坛的影响力提升离不开中非媒体、智库的鼎力支持。论坛得到《人民日报》、中央电视台、新华社、《光明日报》、《中国日报》、《中国社会科学报》、《中国教育报》、《浙江日报》等中国主流媒体与坦桑尼亚《公民报》、尼日利亚《太阳报》、利比里亚《侧影报》、安哥拉《国家报》、津巴布韦《先驱报》、赞比亚《每日邮报》、肯尼亚无限传媒集团 k24 电视台、加纳《加纳时报》、埃塞俄比亚通讯社、喀麦隆《论坛报》、乌干达《新愿景报》、苏丹《苏丹人报》、乍得通讯和出版社、中非《光荣榜报》、塞拉利昂《阿沃克报》、科特迪瓦《博爱晨报》、几内亚非洲视角传媒集团、马拉维时代集团、莫桑比克《消息报》、埃及《七日报》、南苏丹《今日报》、尼日尔官方报社等非洲主流媒体积极、全面、深入的报道。《人民日报》的中非智库论坛第七届、第八届会议侧记、《光明日报》智库版的"中非智库论坛启示录"系列，深度反映了论坛的智慧成果。中非智库论坛每一届会议都得到非洲智库的全力支持，感谢亚的斯亚贝巴大学和平安全研究所、南非马蓬古布韦战略反思研究所、南非国际关系与合作部、肯尼亚非洲经济研究所、肯尼亚公共政策与分析研究院等为论坛做出的卓越贡献。论坛国际合作与传播成效显著，极大地提升了中非合作的国际话语权和影响力，营造了良好的舆论氛围。

中非智库论坛的顺利举办离不开智库学者和管理团队的抱团合作。感谢原中国对非事务特别代表、原驻南非大使刘贵今对历届会议的大力支持。感谢原驻卢旺达大使舒展对论坛的精心指导。感谢徐薇、李鹏涛、陈明昆、孙志娜、林云、肖玉华、牛长松、姜恒昆、赵俊、吴卡、张艳茹、周海金、周志发、李雪冬、欧玉芳、武卉、雷雯、周术情、周玉渊、张哲、王学军、卢菱宇、张瑾、张勇、和丹等历届论坛学术组同仁们的努力，他们创造、记录、翻译、汇总了论坛迸发出来的每一个思想火花；感谢杨文佳、沈虹、单敏、郑如、叶引姣、吴梦云、张晓洁、崔瑶等行政团队同仁，为了论坛顺利召开，他们经常早出晚归、通宵达旦、加班加点、废寝忘食。在记住肯尼亚蒙巴萨会场外的银沙碧浪、南非外交部会场庄严气场的同时，我们也一定不会忘记，会务人员被非洲日光灼伤的肌肤、酒店会务房间彻夜长明的灯光。感谢为论坛发展建设做出努力和贡献的每一个人！感谢所有默默关心浙师大非洲研究院、关注中非智库论坛、关爱我个人成长的师友。同时特别感谢我的家人对我一贯以来的默默支持与无私奉献，我的大女儿曾总结说，我在学校团委工作时的高频词是"挑战杯"，到了非洲研究院，则常念"中非智库论坛"。

由于论坛一般在金秋举办，每年的暑假是筹备的关键期，参与其中的同仁经常需要"战高温冒酷暑"，在热烈的气氛中热火朝天地工作。在金华酷热的暑假整理历届论坛相关文稿时，我仿佛重新回到激情燃烧的岁月，嘉宾、学者铿锵的话语在我耳边回响，闪光的思想观点在字里行间激荡跳跃，那些筹备时、办会中、结束后的画面与场景，也一一在我脑海浮现，让我无限感怀。

成稿之时，我深切地感受到，本书如对中国与非洲的智库发展理论与合作实践有一些助益，那在很大程度上是得益于中非智库论坛本身的精彩；那些不可避免的瑕疵与不足,则是由于本人的精力、水平和能力有限所致。恳请各位前辈师友多多批评指正。

最后,祝贺中非合作论坛成立二十周年,祝贺中非智库论坛创立十周年,祝福中非智库合作越来越深入,中非合作未来更美好!

2020 年 8 月 26 日于丽泽花园

图书在版编目(CIP)数据

中非之"智"助力中非之"治"：中非智库论坛十
年发展报告 / 王珩等著. —杭州：浙江大学出版社，
2020.9
(浙江师范大学非洲研究文库 / 刘鸿武主编)
ISBN 978-7-308-20535-1

Ⅰ.①中… Ⅱ.①王… Ⅲ.①中外关系－研究报告－
非洲 Ⅳ.①D822.34

中国版本图书馆 CIP 数据核字(2020)第 174459 号

中非之"智"助力中非之"治"：中非智库论坛十年发展报告
王　珩　等著

策　　划	张　琛　董　唯
责任编辑	陆雅娟
责任校对	郑成业
封面设计	周　灵
出版发行	浙江大学出版社
	（杭州市天目山路 148 号　邮政编码 310007）
	（网址：http://www.zjupress.com）
排　　版	浙江时代出版服务有限公司
印　　刷	杭州钱江彩色印务有限公司
开　　本	710mm×1000mm　1/16
印　　张	16
插　　页	4
字　　数	291 千
版 印 次	2020 年 9 月第 1 版　2020 年 9 月第 1 次印刷
书　　号	ISBN 978-7-308-20535-1
定　　价	58.00 元